全面推进乡村振兴的江苏实践

丁茂战 徐广田 张淼 等编著

·北京·
中央党校出版集团
国家行政学院出版社
NATIONAL ACADEMY OF GOVERNANCE PRESS

图书在版编目（CIP）数据

全面推进乡村振兴的江苏实践 / 丁茂战, 徐广田, 张淼编著. -- 北京：国家行政学院出版社, 2025.3.
ISBN 978-7-5150-3024-1

I. F327.53

中国国家版本馆CIP数据核字第2025VV6468号

书　　名	全面推进乡村振兴的江苏实践
	QUANMIAN TUIJIN XIANGCUN ZHENXING DE JIANGSU SHIJIAN
作　　者	丁茂战　徐广田　张　淼　等编著
责任编辑	王　莹　王　朔
出版发行	国家行政学院出版社
	（北京市海淀区长春桥路6号　100089）
综 合 办	（010）68928887
发 行 部	（010）68928870
经　　销	新华书店
印　　刷	中煤（北京）印务有限公司
版　　次	2025年3月北京第1版
印　　次	2025年3月北京第1次印刷
开　　本	170毫米×240毫米　16开
印　　张	20.5
字　　数	255千字
定　　价	88.00元

本书如有印装质量问题，可随时调换，联系电话：（010）68929022

本书系东南大学（重大智库议题）2024年"双一流"建设省级补助经费资助项目"全面推进乡村振兴"（项目号4332002401B）、东南大学2023年新进教师科研启动经费资助项目"全面推进乡村振兴的江苏实践"（项目号RF1028623206）阶段性研究成果。

前言

中国乡村正走在全面振兴广阔大道上

马建堂

第十四届全国政协常委、经济委员会副主任，
国务院发展研究中心原党组书记

党的十八大以来，以习近平同志为核心的党中央，站在中华民族伟大复兴的时代高度，在历史性地消除绝对贫困的基础上，吹响了乡村全面振兴的冲锋号，带领全国各族人民为农业强、农村美、农民富不懈奋斗，一个产业兴旺、生态宜居、乡风文明、治理有效、生活富裕的新农村正涌现在广阔的华夏大地上。

乡村产业发展全面推进

粮食综合生产能力稳步提升。我国粮食生产实现历史性的"二十连丰"，2024年全国粮食产量14130亿斤，连续10年稳定在1.3万亿斤以上。人均粮食产量首次突破500公斤，连续多年远超世界平均水平。当下，粮食库存充裕，市场供应丰富，不仅实现了在有效资源基础上养活、养好中国人的任务，也为全球粮食安全和农业可持续发展作出了巨大贡献。

农业生产结构持续优化。大农业持续发展，2023年农、林、牧、渔业总产值15.9万亿元，与1952年相比，平均每年增长4.5%。乡村三

产融合取得新成效。2022年我国农业及相关产业增加值占GDP比重为16.2%，是农、林、牧、渔业增加值的2倍以上，2022年规模以上农产品加工企业营业收入超过19万亿元。

生活富裕水平明显提升

党的十八大以来，国家大力支持农业农村发展，不断加大对农民的社会保障和民生领域的投入力度，农村居民收入快速增长。2024年，我国农村居民人均可支配收入23119元，比2012年实际增长1.11倍，平均实际增长接近7%。城乡收入差距持续缩小。2013—2024年，农村居民收入平均增速快于城镇居民收入平均增速近1.8个百分点。2024年城镇居民人均可支配收入之比为2.34，比2012年下降0.54。

乡村教育快速发展。党的十八大以来，国家大力支持乡村教育，乡村办学条件持续改善。2023年末，全国平均每个乡镇拥有幼儿园（托儿所）7.1所，比2013年末增加1.1所。乡村师生结构更加合理。2023年，全国乡村义务教育阶段专任教师195.3万人，生师比为12.4∶1，比2013年下降1.4。

健康农村建设成效明显。党的十八大以来，农村医疗医保事业深入发展，农村医疗服务体系进一步完善，医疗保障水平显著提高。农村居民医保参保率稳定在95%以上，国家对农村居民基本医疗保险人均财政补助标准逐年提高，农村居民健康水平大幅提高，农村孕产妇死亡率从新中国成立初期的15‰下降到2022年的0.15‰，农村婴儿死亡率从200‰下降到5.0‰以下。

社会保障体系不断完善。农村居民基本养老保险和基本医疗保险覆盖面不断扩大，2022年除参加城镇职工基本养老保险的5.04亿人外，参加城乡居民基本养老保险的5.5亿人。2023年，除参加城镇职工基本医疗保险的3.71亿人外，参加城乡居民基本医疗保险的有9.63亿人。2023年中国农村最低生活保障水平比2017年提高了73.3%，平均标准提高到621.3元/人·月，比2013年增长2.06倍。

乡村生态更加美丽宜居

农村人居环境焕然一新。各地牢固树立绿水青山就是金山银山理念，积极推进美丽宜居乡村建设，村容村貌日益整洁。2023年，全国有88%的村生活垃圾集中处理，比2013年提高23.2个百分点。农村人居环境的改善对增强农民获得感幸福感起到了极大作用。

乡村基础设施更加完善。党的十八大以来，我国农村公共基础设施建设持续推进，水电路网加快建设，全国范围内所有行政村已基本实现通电、通电话、通有线电视信号和通硬化公路。2023年末，全国有96%的村通自来水，比2013年末提高20个百分点。2023年，全国农村公路总里程由1978年的60万公里增加到460万公里。全国超过99%的行政村通宽带互联网，比2013年末提高超19个百分点。

乡风文明建设和乡村治理建设持续加强

党的十八大以来，农村思想道德水平不断提升，以社会主义核心价值观为引领，大力培育文明乡风、良好家风、淳朴民风，农村居民文化生活极大丰富，农村文化事业实现长足发展。2023年末，超过91%的乡镇有文化站，超过71%的村有农民业余文化组织。农村居民文化素质明显提高。2023年，全国农村居民家庭户主初中及以上文化程度占比为

65%，比2013年提高1.8个百分点。

基层组织建设得到加强。以党建为引领，基层社会治理不断健全，"横向到边、纵向到底"的基层治理体系基本形成。村委会成员素质和能力得到提高，基层党组织的凝聚力和战斗力得到增强。村务公开和民主管理全面推进。积极推动党建引领下的村民自治，"党委主导、村级主办、群众主体"的治理模式普遍推广。村民的知情权和监督权得到保障，村庄事务的决策和管理更加民主和科学。平安乡村建设成效明显，司法所、综治中心、派出所多部门联动机制不断推广，"文明家庭"评选蔚然成风，文明新风在乡规民约中得到潜移默化。

党的十八大以来，我国"三农"工作取得历史性进展，乡村振兴取得历史性成就。同时，还要看到，全面推进乡村振兴依然任重道远，尤其是城乡发展不平衡、农村发展不充分仍是推进中国式现代化需要解决的突出问题。我们要坚决落实党的二十届三中全会提出的健全推动乡村全面振兴长效机制的要求，学好用好"千万工程"宝贵经验，努力推动乡村全面振兴取得新进展新成效，为早日建设社会主义新农村、实现全国人民共同富裕的目标而奋斗。

目录
CONTENTS

总报告

坚持农业农村优先发展　实现城乡共同繁荣 ………………… 张合成 /003
牢牢把握全面推进乡村振兴的主要抓手 ……………………… 丁茂战 /018

专题研究

习近平关于全面推进乡村振兴的重要论述论析 ……………… 鞠传国 /053
传承弘扬农耕文化　助力乡村全面振兴 …………… 詹慧龙　杨礼宪 /070
乡村振兴中文化建设存在的主要问题和对策
　　——以江苏省为例 ………………………………… 徐　昕　黄书亭 /082
乡村振兴促进农民增收的逻辑理路 …………………………… 孙迎联 /095
以深化改革推动高标准农田高质量建设 ……………………… 谢善智 /114
"取其精华、去其糟粕"
　　——对农村传统文化进行改造探究 ……………………… 袁启华 /119
乡村治理数字化转型与优化路径研究 ………………………… 牟春雪 /132
智慧专业化视角下全面推进乡村振兴的战略路径选择 ……… 胡锦绣 /142

智慧农业发展存在的问题及其对策建议
　　——以江苏省为例 ………………………………………………… 杨丽京 /157
退役军人参与乡村振兴的江苏实地调查 …………………………… 张　森 /168
完善驻村第一书记制度的思考和建议 ……………………………… 徐广田 /182
推进乡村产业振兴的时代意义、实践困境和突破路径研究 ……… 李　林 /194

地方实践

关于推动淮安市生态文旅业高质量发展的调研报告 ……………… 刘训杰 /211
建设宜居宜业和美永联的实践探索 ………………………………… 吴惠芳 /225
以宅基地改革助力乡村振兴的沛县实践与思考 …………………… 秦　玮 /244
"六个方面"先行示范,蹚出一条共同富裕的农业农村现代化
　　道路 ………………………………… 苏州市张家港市农业农村局 /253
"先富"带"后富"小村庄实现大改变 ……………………………… 王　斌 /266
发挥基层党组织"领头雁"作用 ………………………… 中共昆山市委组织部 /272
改善农村居住条件、推进五优农居建设的基层调研
　　………………………………………… 常州市新北区西夏墅镇梅林村 /279
探索党建引领"三治带三合"治理新模式
　　………………………… 中共常州市高新区党工委(新北区委)组织部 /285
以六种增收模式建设鱼米之乡 ……………………… 盐城市大丰区农业农村局 /293
从一朵荷花的美丽生金到产业强镇
　　………………………………… 中共金湖县委宣传部、金湖县社科联 /298
洪泽湖生态经济廊道的致富之路 …………………………………… 刘训杰 /303

后　记 …………………………………………………………………………… /314

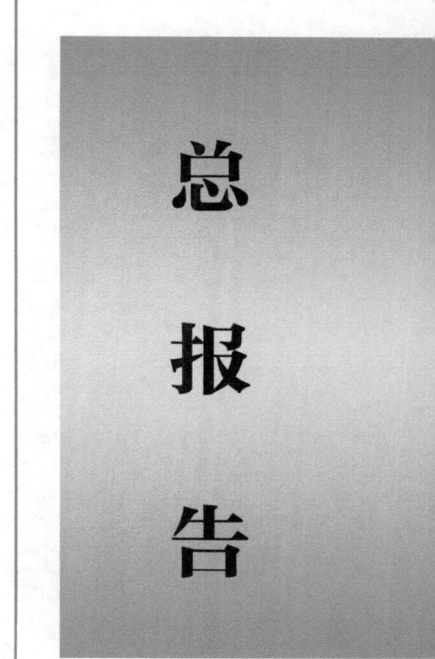

总报告

坚持农业农村优先发展　实现城乡共同繁荣

张合成　第十四届全国政协委员、中国农业科学院原党组书记

党的十九大提出"坚持农业农村优先发展",党的二十大再次强调要坚持农业农村优先发展。党的二十届三中全会决定指出,"坚持农业农村优先发展,完善乡村振兴投入机制"。党的二十届三中全会把坚持农业农村优先发展作为改革的任务目标,就是以深化改革解决农业农村底子薄、欠账多、短板突出的问题,以优先发展破解与"三农"相关的不充分、不平衡、不可持续、循环不畅、不公平等经济社会发展的五类根本性难题,用完善的制度推进城乡共同繁荣。

破除阻碍城乡融合发展的制度樊篱,首先要破除"重工轻农、重城轻乡"的精神枷锁。一些地方政府部门、学者认为,投入农业农村"太浪费""低效率""周期长",经济上不划算。不少学者以集聚效应理论为依据推论,只要农民都进城了,土地可以规模经营,城市可以快速发展,"三农"问题也就迎刃而解了。也有个别基层干部抱怨,农业不如工业项目见效快,只有补贴、没有税收,只有责任、没有政绩,难以优先发展。这些说法降低了全社会支持投入乡村的预期,动摇了落实农业农村优先发展总方针的信心,也是"全面建设社会主义现代化国家,最艰巨最繁重的任务仍然在农村"的重要思想根源。只有在理论上清醒清晰,才能在思想上认识通透,方能在行动上更加自觉、信心上更加坚定。只有处理好工农城乡关系,才能避免乡村衰落,避免出现城市"贫民

窟",落入"中等收入陷阱"。到2035年基本实现农业现代化,到本世纪中叶建成农业强国,时间紧、任务重、难度大。破解根本性难题、完成最艰巨最繁重任务,已成为中国式现代化建设的重中之重。党的二十届三中全会突出强调坚持农业农村优先发展,就是以改革的办法夯实处理城乡、工农关系的指导方针,以改革的法宝构建算好发展的眼前账与长远账、经济账与政治账的理论体系。"三农"理论界要把学习习近平总书记关于"三农"工作重要论述作为必修课,科学阐释农业农村优先发展理论原理,坚定农业农村优先发展道路自信、理论自信。

一、农业农村优先发展是党对工农城乡发展优先序的历史性重大调整

坚持农业农村优先发展,是党的十九大报告提出的重大发展战略,这是以习近平同志为核心的党中央对我国城乡关系、工农关系作出的重大战略调整,是党中央着眼"两个一百年"奋斗目标和决心下大力气补齐农业农村短腿短板所作出的重大战略安排,是中国特色社会主义"三农"思想的重大发展,是习近平新时代中国特色社会主义思想的重要内容。

新中国成立以来,我国城乡工农关系随着社会发展在不断调整变化。社会主义建设初期,毛泽东在《论十大关系》中谈到如何处理好重工业和轻工业的关系时强调,"重工业是我国建设的重点。必须优先发展生产资料的生产",对农业的定位是提供"发展工业所需要的粮食和原料"[①],由此基本确立起了"农村支持城市、农业养育工业"的方针和

---

① 中共中央文献研究室:《建国以来重要文献选编》(第八册),中央文献出版社1994年版,第244页。

政策，形成城乡分割、以农补工的格局，巨大的工农产品价格"剪刀差"支持工业发展，通过农业农村发展解决我国工业化和城镇化所需的资金和原材料问题，支撑保障了社会主义发展初期的经济社会稳定。改革开放以来，邓小平在总结农业农村发展经验和教训的基础上提出："工业支援农业，农业反过来又支援工业，这是个加强工农联盟的问题。"①充分肯定了农业农村农民为我国工业和城市发展作出的贡献，形成城乡联通、工农互动的格局，乡镇企业异军突起，农民工大量进城，支持城市化工业化快速发展。党的十五届三中全会正式把发展小城镇确立为带动农村经济和社会发展的一个大战略。2004年，党的十六届四中全会作出了我国已经进入"工业反哺农业、城市支持农村"阶段的判断，明确"以城带乡、以工补农"。形成城乡统筹、以工补农的格局，取消农业税、土地承包长久不变、粮食最低收购价等多予、少取、放活的政策效应显现。同时，要素资源取之于乡、用之于城的趋势加剧，巨大的城乡要素价格"剪刀差"支持城市化快速发展。

党的十八大以来，农业农村实现历史性变革、系统性重塑、整体性重构。由于受制于人均资源不足、底子薄、历史欠账较多等原因，农村距离基本具备现代生活条件还有很大差距。习近平总书记站在民族复兴的高度对重农强农念兹在兹。2013年，中央农村工作会议强调，"中国要强，农业必须强；中国要美，农村必须美；中国要富，农民必须富"②，将中国的"强美富"与"三农"的"强美富"紧密联系在一起。2013年4月，习近平总书记在海南省三亚市博后村考察时指出："小康不小康，关键看老乡。"在迈向现代化的进程中，农村不能掉队；在同心共筑中国梦的进程中，不能没有数亿农民的梦想构筑。这个时期，城乡一体、工

---

① 《邓小平文选》，人民出版社1983年版，第28—29页。
② 兰红光：《中央农村工作会议在北京举行》，《人民日报》2013年12月25日。

全面推进乡村振兴的江苏实践

农融合的格局已经形成,彻底改变"重工轻农、重城轻乡"精神枷锁,打破阻碍城乡融合发展的制度樊篱,农业有奔头、农民令人羡慕、农村安居乐业的势头开始显现。

2017年,党的十九大报告首次提出实施乡村振兴战略,作出我国发展最大的不平衡是城乡发展不平衡,最大的不充分是农村发展不充分,农业农村农民问题是关系国计民生的根本性问题等一系列重大政治判断,提出"坚持农业农村优先发展",明确调整了工农城乡发展优先序,我们党历史性地把农业农村工作摆在了党和国家工作全局的优先位置,确立为我们党实施乡村振兴战略的总方针。坚持农业农村优先发展是对"三农"战略地位认识的发展和创新,表明在全面建设社会主义现代化国家新征程中,要始终坚持把解决好"三农"问题真正摆在优先位置。2020年12月,习近平总书记强调:"民族要复兴,乡村必振兴……只有深刻理解了'三农'问题,才能更好理解我们这个党、这个国家、这个民族。"[1]这个时期,城乡融合、"三农"优先的发展局面开始形成,党中央提出强化以工补农、以城带乡,推动形成工农互促、城乡互补、协调发展、共同繁荣的新型工农城乡关系理论,把县域作为城乡融合发展的重要切入点,巨大的农业农村发展空间引导着各类资本、技术、数据等现代要素大展宏图。

2022年,党的二十大作出全面建设社会主义现代化国家,最艰巨最繁重的任务仍然在农村的重大判断。再次强调坚持农业农村优先发展,推动乡村全面振兴,加快建设农业强国。2022年12月,习近平总书记指出:"强国必先强农,农强方能国强。"[2]2023年12月,习近平总书记

---

[1] 李学仁:《坚持解决好"三农"问题作为全党工作重中之重 促进农业高质高效乡村宜居宜业农民富裕富足》,《人民日报》2020年12月30日。

[2] 新华社评论员:《强国必先强农,农强方能国强——学习贯彻中央农村会议精神》,中华人民共和国中央人民政府网,2022年12月25日。

指出:"要提升乡村产业发展水平、乡村建设水平、乡村治理水平,强化农民增收举措,推进乡村全面振兴不断取得实质性进展、阶段性成果。"①2024年7月,习近平总书记在党的二十届三中全会上指出:"决定稿对完善城乡融合发展体制机制作出部署。提出健全推进新型城镇化体制机制;巩固和完善农村基本经营制度;完善强农惠农富农支持制度;深化土地制度改革。"党的二十届三中全会通过的《中共中央关于进一步全面深化改革 推进中国式现代化的决定》指出,"完善城乡融合发展体制机制。城乡融合发展是中国式现代化的必然要求。必须统筹新型工业化、新型城镇化和乡村全面振兴,全面提高城乡规划、建设、治理融合水平,促进城乡要素平等交换、双向流动,缩小城乡差别,促进城乡共同繁荣发展""完善强农惠农富农支持制度。坚持农业农村优先发展,完善乡村振兴投入机制"。这一时期,城乡融合发展成为中国式现代化的必然要求,突出坚持优先发展方针,突出坚持共同繁荣的目标,突出构建强农惠农支农的长效机制,以加快建设中国式乡村全面振兴、中国特色农业强国、中国式农业农村现代化,助推强国梦想和民族复兴伟业如期实现。

二、科学领会坚持农业农村优先发展的理论逻辑

(一)农业农村优先发展是马克思主义城乡关系理论的当代价值

马克思指出:"一切发达的、以商品交换为媒介的分工的基础,都是城乡的分离。可以说,社会的全部经济史,都概括为这种对立的运动。"②马克思认为城乡发展依次经历了三个阶段。第一阶段是城乡依存

---

① 《以加快农业农村现代化更好推进中国式现代化建设》,《人民日报》2023年12月21日。
② 王珏:《重读〈资本论〉》(第一卷),人民出版社1998年版,第373页。

阶段，在工业革命之前，城乡关系呈现相互依存、相互发展的趋势。第二阶段是城乡对立阶段，马克思指出："某一民族内部的分工，首先引起工商业劳动和农业劳动的分离，从而也引起城乡的分离和城乡利益的对立。"①三次工业革命让城市的工业化速度加快，而农村建设与发展速度越来越滞缓，社会发展的中心转向更为发达的城市，这就导致城乡之间的关系由相互依存走向分离对立。第三阶段是城乡融合阶段，马克思认为："彻底消灭阶级和阶级对立；通过消除旧的分工，进行生产教育、变换工种、共同享受大家创造出来的福利，以及城乡的融合，使社会全体成员的才能能得到全面的发展。"②高度发达的生产力下把农业和工业结合起来，进而促进城乡融合发展。因此，按照马克思规划的基本路径，随着农业和工业生产能力的极大提高，必然改变工业只能在城市发展的思想，农村同样可以发展工业，推动农村生产力的发展，进而实现工业生产带动农业生产。消除城乡对立绝不是要消灭城市，也不是消灭农村，必然要充分发挥城市对农村的辐射带动作用，逐步推动农村经济发展。

（二）农业农村优先发展是基础产业超前效应理论的时代实践

基础产业是指为其他部门提供条件和机会的产业，或者说是那些由于它们的供给能力不足，导致国民经济增长机会损失的产业。基础产业是支撑社会经济运行的基础，它决定和反映着国民经济活动的发展方向与运行速度。因此，要使国民经济保持长期、快速、协调和有效地发展，就必须首先发展其基础产业，这是民族复兴、大国崛起的物质保

---

① 中共中央马克思恩格斯列宁斯大林著作编译局：《马克思恩格斯选集》（第一卷），人民出版社1972年版，第25页。

② 中共中央马克思恩格斯列宁斯大林著作编译局：《马克思恩格斯全集》（第四卷），人民出版社1958年版，第371页。

障，是"国之根本"。德国发展经济学家阿尔伯特·赫希曼1958年在《经济发展战略》一书中提出优先发展"进口替代工业"原则，是超前效应的理论基础。《中国产业政策研究》《技术进步与产业结构研究》认为，基础产业是指其他产业发展对它的依赖性较高，在较长时期内对它的需求将稳步增长，规模较大，它在产业结构中处于"供给"地位的产业。超前效应是基础产业的基本属性，它在产业结构系统中承担着为其他产业成长和发展提供中间需求的基础功能。因此，一般而言基础产业应该有一定的超前性。只有得到超前的发展，才能在其他产业发展时为其提供所必需的中间需求。反之，基础产业发展滞后，在其他产业需要中间需求时可能出现结构性的短缺，形成产业结构发展过程中的"瓶颈"。

（三）农业农村优先发展是木桶理论的直观转化

"木桶理论"的提出者美国管理学家劳伦斯·彼得认为，组成木桶的木板如果长短不齐，那么木桶的盛水量不是取决于最长的那一块木板，而是取决于最短的那一块木板。这就是说构成组织的各个部分往往是优劣不齐的，而劣势部分往往决定整个组织的水平。新时代，我国社会主要矛盾已经转化为人民日益增长的美好生活需要和不平衡不充分的发展之间的矛盾，我国发展最大的不平衡是城乡发展不平衡，最大的不充分是农村发展不充分。习近平总书记指出："受制于人均资源不足、底子薄、历史欠账较多等原因，'三农'仍然是一个薄弱环节，同新型工业化、信息化、城镇化相比，农业现代化明显滞后。"[①] 当前，我国正处于不断缩小城乡差距、推进农业农村现代化的历史关口，同快速推进的工业化、城镇化相比，我国农业农村发展步伐还跟不上，"一条腿长、一条腿短"的问题比较突出。习近平总书记指出："没有农业强国就没有

---

① 习近平：《加快建设农业强国 推进农业农村现代化》，《求是》2023年第6期。

整个现代化强国；没有农业农村现代化，社会主义现代化就是不全面的。"①党的二十大提出，"全面建设社会主义现代化国家，最艰巨最繁重的任务仍然在农村"，这是进入新发展阶段，党中央对农业农村工作的重大政治判断，是全面推进乡村振兴，加快建设农业强国重大部署的政治依据。

（四）农业农村优先发展是践行共享发展理念的总体布局

共享发展是新发展理念的重要内容，推动共享发展，就是要按照人人参与、人人尽力、人人享有的要求，坚持全民共享、全面共享、共建共享、渐进共享，注重机会公平，着力增进农民福祉，走共同富裕之路。习近平总书记指出："我们追求的发展是造福人民的发展，我们追求的富裕是全体人民共同富裕。"②改革发展搞得成功不成功，最终的判断标准是人民是不是共同享受到了改革发展成果。乡村要补短板、还旧账，必须把农业农村发展放在首要位置、优先保障。农业农村领域要从过去被动接受反哺的角色走向前台，逐渐缩小城乡差距。在面对小户碎田、双重风险、需求异构、二元结构等特殊农情国情，在西方经济学理论、城市化工业化路径、招商引资逻辑等不完全奏效的情况下，只有坚持共享发展，以农业农村优先发展重塑城乡工农关系，使产业兴旺成为农民最根本的安全感，设施完备成为最直观的幸福感，服务便捷成为最直接的获得感，环境宜居成为最牵挂的归属感。

（五）农业农村优先发展是落实总体国家安全观的战略后方

总体国家安全观强调统筹推进各领域安全，统筹应对传统安全和

---

① 习近平：《加快建设农业强国 推进农业农村现代化》，《求是》2023年第6期。
② 《中共中央召开党外人士座谈会》，《人民日报》2015年10月31日。

非传统安全，实现国家安全各领域战略布局一体融合、战略资源一体整合、战略力量一体运用。历史和现实都告诉我们，农为邦本，本固邦宁。我们要坚持用大历史观来看待农业、农村、农民问题，只有深刻理解了"三农"问题，才能更好地理解我们这个党、这个国家、这个民族。农业农村是经济社会发展的战略后院，农业保的是生命安全、生存安全，是极端重要的国家安全。习近平总书记指出："只有农业强起来，粮食安全有完全保障，我们稳大局、应变局、开新局才有充足底气和战略主动。"① 农业强了，人民吃饭不愁，不仅吃得饱，还能吃得好，吃得健康，国家发展也少了一大后顾之忧；农业强了，工业和其他国民经济部门就有了更为充足的原料和动力，消费潜力得到充分释放，经济循环也更加顺畅；农业强了，生态供给和文化传承的土壤就更加厚实了，高质量发展的前景也更为宽广。一言以蔽之，农强为国强奠定了充足的底气。

（六）新时代变革验证了农业农村优先发展战略的真理属性

党的十八大以来，农业农村取得了历史性成就、发生了历史性变革。2024年粮食产量首次突破1.4万亿斤，人均粮食产量超过1000斤，农民人均可支配收入首次突破2万元，农民增收幅度多年领跑城镇居民和GDP增速。农业现代化提升新水平、开创新局面，科技进步贡献率、种源自给率、机械化率大幅提升。农村现代化由表及里形神兼备全面提升，卫生厕所普及水平、垃圾污水治理水平、基本养老保险与医疗保险覆盖面等均有大幅度提升。打赢了人类历史上规模最大的脱贫攻坚战，全国832个贫困县全部摘帽，近1亿农村贫困人口实现脱贫，960多万贫困人口实现易地搬迁，历史性地解决了绝对贫困问题，为全球减贫事业作出了重大贡献。农业农村优先发展战略的真理属性已经在实践中得到检验。

---

① 习近平：《加快建设农业强国 推进农业农村现代化》，《求是》2023年第6期。

三、以改革法宝破解农业农村优先发展的难题

坚持农业农村优先发展，推进城乡融合发展，既不是新型城镇化的权宜之计，也不是乡村振兴的应急之策，而是适应新型城乡关系演进趋势，推进中国式现代化的必然要求。我国长期存在的城乡二元结构制约着城乡要素平等交换、双向流动及收益合理分配，妨碍了农业产业化进程和综合效益提高。破除体制机制弊端，要突出解决急难愁盼。

（一）以强化双轮驱动增活力，破解发展动力不足难题

创新是引领经济发展的第一动力。建设农业强国，利器在科技，关键靠改革。从双轮驱动的角度看，农业科技投入是长线投资，回报周期十分长，需要长远眼光和体制保障。农村改革要切实坚持统分结合，"统"的公平正义需要强化，目标是集中力量解决小农户办不了的难事。防止为了一时的集聚效应，把农村改革从"一分了事"变成"一并了事"，集中力量"垒大户"。"分"的原始动力仍要尊重，既要尊重家庭经营的自主权，还要汲取购销服务一放了事、金融服务一放了事、生产资料供销一放了事、科技推广服务一放了事的教训。

（二）以高质量发展为首要任务，破解城乡差距难题

习近平总书记指出："提高乡村基础设施完备度、公共服务便利度、人居环境舒适度，让农民就地过上现代文明生活。"[①]农村社会从自运行体系向城乡互动体系转变过程中，城与乡、工与农、产与销、物质与精神关系更加复杂，当前主要表现为收入、贫富、基础设施、公共服务、

[①] 习近平：《加快建设农业强国 推进农业农村现代化》，《求是》2023年第6期。

科技、信息化六个方面的城乡差距亟待解决。而文化认同是缩小差距的思想基础。"进城上学""进城赚钱""城市才有现代生活"等重城轻乡的导向，消解了对乡土文化的价值认同。因此，要科学认识农耕文化的根脉性地位、乡村文化振兴的紧迫性要求，夯实乡风文明建设的思想与制度基础，推进农耕文明和城市文明交相辉映。

（三）以发展观的深刻变革，破解发展与保护难题

习近平总书记指出，推进农业绿色发展是农业发展观的一场深刻革命。绿色是底色、生态是底盘。一要实现发展观念的绿色变革。乡村提供了舒心宽厚的自然条件和物质基础，还构筑了人们的精神家园和情感寄托。应把保护优先、节约优先、自然恢复为主的观念吃透，资源利用上防止"非农化""非粮化"冲动，发展方式上防止金山银山的诱惑。同时，必须坚持发展是硬道理，扎实推进农业农村高质量发展。二要实现生产方式的绿色变革。资源节约与循环利用是农业新质生产力发展、乡村生态建设的固有生命力。应防止机械套用城市排污模式，确保植物秸秆、人畜粪便、生活废料中的有机质及时得到还田循环。三要实现生活方式的绿色变革。从厕所、垃圾、污水"三大革命"，到低碳生活、绿色消费观念，乡村生态文明建设措施，细化到每家每户，照顾长久形成的生活习惯，强化内在自觉和天然优势。

（四）以畅通循环的新发展格局，破除经济运行壁垒

党的二十届三中全会决定指出，"完善收入分配制度……提高劳动报酬在初次分配中的比重"。初次分配是更为基础性的分配关系，如果在初次分配中出现重大的社会不公正，在政府再分配中就很难加以扭转，从而造成收入差距扩大。一要关注农户创造价值与获得利润错配问题。

粮价太低制约了种粮对初次分配的贡献，强化了土地"非农化""非粮化"冲动，降低了粮食消费的节约意识。二要赋能小生产平等分享大市场红利。生产、分配、流通、消费循环中，分配是否公平合理，直接影响劳动者的积极性。只有赋能小农户，才能提高小农户分享大市场的红利份额，畅通农业农村经济循环。三要破除产业间互通互利的壁垒。部门之间、产业之间、地区之间、城乡之间的开放，与对外开放一样具有巨大的价值。

（五）以市场决定与有效政府均衡作用，破解发展机会不均等难题

共享发展理念是农业农村优先发展的思想基础。一是树立小农户同步进入现代化理念。要科学认识农村家庭经济具有的基本制度属性和长期存在意义，加强面向小农户的社会化服务，把小农户引入现代农业发展轨道。二是明确让农民就地过上现代文明生活的要求。乡村振兴要帮助农民就近就业、就地赚钱、就地生活，不是赶农民上楼，更不是催农民进城。三是以公平正义为底线构建优先发展制度体系。既要防止资本"跑马圈地""污染环境"，也要防止以"资本原罪论"吓跑企业。既要让"无人机"降低劳动强度和生产成本，也要防止过早过快以"无人化"挤出农民、空心化乡村。

四、以四个优先推进城乡融合发展共同繁荣

农业农村优先发展关键是要重构组织、资源、要素和公共服务制度体系。习近平总书记对农业农村优先发展十分重视，提出了"四个优先"的要求。一是在干部配备上优先考虑，要求各级党委和政府主要领导干部要懂"三农"工作、会抓"三农"工作，分管领导要真正成为"三农"

工作的行家里手，要把到农村一线锻炼作为培养干部的重要途径。二是在要素配置上优先满足，要求强化制度性供给和政策安排设计，破除阻碍要素自由流动、平等交换的体制机制壁垒，改变资源要素向城市单向流动格局，让土地、劳动、资本、技术、数据等各类发展要素更多流向农业农村。三是在资金投入上优先保障，要求必须发挥公共财政资金的主渠道作用，要求坚持把农业农村作为财政优先保障领域和金融优先服务领域，加快涉农资金统筹整合，集中力量办大事。四是在公共服务上优先安排，公共基础设施建设的重点放在农村。全面提升农村科教文卫体、养老社保等公共服务水平。让农民在农村就可以享受到优质的公共服务资源，过上与城里人一样的日子。

中国式现代化是工业化、信息化、城镇化、农业现代化"并联式"发展的过程，不同于西方发达国家现代化的"串联式"发展。我国城乡实现共同繁荣，要坚持以工补农、以城带乡，推动形成工农互促、城乡互补、协调发展、共同繁荣的新型工农城乡关系。必须通过推进城乡融合发展，统筹新型工业化、新型城镇化和乡村全面振兴，畅通国民经济循环，激发全社会内生动力和创新活力。当前，要从进一步全面深化改革的视角，突出焦点难题，锚定关键抓手，把这一重大战略部署落到实处。

（一）突出农业农村优先发展的支持保护制度

党的二十大报告指出，"完善农业支持保护制度，健全农村金融服务体系"。按照增加总量、优化存量、提高效能的原则，健全农业农村投入保障制度，加大中央财政转移支付、土地出让收入、地方政府支持农业农村力度。完善粮食主产区利益补偿机制，构建新型农业补贴政策体系，完善粮食最低收购价政策。完善农村用地保障机制，保障设施农业和乡村产业发展合理用地需求。健全农村金融服务体系，完善金融支农激励机制，扩大农村资产抵押担保融资范围。鼓励外出农民工、高校毕业生、退伍军人、城市各类人才返乡下乡创新创业，支持建立多种形式的创业支撑服务平台，完善乡村创新创业支持服务体系。

（二）突出乡村产业优先发展的根本之策定位

习近平总书记十分重视乡村产业发展。2016年以来先后提出根本之策、物质基础、解决一切问题的前提、重中之重、实际工作的切入点等重要性定位。2022年12月强调："没有产业的农村，难聚人气，更谈不上留住人才，农民增收路子拓不宽，文化活动很难开展起来。"[1]我们要深刻理解、科学把握、全面落实。第一，种粮赚钱就近就业是落脚点。只有种粮务农不亏本，绝大部分农民投入乡村产业的积极性才能调动起来。产业要兴村富农必须立足"三留"：产业更多留在乡村、就业岗位更多留给农民、产业链增值收益尽量留给农民。第二，激发主体活力是着力点。要把农产品价格预期作为激发主体活力源动力。产业发展是农户实现自我价值、融入社会、过上有尊严的生活的主要手段，依靠自己劳动成果的获得感、幸福感、安全感与被动接受是完全不一样的。第三，新理念新布局新路径是创新点。改变原料在乡村、加工在城市，劳力在乡村、产业在城市的状况，引导产业进村，倡导就业在村。

（三）突出乡村建设优先发展的推进机制

党的十八大以来，我国农村基础设施建设和公共服务供给取得了巨大成就，一体化和均等化框架基本清晰。但由于历史欠账多、覆盖内容宽、涉及部门广、制度壁垒厚、推进难度大，乡村建设的任务依然很艰巨、很繁重。一要牵住"牛鼻子"突破关键点，激发乘数效应。首先，

---

[1] 习近平：《加快建设农业强国 推进农业农村现代化》，《求是》2023年第6期。

把产业振兴作为重中之重和切入点。应以种粮能赚钱、乡村能就业为核心，把乡村产业兴旺度作为首要考核指标。其次，以农民就地过上现代文明生活为出发点和落脚点，优先抓好农民急需、普惠性高、兜底性强、带动面大的关键性任务，即种粮挣钱、就近就业、公交进村、网络入户、卫生厕所普及、污水粪污治理、就近入学入园、看病便利、养老同质、人才引育十大任务，全面带动乡村产业兴旺度、基础设施完备度、公共服务便利度、人居环境舒适度"四度"提升。二要强化统筹力调动积极性，提高效力效能。要强化五级书记"三落实"统筹，即任务和责任、资金和土地政策、协同机制落实；强化部门统筹；强化县域统筹，推进县乡村功能互补；强化粮食产销区域统筹；强化主体统筹，形成农民群众争着干、基层干部扎实干、社会力量一起干的氛围，确保农民主动参与、得到实惠。

（四）突出农业科技优先发展的政策体系

落实农业农村优先发展总方针，就必须加快建立农业科技优先发展的政策体系。一是优先确保农业科研机构公益性定位。从国际上看，大部分国家都把农业科技作为关系国计民生、社会稳定、国家安全的行业来看待，把农业科研机构作为公益性机构来扶持。二是优先提升农业科技投入水平。尽快实现农业科技投入"四个追平"，即农业科技投入强度、基础科研投入占比、稳定性支持占比、企业研发投入占比全面追平发达国家水平。三是优先支持农业科技长期性基础设施建设。要开展长期因子观测。要加快建立农业市场信息长期监测预警体系，变事后调节为事前按市场需求主动引导。四是优先支持涉农企业提升技术研发能力。针对农业企业少、规模小、研发能力低的具体问题，要构建有针对性的支持政策，面向企业开发资源、平台、专利、人才。

牢牢把握全面推进乡村振兴的主要抓手

丁茂战　东南大学中国特色社会主义发展研究院

党的二十大提出了2035年我国发展的总体目标，特别提出要"基本实现新型工业化、信息化、城镇化、农业现代化""农村基本具备现代生活条件"。基本实现农业农村现代化是必须完成的"硬指标"。没有农业农村现代化，就没有整个国家现代化。然而在新四化指标体系中，最为艰巨的任务无疑是基本实现农业农村现代化。正如习近平总书记强调的："全面建设社会主义现代化国家，实现中华民族伟大复兴，最艰巨最繁重的任务依然在农村，最广泛最深厚的基础依然在农村。"[①] 面对2035年基本实现现代化的目标使命，必须深刻认识农业农村现代化的艰巨性，必须全面把握农业农村现代化的深刻内涵，必须有步骤、分轻重扎实做好各项工作，确保2035年如期基本实现农业农村现代化。东南大学"全面推进乡村振兴的江苏实践"课题组以江苏农业农村现代化实践为样本，自2023年10月课题开题以来，课题组进行了多次学术交流，并分两期共计15天时间依次到无锡、泰州、徐州、淮安、盐城、连云港、南京、常州、苏州9个市调研，分别听取无锡及其锡山区、新吴区，泰州及其姜堰区，徐州及其睢宁县、铜山区，淮安金湖县，盐城大丰区，连云港赣榆区，南京江宁区，常州新北区，苏州张家港市、昆山市的情况介绍，并且分别到了28个村、17家农业公司开展实地调研。根据目前的调研和初步思考，形成以下认识成果。

---

① 习近平：《论把握新发展阶段、贯彻新发展理念、构建新发展格局》，中央文献出版社2021年版，第463页。

一、以工业化引领城镇化、带动农业农村现代化

农业属于附加值比较低的产业。农业就业人口占比越低,农业农村现代化水平越高。实现农业农村现代化,意味着要有大批农民告别农业领域。以机器大生产为标志,人类生产力发生了质的飞跃,工业成为吸纳就业、做大财富蛋糕的主战场。工业化集聚了大规模的就业群体,又带来了城镇化和城市文明。农村人口大规模向城镇转移、农业就业人口大幅度减少,反过来才能提高农业生产力水平,促进农业农村现代化。工业化带动城镇化、引领农业现代化。基本实现农业农村现代化,要跳出农业农村来发展农业农村,用工业化引领城镇化,用城镇化带动农业农村现代化。

以改革开放以来我国农业农村现代化发展为例。1978年,我国农业人口占比82.08%,第一产业增加值占国内生产总值的比重为27.7%。2023年,我国农业人口占比下降到33.84%,而第一产业增加值占比下降到7.1%。45年里,我国国内生产总值翻了47.14倍,而第一产业翻了6.86倍,第二产业翻了70.1倍,第三产业翻了68.6倍。我国第二产业由第一产业的2.61倍扩大到13.05倍。毫无疑问,我国工业化及其相伴而发展的服务业,是我国城镇化的主要推手。并且正是由于工业化的快速发展,倒逼农业农村现代化,使我国第一产业由1978年的1019亿元增长到2023年的89755亿元,翻了88.08倍。国家如此,地方也如此。我国农业农村现代化做得好的地区,基本上非农领域尤其是工业领域发展成效显著。

以江苏省张家港市南丰镇永联村为例。永联村曾经是人均年收入只有68元的贫困村。改革开放刚开始,时任村党支部书记吴栋材和村党

全面推进乡村振兴的江苏实践

支部一班人，认清了"无工不富"的道理，组织村民陆续办起了水泥预制品厂等七八家小工厂。1984年，开始办村集体轧钢厂，1985年产出了6000多吨建筑钢材，利润达到1024万元。后来，陆续投资建设了第二线材厂、新棒材厂、第二制氧厂、3万吨级长江自备码头等重大工业项目。如今的永钢集团是拥有500万吨钢和500万吨材的年生产能力的大型钢铁企业，并且形成了钢铁、重工、物流、金融、建设、旅游六个产业板块。同时，大力推进农村一二三产业融合发展，形成了高效的现代农业产业体系。有了经济基础之后，永联村开始全面发展民生事业，相继投资建设小学、幼儿园、医院、商业街、农贸市场、休闲公园等工程，建成集图书馆、健身房、棋牌室于一体的社区服务中心，建起篮球场、文化广场和影剧院。工业化一定带来集中居住的城镇化，投资10亿元的现代新村建成后，8000多名村民入住公寓式楼房，村民实际购房价格每平方米只有500多元。随着集体经济实力的壮大，永联村不断以工业反哺农业，强化农业产业化经营，成立"永联苗木公司"等，规划建设了3000亩高效农业示范区，设立农业发展基金，农业农村现代化水平快速提升。2023年，全村工农业总收入为1616亿元，人均GDP接近江苏全省15万元的人均GDP水平。全村11000多名村民，不但具有工资、奖金等一次性分配收入，还有村集体分配的二次收入，同时还拥有永卓控股有限公司25%的股份。2023年，永联村人均纯收入高达7.3万元，而2023年全国城镇居民人均可支配收入是5.2万元。

跳出农业抓农业，推进农业农村现代化，首先就是要坚持以经济建设为中心。要坚持把发展作为我们党执政兴国的第一要务，始终坚持把高质量发展作为首要任务，持续推动经济实现质的稳步提升和量的合理增长，保持我国经济可持续增长势头，努力实现潜在增长水平。特别是要大力实施新型工业化，着力发展现代服务业，不断扩大非农领域的就业能力，稳步推进新型城镇化，持续减少农业人口，为农业农村现代化提供更好的前提条件。

县域经济是农业农村现代化建设的重要平台。相比大中城市，通过县域经济和城乡统筹发展，把农民转移到县城或者中心镇就业、居住生活，具有明显的低成本优势。2024年3月，习近平总书记在湖南省主持召开新时代推动中部地区崛起座谈会时强调，要大力发展县域经济，形成新的增长点；4月，在重庆主持召开新时代推动西部大开发座谈会时，习近平总书记进一步提出要发展各具特色的县域经济，培育一批农业强县、工业大县、旅游名县，促进农民群众就近就业增收，因地制宜推进城镇化进程。县域经济也是我国经济的重要组成部分，统计数据显示，截至2023年，我国县域面积接近国土面积的90%，县域人口占全国人口的52.5%，县域经济体量达到全国GDP的38.1%。

必须大力发展县域经济，着力推进城乡统筹，创造更多条件以吸纳农业劳动力并减少农民数量，加快农业农村现代化步伐。要明确县域经济发展方向，立足县域资源禀赋和区位优势，制定科学合理的县域经济发展规划。优化县域产业结构和空间布局，构建以县城为枢纽、以小城镇为节点的县域经济体系，扩大县域就业容量。积极培育壮大县域特色产业，如农产品加工业、乡村旅游业等，提升县域经济的核心竞争力。加强产业集群建设，形成具有地域特色的产业集群，提高县域经济的规模效应和集聚效应。加大财政投入，支持县域基础设施建设，提高县域经济承载能力。按照区位条件、资源禀赋和发展基础，积极发展乡村经济，因地制宜发展小城镇特别是特色小镇。实施新一轮农业转移人口市民化行动，鼓励有条件的县（市、区）将城镇常住人口全部纳入住房保障政策范围。

二、以村居现代化为牵引推动农业农村现代化

调整和优化村落结构，相对集中居住，建设和美乡村，使农村基本具备现代化生活条件，让广大农民过上现代化的生活，是农业农村现代化的必答题。

实现村居现代化已经刻不容缓。经过40多年的改革开放，我国已经由一个82%的人口生活居住在农村的传统的农业社会，转变成为超过66%的人口工作生活在城镇的初步现代化的工业社会，农村居民由占人口总数的82%下降到30%。人走房空、村庄凋零成为一种普遍现象，尤其在东部发达省份，"空心村"可谓比比皆是。以江苏省涟水县高沟镇为例，一个30多户人家的村庄，整个家庭成员都生活在村里的一户都没有，仍然有人或者农忙时有人的住户也不超过1/3，多数家庭已经举家生活工作在城镇，他们的承包地已经转包给了大户，老宅要么破旧要么已经倒塌。优化和调整村落结构特别是相对集中居住，已经是非常迫切的问题。

首先要有现代化的公共设施和生活条件。村居现代化是农业农村现代化的必然要求，而只有优化村落结构、相对集中居住，从而把农村公共设施建设成本、村居现代化成本降下来，村居现代化才有可能。村落优化了、"空心村"减少了，提供现代化的公共服务设施才具备条件，优化提升村庄环境，修缮村庄道路，铺设煤、电、气、水、网等现代化基础设施，建设幼儿教育、养老服务、文化娱乐等现代化公共服务设施才有可能。村居现代化、相对集中居住是绕不过去的现代化工程，早做比晚做有利于政府，更有利于农民。农民在城里打工，很多家庭把辛苦挣来的"打工钱"拿回家修缮自己房子。如果这个村庄没有发展前景甚至

最终被"消失",农民的投入就是"打水漂",最终伤害的是农民自身的利益。

突出村居现代化建设的重点工作。首先要进行充分的科学论证,作出科学的村落规划。方向正确、决策正确,才会事半功倍。各地要根据自身的资源禀赋和发展前景,决定在哪里建设、建设多少中心村,是依托古村落还是贴近交通要道或者是依山傍水?是横平竖直还是"抱团取暖"?村落结构、环境建设、公共设施、产业发展、农田布局等要一体规划。规划一经制订,就不要轻易作大的调整,要一茬接着一茬干,把蓝图逐步变成现实。公共服务设施和村庄环境应该优先建设,按照现代化的要求高标准定位、高质量建设,经得起时间考验、得到广大村民认可。房屋建设也应该坚持从实际出发、体现农村特点,除非村民已经集中进入附近的产业园区工作,否则不宜建设城市那样的高层住宅。"注意乡土味道,保留乡村风貌,留得住青山绿水,记得住乡愁。"[①]例如,可因地制宜,房前屋后可适当保留"小院子""菜园子",为发展"庭院经济"留下空间。房子可以由村集体统一建设,亦可规划好让农民自建。但是,无论怎么建设,都要制定不损害农民利益的、对农民自愿搬迁有激励作用的优惠政策,让农民想来、愿来,真正体现农民意愿,给农民带来实惠,让集中居住的过程成为农村获得更大利益的过程。

目前,江苏的村居现代化建设,已经先走一步,有些模式和经验值得学习借鉴。

江苏省金湖县吕良镇湖畔旺屯社区。该项目属于易地搬迁、集中居住类型。2018年规划建设,规划初衷是使社区居民住进来、留得住、能增收,规划选址选择在沿淮(安)金(湖)线、白马湖国际湿地公园等产业带上。农房建设初期,就充分征求了群众的意愿。该项目占地近

---

① 《坚决打好扶贫开发攻坚战》,《中国青年报》2015年1月22日。

460亩，总建筑面积10万平方米，共建设556套二层安置房，可安置农户556户，惠及人口近2000人。社区主体工程、配套设施等均完成建设，并全部交房，现已入住近460户、1300余人，入住率达80%以上。

江苏省常州市西夏墅镇梅林村。该项目属于易地搬迁、集中居住类型。该村村域面积9.17平方千米，辖35个自然村、60个村民小组、2245户、常住人口约7800人。2021年下半年启动了梅林村"现代化宜居农房项目"建设工作，规划坚持五优方向，即空间格局优、资源配置优、住房条件优、人居环境优、治理水平优。该项目位于梅林村委长巷里村，计划中心村规划150亩，一期用地面积53.4亩，项目总建筑面积约2.61万平方米，规划建设民居96套。住宅分为占地90平方米建筑面积210平方米、占地135平方米建筑面积280平方米两种房型，按建筑面积每平方米2000元成本价收取费用，每户根据家庭人口情况选择户型，按照人均占地30平方米规划建设。

江苏省金湖县塔集镇高桥村黄庄。该项目属于依托原有村庄提升改造类型。黄庄位于金湖县塔集镇高桥村中部，东临荷花荡旅游公路，西濒淮河入江水道入湖口，南依国家AAAA级旅游景区荷花荡，北接尧想国文化旅游区。黄庄共有169户、542人。项目于2017年10月开工建设，2018年12月竣工，指导思想是充分挖掘乡土文化和民居本土特色，注重老庄台功能设施提升，借助紧邻淮河入江水道滨水优势，优化湖乡田园水系，对庄台前后河道进行青石驳岸景观建设，借助农家蔬菜地建设袖珍菜园，借助原有农房建设充满水乡韵味的民居民宿，借助桃园、养殖水田建设农耕生活游体验区，积极打造生态优、村庄美、产业特、农民富、集体强、民风好、文化兴的美丽特色田园乡村。黄庄下大力气开展人居环境整治，全面疏浚村庄河道，改善村庄水环境；推进农村户厕改造，169座旱厕全部改为室内卫生间；新建一座日处理能力20吨的污水处理设施，集中处理村民日常生活污水，保持良好的乡村生态环境。黄庄建设提升注重融合田园生活、田园风光、田园建筑，深入挖掘乡村文化，力争让村庄有灵魂、有故事、有颜值、有内涵。特别是做足"知青"文章，突出文化特色，筹建了知青之家，通过一系列老物件老照片，还原了在那个艰苦卓绝的年代，知青们治理淮河的"战天斗地"劳动场景。

三、建设现代化的高标准农田

没有现代化的高标准农田，就不可能有现代化的农业。党中央对建设现代化高标准农田非常重视。习近平总书记多次作出重要指示，强调要突出抓好耕地保护和地力提升，加快推进高标准农田建设，切实提高建设标准和质量，真正实现旱涝保收、高产稳产。[①] 改革开放以来，我国农村逐步实行家庭联产承包责任制，"包产到户"极大调动了农民的生产积极性，粮食持续增产。然而，随着生产力持续进步、农业机械化水平持续提高，一家一户的小农经济逐渐失去优势，分散经营对农业现代化发展已经形成制约，留在村集体那些零散"边角料"农田浪费严重，承包户间也有一定农田损耗。甚至是大量农民外出就业，亩均1000元纯收益难以调动农民积极性，农田存在一定程度的撂荒问题。

农业农村现代化必然要求农田建设现代化。小田变大田，大田变高标准农田，这既是农业农村现代化的条件也是农业农村现代化的应有之义。高标准农田是指土地平整、集中连片、设施完善、农田配套、土壤肥沃、生态良好、抗灾能力强，与现代农业生产和经营方式相适应的旱涝保收、高产稳产，划定为永久基本农田的耕地。建设现代化高标准农

[①] 韩宇平、李贵宝、汪磊等编：《〈黄河保护法〉科普知识读物》，黄河水利出版社2023年版，第158页。

田，加快补上农业基础设施短板，增强农田防灾抗灾减灾能力，有利于聚集现代生产要素，推动农业生产经营规模化专业化，促进农业农村现代化发展；有利于落实最严格的耕地保护制度，不断提升耕地质量和粮食产能，实现土地和水资源集约节约利用，推动形成绿色生产方式，促进农业可持续发展；有利于有效应对国际农产品贸易风险，确保国内农产品市场稳定。

保障国家粮食安全的关键举措。建设现代化高标准农田，要深入实施藏粮于地、藏粮于技战略，立足确保谷物基本自给、口粮绝对安全，以提升粮食产能为首要目标，以农产品主产区为主体，以永久基本农田、粮食生产功能区、重要农产品生产保护区为重点区域，优先建设口粮田，坚持新增建设和改造提升并重、建设数量和建成质量并重、工程建设和建后管护并重，产能提升和绿色发展相协调，确保建一块成一块，提高水土资源利用效率，增强农田防灾抗灾减灾能力，把建成的高标准农田划为永久基本农田，实行特殊保护，遏制耕地"非农化"、防止"非粮化"，为保障国家粮食安全和重要农产品有效供给提供坚实基础。

把握建设现代化高标准农田的基本内涵。要通过合理归并和平整土地、坡耕地田坎修筑，实现规模适度、集中连片、田面平整，耕作层厚度适宜，山地丘陵区梯田化率提高；通过培肥改良，实现土壤通透性能好、保水保肥能力强、酸碱平衡、有机质和营养元素丰富，着力提高耕地内在质量和产出能力；通过加强田间灌排设施建设和推进高效节水灌溉，增加有效灌溉面积，提高灌溉保证率、用水效率和农田防洪排水标准，实现旱涝保收；通过田间道路（机耕路）和生产路建设、桥涵配套，增加路面宽度，提高道路的荷载标准和通达度，满足农机作业、生产物流要求；通过农田林网、岸坡防护、沟道治理等农田防护和生态环境保护工程建设，改善农田生态环境，提高农田防御风沙灾害和防止水土流失能力；通过完善农田电网、配套相应的输配电设施，满足农田设施用电需求，降低农业生产成本，提高农业生产的效率和效益；通过工程措施与农艺技术相结合，推广数字农业、良植良法、病虫害绿色防控、节水节肥减药等技术，提高农田可持续利用水平和综合生产能力；通过上图入库和全程管理，落实建后管护主体和责任、管护资金，完善管护机制，确保建成的工程设施在设计使用年限内正常运行、高标准农田用途不改变、质量有提高。

制订建设现代化高标准农田的发展规划。要根据国家国土空间开发和基本农田建设总体战略，根据各个地区土地资源的禀赋情况和城镇化发展要求，确定农业用地总体规模和潜在农田的开发潜力。规划重点在县城层面，要算县域总账，国土空间面积是多少？已经承包的农地是多少？在这个基础上制订现代化农田建设发展规划，并提出分步实施方案。

把工作重心放在乡村两个层面。土地是最为稀缺的资源，一分一厘都要算清楚。要把工作的重点放在乡村尤其是村一级，首先把每个村土地资源特别是零散地块资源的账捋清楚，究竟还有多少可以开发利用的零散农业用地，零散承包地综合开发后能增加多少农田，还有多少高低起伏的等待开发的丘陵土地资源。在这个基础上，再拿出小田变大田和高标准农田建设规划及政策举措。

与村居现代化统筹推进。村居现代化和农田建设现代化是乡村振兴不可分割的重要组成部分，两者你中有我、我中有你，应协调推进，互相促进。要通过相对集中居住，对退出的宅基地和老旧废弃的村庄进行复耕、小田变大田。

向18亿亩耕地之外要农田。我国国土资源类型丰富多彩，还有沙漠、戈壁、草原、丘陵、沿海滩涂等大量资源等待开发利用。那些高低不平的丘陵，可以讲是遍布全国。要对这些资源进行统筹安排，从战略层面制订开发和发展规划。既要保18亿亩耕地的存量，也要18亿亩耕地红线之外的增量。

坚持山水林田湖草沙统筹开发。我国总体上地处温带，西边是青藏高原，东面是大海，气候条件得天独厚，资源环境丰富多彩。国土资源利用要实事求是、因地制宜，把各种资源优势发挥出来。有的适宜建设现代化的农业，有的则必须是果园和山林，有的必须是草原植被，有的是必须保留的用于养殖业的水面。

四、用科技赋能农业农村现代化

习近平总书记指出："农业现代化关键在科技进步和创新。要立足我国国情，遵循农业科技规律，加快创新步伐，努力抢占世界农业科技竞争制高点，牢牢掌握我国农业科技发展主动权，为我国由农业大国走向农业强国提供坚实科技支撑。"[1]"农业现代化，关键是农业科技现代化。要加强农业与科技融合，加强农业科技创新，科研人员要把论文写在大地上，让农民用最好的技术种出最好的粮食。"[2]科学技术是第一生产力，也是农业农村现代化的第一动力。土地空间是有限的，土地产出却是无限的。科技是解决吃饭问题的根本出路。实现农业农村现代化，建设农业强国，"利器在科技"。

科技创新推动农业进步是历史发展的客观规律。人类现代化的历史，本质上是科技创新和进步的历史。近代社会的每一次重大变革都与科技

---

[1]《习近平致中国农业科学院建院60周年的贺信》，新华社，2017年5月26日。

[2] 燕雁：《坚持新发展理念深入实施东北振兴战略 加快推动新时代吉林全面振兴全方位振兴》，《人民日报》2020年7月25日。

的革命性突破密切相关。农业现代化同样建立在科学技术不断突破和广泛应用的基础上。农业现代化的发展过程本质上就是先进科学技术在农业领域广泛应用的过程，是现代科技改造传统农业的过程。新中国成立以后，党和政府十分重视农业科技工作，制订了农业科技相关计划规划，初步建立起农业科技研究教育和推广体系。改革开放以来，农业蓬勃发展，农业科技投入持续增长，农业科技体制和运行机制不断完善，良种良法广泛运用，技术装备水平显著提高，农业科技全面进步，我国总体上摆脱了"靠天吃饭"的被动局面、确保谷物基本自给、口粮绝对安全，实现了由"吃不饱"到"吃得饱"，并且"吃得好"的历史性转变。然而，无论是从全球看还是从我国自身看，农业农村现代化科技含量远远不够，发展空间无限，科技赋能农业农村现代化是长期的战略任务。

用科技守护粮食安全战略。从我国农业生产力水平看，面临耕地资源硬约束，通过扩大耕地面积来提高粮食产量空间已经很小。2024年，我国农业科技进步贡献率为63%，而发达国家的贡献率达到了70%~80%。当前，除了小麦保持一定的增长优势外，我国水稻、玉米、大豆单产年均增长率均不及美国，并且与美国单产水平差距还在拉大。2023年，我国水稻、玉米、大豆单产水平分别仅为美国平均水平的83%、56%和56%。要积极实施"弯道超车"战略，用最新科技成果来改造农业，特别是要发挥新兴信息技术在农业科技发展中的作用，积极运用物联网技术、大数据分析、人工智能算法，运用技术手段测算天气变化、市场需求、疾病暴发等，帮助农民实时作出精准施肥、灌溉、病虫害防治等决策，提高农业生产的前瞻性和科学性。可借助大数据分析消费者的需求和偏好，指导农业生产结构调整。要着力推动农业机械装备智能化发展，围绕农业科技需求特别是主要农作物、特粮特经作物、畜禽水产养殖装备及其关键部件研发制造，补齐农业科技发展短板，集中解决农业机械装备薄弱的问题。

持续实施种业振兴行动。2013年，中央农村工作会议上习近平总书记指出："农民说，'好儿要好娘，好种多打粮'，'种地不选种，累死落个空'。要下决心把民族种业搞上去，抓紧培育具有自主知识产权的优良品种，从源头上保障国家粮食安全。"[1]新中国成立以来特别是党的十八大以来，我国种业发展取得了显著成效。例如，由北京市农林科学院杂交小麦研究所首席科学家赵昌平带领的团队，通过20多年生物学研究，培养出了具有高产、抗旱、耐盐碱的杂交小麦品种——"京麦189"。该品种已于2024年在全国7个省份进行大面积推广和应用。地处塔克拉玛干沙漠边缘的新疆莎车县巴格阿瓦提乡，土地沙化严重、盐碱化严重、干热风比较严重。2024年，这里试种取得了亩产600多公斤的好收成。我国目前大约有5亿多亩可以开发利用的盐碱地，还有大量复垦土地、沙性土壤，有了"京麦189"，这些低产地有望变粮仓。2024年，黑龙江佳木斯种植了大豆新品种"合农81"。我国大豆平均亩产不超过150公斤，"合农81"在小面积实验的亩产达到了220公斤，该品种还不易感染大多数大豆病虫害。要持续加强种质资源保护利用和种质资源普查收集引进，健全种质资源保护体系，开展对种质资源的鉴定评价与优异资源挖掘利用。育种是农业产业发展的源头所在。要进一步提升种业自主创新能力，加强生物育种关键技术研究应用，深入推进良种联合攻关，加快良种繁育与推广，做强做大种业企业。要加大种源关键核心技术攻关，加快选育推广生产急需的自主优良品种，推动生物育种产业化扩面提速。

大力发展设施农业。设施农业是综合应用工程装备技术、生物技

---

[1] 中共中央党史和文献研究院：《习近平关于"三农"工作论述摘编》，中央文献出版社2019年版，第75页。

术和环境技术,按照动植物生长发育所要求的最佳环境,进行动植物生产的现代农业生产方式。发展设施农业,可有效提高土地产出率、资源利用率和劳动生产率,提高农业质量效益和竞争力,既是当前农业农村经济发展新阶段的客观要求,也是克服资源和市场制约、应对国际竞争的现实选择,对于保障农产品有效供给,促进农业发展、农民增收,增强农业综合生产能力具有十分重要的意义。设施农业是现代农业的显著标志,促进设施农业发展是实现农业现代化的重要任务。改革开放特别是党的十八大以来,我国设施农业得到飞速发展,已经成为农业现代化的重要支点。我国设施农业产业经过引进、消化、吸收和自我创新,形成了内容较为完整、具备相当规模的产业集群,目前已经进入全面提升的发展阶段。当前,要继续多渠道增加设施农业投入,持续加强设施农业基础设施、机械装备和生产条件的相互适应与配套。要加快科技创新和科技成果普及推广,推进生物技术、工程技术和信息技术在设施农业中的集成应用。要努力拓展设施农业生产领域,深入挖掘设施农业的生产潜能。要进一步提高设施农业管理水平,大力提升设施农业发展的规模、质量和生产效益,努力实现我国设施农业生产种类丰富齐全、生产手段加强改善、生产过程标准规范、生产产品均衡供应的总体目标,探索一条具有中国特色的高产、优质、高效、生态、安全的设施农业发展道路。

科技赋能乡村治理现代化。包括乡村治理现代化在内的国家治理体系和治理能力现代化,是"基本实现社会主义现代化"奋斗目标的重要组成部分。推进乡村治理体系和治理能力现代化,同样需要科技赋能。要按照党的二十大的"完善网格化管理、精细化服务、信息化支撑的基层治理平台"要求,坚持高起点、高标准、前瞻性,特别是要充分发挥信息技术的积极作用。要加快完善乡村数字基础设施建设,推动农村 5G 网络、光纤通信的全覆盖，实现村与村之间、村与镇之间数据信息的有效传输，提升跨地域间的信息传递和采集，为数字乡村治理提供坚实的硬件基础。要重视对现有基础设施的改造升级，逐步建立起完整的信息基础设施建设、运营和维护机制。要加强构建多方协作的数字共治模式，明确不同主体的角色与职责，形成以政府为主导，多方积极参与的共同治理结构，打破"数据壁垒"或"信息孤岛"困境。要鼓励企业特别是农业科技企业和互联网企业的参与，加快引入先进技术和管理经验。要完善乡村基层数字自治建设，着力构建乡村数字平台和信息共享系统，既通过数字平台实现村务公开、在线办理、信息查询等功能，又借助数字平台反映村民需求、征集村民意见、促进民主决策，形成人人参与、共治共享的良好格局，不断提升乡村基层自治的信息化程度和管理效率。

五、坚持以农业产业现代化为主线

习近平总书记指出："产业振兴是乡村振兴的重中之重，也是实际工作的切入点。"① 纯粹依靠种粮食，一亩地纯利润也就 1000 元左右。单纯按照传统模式种地，农民富不起来，农业农村现代化也不可能实现。产业才能兴农、强农。推进农业农村现代化事业，必须坚持以产业现代化为主线。要坚持产业兴农、质量兴农、绿色兴农，加快构建粮经饲统筹、农林牧渔并举、产加销贯通、农文旅融合的现代乡村产业体系，把农业建成现代化大产业。

积极推进农业产品高端化、精品化、绿色化，全面推进农业产业升级。我国城乡居民已经告别温饱式的需求，早已不再是仅满足"填饱肚

---

① 《加快建设农业强国 推进农业农村现代化》，《人民日报》2023 年 3 月 16 日。

子、吃上白面"。人民需求水平整体跃升，"吃得健康"成为基本要求。因此，如果继续沿用为了高产而大量使用农药、化肥的既有生产模式，农业发展的路子将越走越窄。以稻谷生产为例，目前每亩产稻1000斤左右，每斤大概1.6元，即一亩地产出1600元左右。我们再看江苏某公司生产的"从心大米"。该公司自主引进日本优质非转基因水稻品种，并将无农药安全水稻的种植、高品质无农药安全大米的生产及销售的整个产业链贯穿于一体，从选种、育秧、种植、收割、仓储，到加工、营销和配送，全程运用精细化管理发展农业，融合了一二三产业，实现了从田间直接送到消费者餐桌的安全大米"从心模式"。公司为实现真正意义上的"绝无农药、真正的安全大米"，在日本的大米安全标准的基础上，确立了更加严格的安全标准："完全不用除草剂、不用任何农药。"经过9年来的努力，在安全性和品质方面，从心安全大米的农残为零、重金属含量远低于日本大米、口感也超过日本大米的普遍水平。该水稻一年两季，第二季不用重新插秧，第一季水稻收割以后，第二季是从第一季的根部直接发芽生长出来的。

唱响"土、特、产"，大力发展"地标产品""品牌产业"，培育和壮大特色产业优势。"一方水土养一方人"，农产品产出同样与地方地理环境、气候特点有非常大的关联性。各地推动产业振兴，要把"土、特、产"这3个字琢磨透。特色产业往往基于当地的自然资源、文化传统或技术专长，这些独特优势使相关产业具有更高的附加值和竞争力。品牌产品是形象和质量的集中体现，具有高度的市场识别度和美誉度，能够吸引更多消费者，扩大市场份额，带来稳定的收益和持续的竞争优势。如江苏淮安的"盱眙龙虾"，已经成为风靡全国、走出国门的中国国家地理标志保护产品。相关资料显示，2009年，盱眙县龙虾养殖面积达1万多公顷，从事龙虾相关行业的人员达10万人。经权威机构估测，盱眙龙虾品牌价值已经超过10亿元。2014年，盱眙县龙虾养殖面积21万亩，年产量6万吨、交易量10万吨，交易额达40亿元。盱眙龙虾已覆盖全国20个省、市，带动数百万人就业，拉动消费近千亿元。2015年，盱眙龙虾经销户、经纪人有2000多人，78万盱眙人中，约有10万人从事龙虾产业。2017年，盱眙县已建立了沿陡湖、洪泽湖、猫耳湖三个省级盱眙龙虾养殖示范片，建成了满江红、仁和、大莲湖等5个万亩连片高效生态养殖示范区，1万平方米以上龙虾批发市场3个，十三香龙虾调料企业10家，盱眙龙虾年产量约5万吨。2024年6月12日，第24届盱眙龙虾节开幕。开幕式上发布的《盱眙龙虾产业发展研究报告》显示，2023年盱眙龙虾总产值306亿元，其中第三产业占比超过50%。

做长产业链，提高农业产业的附加值。我国农业产业发展过程中，广大农民多为种粮食、收粮食、卖粮食，前端种业研发、后端农产品深加工、全过程各种服务等做得很少，没有创造高附加值的产业，农民获得的利润非常少。农业产值的提升、农民收入的增长决不能止步于种粮食、卖粮食，一定要向农业产业链"微笑曲线"的两端延伸，尤其是要做大加工业、提高农产品的附加值，这方面有很大拓展空间。前面提到的"盱眙龙虾"为什么能够做成大产业，在很大程度上盱眙把龙虾作为大产业，做了全产业链拓展，从生产养殖到精深加工再到销售流通，用工业化思维，从抓生产向抓链条、从抓产品向抓产业、从抓环节向抓体系转变，把单一的龙虾水产品变成"产加销"一体化的产业链。

大力发展乡村农文旅产业，让富起来的人民群众享有更多精神大餐。习近平总书记指出："乡村文明是中华民族文明史的主体，村庄是这种文明的载体，耕读文明是我们的软实力。"[1]文化旅游属于精神层面

---

[1] 习近平：《论"三农"工作》，中央文献出版社2022年版，第64页。

的需求，是已经建成小康社会、正在迈向现代化的中国人民的普遍向往。文化旅游产业是现代化产业体系的重要组成部分，具有无限的发展空间；我国具有广阔的地域空间，鬼斧神工造就了无穷无尽的天然之美；我国拥有5000年农业文明史，厚重的历史文化浩如烟海般地遍布华夏每寸土地，农村是中国文化旅游产业发展的舞台，农村文化旅游产业是农业现代化的强大根基。改革开放特别是党的十八大以来，随着城乡居民生活水平的日益提高、对精神层面的需求持续增长，我国乡村文化旅游产业取得了长足进步，现在已经到了按照基本实现现代化的要求更加规范、更有质量的发展新阶段。

一是保护和开发自然景观。我国自然和生态资源极为丰富，是发展乡村文化旅游产业的重要领域。作为首批国家级旅游度假区的苏州阳澄湖半岛旅游度假区，是江苏省自然风景区的著名旅游打卡地，其中来自环湖自行车道的缕缕清风、湖滨栈道的悠然漫步、重元寺的悠长钟声不断吸引着五湖四海的游客驻足其中。苏州市用"融"的办法擦亮"水韵江苏"品牌，持续赋能阳澄湖景区的内生发展动力，突出"水+文化"融合特质，坚持"存量盘活+项目招引+IP打造"并举，持续在文旅产品供给端做好文章，在保护中实现发展，在发展中促进保护，让绿色生态底色描绘得更加美丽。

二是保护和开发历史人文景观。中华文化从未中断过，并且在发展进程中吸收了其他民族的文化，这些文化既有以文字形式留存下来的，更有无数沉淀在各式各样的古迹之中。以苏州园林为例，它们绵绵千年，构成古苏州最亮丽的风景线和最独特的城市命脉，因此被誉为江苏的"文化活化石"。改革开放以来，苏州市投入大量资金进行环秀山庄、艺圃、北寺塔、鹤园、曲园等修复工程，不少园林景区获得城乡建设环境保护部的修复工程奖，这些古代园林群体的大量修复，让"园林城市"名副其实，进一步彰显了历史、文化、艺术的独特价值和特殊韵味。100多年来，中国共产党带领中国人民取得了非凡的历史成就，也留下了无数值得永远珍藏的革命遗产，是激励、警示和教育后人的宝贵财富。开发、保护和利用这些文化遗产，其意义已经远远超出了发展文化产业的范畴。

三是发展新兴文化旅游产业。广袤的乡村大地，厚重的农耕文化，本身就是有别于城镇的文化舞台。目前各地已经积极开发农业产业新功能、农村生态新价值，如发展生态旅游、民俗文化、休闲观光、研学采摘等，正在成为城镇居民周末前往休闲度假的打卡地，极大地丰富了城乡居民的精神世界。

例如，南京市江宁区深度挖掘湖熟文化、海丝文化、红色文化、非遗文化等特色文化内涵，整合南唐二陵、郑和墓、岳飞抗金故垒等历史遗存，利用横山县抗日民主政府、新四军江南指挥部旧址、云台山抗日烈士陵园等爱国主义教育基地，运用修复修缮、数字展陈等方式，充分展现蕴含其中的优秀思想观念、人文精神、道德规范，让优秀传统文化活起来、传下去。完整保留了杨柳湖99间半、王家潘氏宗祠等一批历史遗存及黄龙岘制茶工艺、王家村烧制石灰技术等非遗文化项目，打造1个中国传统村落、16个省级传统村落，使农村"看得见山水、记得住乡愁"。

我国乡村文化旅游产业刚刚起步，发展前景无限。但发展过程中也出现了一些必须注意的苗头性问题。例如，同一个地区没有考虑市场的空间，做得过多、档次过低，同质化比较严重，有可能造成浪费。又如，管理不规范、服务不到位、缺少诚信等。要坚持发展和规范并举，坚持力所能及和实事求是，坚持市场导向和正确的价值取向。

六、做大做强村集体经济

农村集体经济是指与社会主义市场经济体制相适应，实行基本生产资料和资产的共同所有和按份所有，农民根据一定区域与产业按照自愿互利原则组织起来，在生产或流通环节实行某种程度的合作，组织内实行民主管理，组织外采用市场化运作，实现统一经营与承包经营的有机结合，所得收益实行按劳分配与按要素分配相结合，在集体财产保值增值中实现集体成员利益共享的公有制经济。发展和壮大新型农村集体经济，对于巩固社会主义公有制、夯实党的执政根基、促进共同富裕、加快农业农村现代化步伐，都具有重要而深远的意义。我们要积极"壮大农村集体经济"，进一步"增强集体经济发展活力"。

我国拥有发展农村集体经济的制度保障。新中国成立初期的土地改革，废除了封建土地所有制，建立了农民土地所有制，极大地激发了农民的生产积极性。1953年，我国开始了对农业的社会主义改造，实现了土地等主要生产资料的私有制向集体所有制的过渡。1958年，以人民公社成立为标志，从而废除了一切私有财产，在此基础上，形成了"三级所有、队为基础"的经济管理体制。1978年，以家庭联产承包责任制为方向的农村改革全面启动，最终形成了生产资料的所有权与使用权相分离、集中统一经营与家庭分散经营相结合的双层经营体制。改革开放以来，随着农业生产力的发展，分散的、粗放的农业经营方式逐步不再具有普遍意义。因此，农村土地的产权制度越发清晰，土地的所有权在集体，农民的土地承包经营权分裂成为承包权和经营权，实现承包权和经营权分置并行。我国农村土地所有权、承包权、经营权三权分置的安排，是顺应我国农业生产力发展的逻辑选择。这种中国特色的土地产权设置，为我国农村集体经济的发展奠定了制度基础。

顺应农业农村现代化发展大势和广大农民新期待，在各级党委和政府的积极推动下，遵循否定之否定螺旋式上升的事物发展规律，农村集体经济正呈现良好的发展势头，尤其在沿海发达省份取得了长足进步，为我国农村集体经济发展蹚开了路子、积累了经验。

江苏省盐城市大丰区。大丰区有129个行政村。村集体经营性收入发展迅猛，2023年达到了1.7亿元，平均每村80万元，增长了41.9%。大丰区在发展传统的土地流转、资产出租等增收路径的基础上，实施新型农村集体经济"一村一策"行动，鼓励引导村集体发展自营项目，支持村集体兴办经营实体，增加村集体经营性收入。新丰、刘庄、三龙3个村整合各类资金，通过联合新建冷库、仓储烘干、商铺等项目对外出租，年租金达30万～40万元，实现抱团增收。草堰镇西渣村投资100万元，与大丰丰宇屠宰场合作建设冷库，每年集体投资收益17万元。大中街道八灶村购置11台插秧机，与江苏某公司合作，年收入近20万元，实现村企联建增收。2023年，全区村集体领办实际运行的经济实体包括劳务公司、物业公司、农业公司、专业合作社，共有128家，经营收益达到了773.83万元。

江苏省淮安市涟水县高沟镇的盐店村。盐店村集体资产有高标准厂房1栋、办公楼1栋。村集体经济组织有盐店村股份经济合作社、盐店农业发展有限公司、盐店秸秆回收专业合作社。2023年村集体收入156.9万元，其中经营性收入16.9万元，平均每亩50元的3000多亩承包地流转服务费、留在村集体的零散200多亩农用地发包和经营收入、村合作社和村属地的农业经营公司上交的服务费等130.5万元，其他收入8.4万元，投资收益1.1万元。

江苏省淮安市金湖县。金湖县有126个村，2023年村集体经营性收入为12220万元，平均每个村96.99万元，经营性收入50万~100万元的有83个村，100万~200万元的37个村，200万元以上的6个村。从村集体经营性收入构成看，主要由资产租赁、劳务服务等构成的经营收入占比31.7%，以资源发包承包金为主的发包及上交收入占比57.9%，盘活闲置资金投资平台公司的投资收益占比5.1%，还有少量招银企业总部经济返还收入、银行存款收入等。

江苏省南京市江宁区。江宁区共有193个农村的村和农村社区。江宁区村集体经营性收入的来源主要有经营性房产、门面房、标准厂房等。非经营性资产96.39亿元，主要是村级办公设施、公益设施等。2023年，村集体经营性收入9.01亿元。其中，村集体经营性收入超过1000万元的有11个村、超过200万元的有127个村。全区村均集体经营性收入470万元。

江苏省常州市新北区。新北区现有114个村（社区），其中行政村57个，股份经济合作社122家、专业合作社392家、家庭农场749家。目前全部村的村集体经营性收入都超过了100万元，其中经营性收入超过500万元的有24个村，通江、郭塘2个村经营性收入超过1000万元。

江苏省苏州张家港市凤凰镇。凤凰镇共有15个行政村。2023年，村均集体经营性收入1200万元，比上一年增长11%。经营性资产租赁及其配套收入仍然是村集体经营性收入的主要来源，占比高达53%。2017年起，凤凰镇陆续通过联合发展模式，推动村级经济发展，目前已经成立了联合发展公司5家：西张片区富展实业、凤凰片区凤翔投资、港口片区港鑫投资、凤邦科技、凤拓公司。5家公司累计投入资金超过4.3亿元，收购了工业用地377亩、厂房10万平方米、商铺门店1.5万平方米，新建标准型厂房7万平方米，引进产业项目23个，年收益超过3200万元。

村集体经济发展水平差异很大。从江苏情况看，苏南苏北发展差距很大。从几个调研点看，2023年村均集体经营性收入，盐城市大丰区为80万元，淮安市金湖县大约97万元，常州市新北区全部超过100万元，南京市江宁区大约470万元，苏州张家港的凤凰镇则达到1200万元。2023年，苏州张家港市村均集体经营性收入达1708万元，其中收入超千万元村达103个，形成了江苏县域最大的强村群体。2023年，江苏省涟水县村集体经营性收入最多的村只有220多万元。2024年，江苏省淮安市计划中的"十强村"标准300万元。从村均集体经营性收入水平看，集体经营性收入一定与整体经济发展水平正相关。

村集体经济发展可能选择。一是农村农民承包经营土地流转的服务费。目前，全国各地每亩地收取的费用不同。通过收取流转服务费，收入不会太高。因为就全国村均看，一个村拥有的承包经营土地大概在几千亩。江苏省涟水县的盐店村是3000亩左右，他们每亩地收50元，这一块形成的收入是15万元左右。二是来自零散的、没有承包给农户，目前仍归村集体所有的农用地，还有流转集中之后多出的部分。这类土地归村集体所有，每亩收益要高一点。但是，留给集体土地的规模太小，收入也不会高。江苏省涟水县盐店村这类土地只有200多亩，亩均收入1000多元，共20多万元。三是各类集体房产出租收益。苏南很多地区村集体经营性收入主要来自这一部分。四是村集体开办的企业带来的收益。村办企业大概分农业、工业和服务业等类型。靠种地形成的收益，如将土地流转到村集体、由村合作社及其相应的公司来经营，由于传统农业的局限性，这部分收益也不会太高。目前来看，主要是工业和服务业收益有较大发展空间。江苏省涟水县盐店村收益主要来自秸秆回收。由于盐店村属地有一家发电公司，盐店村通过收购农民秸秆再卖给电力公司获取收益。又如，张家港市南丰镇永联村，村属永钢集团是拥有500万吨钢和500万吨材的年生产能力的大型钢铁企业。随着集体经济实力的壮大，永联村不断以工业反哺农业。2023年，全村工农业总收入是1616亿元，永联村的人均GDP接近江苏全省15万元的人均GDP水平。

发展农村集体经济，拖不得也急不得。毫无疑问，壮大农村集体经济，对于提高村民收入和民生保障水平，对于改善农村居民生活条件、生存环境，对于巩固公有制的地位和加快农业农村现代化步伐，都具有重要意义。然而，农村集体经济无论如何发展，依托的基本要素是土地。新中国成立以来，农村的改革和发展均是以土地的分合为主线展开的，将来也不会偏离这条主线。回顾改革开放以来的农村实践，成功的经验就是必须坚持和完善农村基本经营制度，决不能动摇。要坚持农村土地集体所有，坚持家庭经营基础性地位，坚持稳定土地承包关系。发展农村集体经济，必然牵涉农村土地经营权的流转。这是一项政策性很强的工作。要把握好土地经营权流转、集中规模经营的度，要与城镇化进程和农村劳动力转移规模相适应，与农业科技进步和生产手段改进程度相适应，与农业社会化服务水平提高相适应。规模经营是现代农业发展的重要基础，分散的、粗放的农业经营方式难以形成现代农业。但是，我们必须看到，改变分散的、粗放的农业经营方式是一个较长的历史过程，需要时间和条件，不可操之过急，很多问题要放在历史进程中去审视。农村土地承包关系要保持稳定，农民的土地不要随意变动。农民失去土地，如果在城镇待不下去，就容易引发大问题。在这个问题上，我们要有足够的历史耐心。"要尊重农民意愿和维护农民利益，把选择权交给农民，由农民选择而不是代替农民选择，可以示范和引导，但不搞强迫命令、不刮风、不一刀切。"[1]发展农村集体经济，还有一个需要引起高度重视的问题，就是"微腐败"。乡村是国家和社会治理的末梢，治理的力度和治理的规范性都还不够，腐败的程度可能不严重，但是腐败的危

---

[1] 习近平：《论"三农"工作》，中央文献出版社2022年版，第201页。

害性极大。发展村集体经济要落实市场化、法治化和公开化的要求。各级党委和政府尤其是县级党委，对于反腐问题要谋划在先，这既是村集体经济健康发展的需要，也是保护村干部的需要。

七、牢牢把握农民增收这一中心任务

习近平总书记指出："要坚持把增加农民收入作为'三农'工作的中心任务，千方百计拓宽农民增收致富渠道。"①"农民小康不小康，关键看收入。检验农村工作实效的一个重要尺度，就是看农民的钱袋子鼓起来没有。"②

要加大对惠农富农的支持。农业是天然弱势产业，解决农民增收问题，必须持续加大强农惠农富农政策力度，优化农业补贴政策体系，确保人力投入、物力配置、财力保障等与农业农村现代化目标任务相适应，加快缩小城乡发展差距。要坚持将农业农村作为一般公共预算优先保障领域，中央预算内投资进一步向农业农村倾斜，压实地方政府优先投入责任。要健全种粮农民收益保障机制，实现粮食安全和农民增收共赢。要建立多渠道、综合性补贴机制，确保粮食等重要农产品价格保持在合理水平，让种粮农民有收益、能安心保障粮食。要统筹建立粮食产销区省际横向利益补偿机制，创新利益补偿方式，拓展补偿渠道，加大补偿力度，让粮食主产区地方政府和广大农民种粮得到更多实惠，进一步激发主产区发展粮食生产的积极性。要创新乡村振兴投融资保障机制，从价格、补贴、保险等方面强化农业支持保护政策。把公共基础设施建设的重点放在农村，推进城乡基础设施共建共享、互联互通，推动农村基

---

① 《加快建设农业强国 推进农业农村现代化》，《人民日报》2023年3月16日。
② 习近平：《论"三农"工作》，中央文献出版社2022年版，第203页。

础设施建设提档升级。要加快推动公共服务下乡，逐步建立健全全民覆盖、普惠共享、城乡一体的基本公共服务体系。

千方百计拓宽农民增收致富渠道。要持续实施农民增收促进行动，特别是要实施产业富农、强农，持续壮大乡村富民产业，支持农户发展特色种养、手工作坊、林下经济，健全新型农业经营主体和涉农企业帮扶政策与带动农户增收挂钩机制。完善农民工等重点群体就业支持体系，实施制造业技能根基工程，重点支持制造业龙头企业、职业院校（含技工院校）面向社会提供培训服务。稳定职业院校面向农业转移人口招生规模，以智能制造等新兴产业和家政服务等用工紧缺行业需求为牵引，实施职业教育产教融合赋能提升行动。完善职业技能等级认定机制，提高技能人才待遇。推进公共就业服务常住人口全覆盖，加强农民工劳动权益保障，强化各项稳岗纾困政策落实，加大对中小微企业稳岗倾斜力度。加快完善灵活就业人员权益保障制度。维护好超龄农民工就业权益。健全跨区域信息共享和有组织劳务输出机制，培育壮大劳务输出品牌。加强返乡入乡创业园、农村创业孵化实训基地等建设，在政府投资重点工程和农业农村基础设施建设项目中推广以工代赈，适当提高劳务报酬发放比例。积极引导以出租、合作开发、入股经营等方式盘活利用农村资源资产，增加农民财产性收入。

完善常态化防止返贫致贫机制。党的十八大以来，以习近平同志为核心的党中央把脱贫攻坚作为全面建成小康社会的底线任务和标志性指标，举全党全国之力全面打响脱贫攻坚战。到2020年底，区域性整体贫困得到解决，彻底解决了困扰中华民族数千年的绝对贫困。实现脱贫目标不易，巩固拓展脱贫成果同样不易。农业农村现代化是全体农民的现代化，巩固拓展脱贫成果是提高农民整体收入水平的重要内容。要继续压紧压实责任，发挥好防止返贫监测帮扶机制预警响应作用，把脱贫人口和脱贫地区的帮扶政策衔接好、措施落到位，实现平稳过渡，坚决防止出现整村整乡返贫现象。要更多在增强脱贫地区和脱贫群众内生发展动力上下功夫，把增加脱贫群众收入作为主攻方向，在促进脱贫地区加快发展上多想办法，推动各类资源、帮扶措施向促进产业发展和扩大就业聚焦聚力。要注重激发脱贫群众依靠自身力量发展的志气心气底气，让勤劳致富的受激励，防止"养懒汉"。鼓励实行发展类的补贴，要倡导多干多补、少干少补、不干不补。鼓励实施建设类的项目，也要分清什么事该政府干、什么事该农民干，再也不要干那种"干部干、农民看"的事情。当前，要持续推动防止返贫帮扶政策和农村低收入人口常态化帮扶政策衔接并轨，把符合条件的对象全部纳入常态化帮扶，研究建立欠发达地区常态化帮扶机制。应该由政策兜底帮扶的脱贫人口，要逐步同通过政策帮扶有能力稳定脱贫的人口分开，实行分类管理。

八、把农村基层党组织建设成为坚强战斗堡垒

农村基层党组织是党在农村全部工作和战斗力的基础。《中国共产党农村基层组织工作条例》指出：农村工作在党和国家事业全局中具有重要战略地位，是全党工作的重中之重。村级党组织是我们党在农村执政的末梢和根基。"上面千条线，下面一根针。"党的决策部署最终都要落实到基层，农业农村现代化主要是农民自己的事业，村党支部书记是关键的岗位。那些乡村建设工作做得比较好的村，几乎没有例外：都有一个优秀的村书记！

张家港市南丰镇永联村。2023年，全村的工农业销售收入1616亿元，村民人均收入7.3万元，实现了生态宜居，农民生活在小镇水乡、绿色工厂、现代农庄的环抱之中；乡风文明，连续六次被评为全国文明

村；治理有效，村企产权清晰，社区平安和谐，居民自觉自治；生活富裕，农民人人有工作，家家有产权房。永联村能够取得今天这样的成绩，与吴栋材、吴惠芳父子书记密不可分。吴栋材，1978年7月作为沙洲县南丰乡第六任工作组组长，进入永联村工作。吴栋材是永联村的老书记，他心系百姓、一心为民，带领村民挖塘养鱼、搞副业、办工厂，特别是创办轧钢厂、为集体保留25%的股份，投资30亿元建设现代化的农民集中居住区，努力让村民过上比城里人还好的生活，将一个贫困的长江滩涂村发展成为一个经济强村。他本人先后荣获全国道德模范、全国创先争优优秀共产党员、全国最美基层干部、全国五一劳动奖章等荣誉称号。吴惠芳现任张家港市南丰镇永联村党委书记、永卓控股有限公司董事局副主席。2005年已经是某师政治部主任的他自主择业回到家乡永联，投身新农村建设。19年来，吴惠芳通过建设永联小镇、改革乡村治理机制、深化乡风文明建设、发展壮大集体经济等，探索出了农村城镇化、城乡公共服务均等化、农业现代化的永联共同富裕之路，打造了乡村振兴的永联样本。他本人先后获得全国优秀共产党员、第七届全国道德模范提名奖、全国最美退役军人、全国乡村旅游致富带头人、江苏省优秀共产党员、江苏省劳动模范等荣誉称号。

盐城市大丰区大中街道恒北村。该村坚持把工作的着力点、出发点落到恒北高质量发展上来。围绕"梨园风光、生态宜居、乡村旅游"发展定位，走"生态富农、以农富农"的生态绿色发展道路，大力实施乡村振兴战略，做精发展规划，做足梨文章，放大恒北品牌效应，将农旅、文旅有机结合，实现了一二三产业融合发展。全村共有11个村民小组、1330户、4325人，全村耕地面积9600亩，其中林果面积7260亩。2023年农民人均纯收入达到3.95万元，其中果品收入2.66万元，村集体积累7000万元，年经营收入400万元，是全国最大的早酥梨商品生产基地之

全面推进乡村振兴的江苏实践

一。恒北村先后获得国家级生态村、全国文明村、全国乡村旅游重点村等荣誉称号。恒北早酥梨获得国家地理标志商标和国家地理标志农产品。恒北村取得这样的成绩，与村党委书记李晓霞密不可分。李晓霞现任江苏省妇联兼职副主席、盐城市大丰区政协港澳台侨委主任、大中街道恒北村党委书记，党的十九大代表。她扎根基层23年，时刻牢记全心全意为人民服务的宗旨，以真抓实干的工作作风、无私奉献的人格魅力，团结带领广大干部群众，开拓创新、锐意进取，敢于担当、攻坚克难，有力推动了恒北村经济社会高质量发展。

淮安市金湖县前锋镇白马湖村。白马湖村地处金湖县东北、白马湖东南岸，距金湖县城35千米。全村总人口2196人、685户、7个联组，村民主要从事高效渔业、生态旅游、电子商务、专业合作社等产业。从2000年开始，村大力发展旅游业。依托白马湖独特的资源，建成水上餐饮集市、郑家圩民宿、桃花岛餐饮、民宿等休闲观光的渔乐湾项目。2023年，村集体经济收入120万元，人均纯收入3.6万元。白马湖村先后荣获全国农业旅游示范点、全国"一村一品"示范村、全国美德在农家示范点、全国生态文化村、中国农民丰收节100个特色村庄、全国乡村旅游重点村、国家农民合作社示范社、江苏省先进基层党组织等荣誉称号。在庆祝中国共产党成立100周年之际，白马湖村党总支"白马湖土特产专业合作社党支部"被中共中央授予全国先进基层党组织称号。2023年11月8日，江苏省委书记在听取湿地生态保护修复和白马湖村转型发展情况介绍后指出，白马湖村退养还湖、禁捕退捕、渔民上岸，不仅生态环境更美了，就业渠道也拓宽了，村集体经营性收入和村民收入均稳步增长，这是践行"两山"理念的生动写照。蒋贵清2001年8月担任前锋镇白马湖村党总支书记、村委会主任，20多年来他紧密围绕"强村富民、乡村振兴"这根主线，发挥党建引领作用，注重党建创新，先后推出"红帆起航、水上党建""头雁带群雁、渔村再转变"等党建示范项目。蒋贵清先后被评为全国优秀民营企业家、全国乡村文化和旅游能人、全国退役军人服务中心百名优秀主任、江苏省百名示范村书记等荣誉称号，当选为江苏省和淮安市党代表。

常州市新北区西夏墅镇东南村。全村村域面积3.72平方千米，下辖17个自然村24个村民小组，共有892户，是当地唯一一个保持传统农业耕种的村。目前，在村党总支特别是兰红娟书记带领下，东南村建立"党支部+合作社"发展新模式，以发展"基实、业兴、景美、人和"为目标，推动全村经济社会各项事业平稳健康发展。2013年，相继成立了稻米合作社和农机合作社。将党组织直接建在产业链上，集体流转了650户农户的2000亩土地。通过4年的努力，东南水稻分别通过了绿色食品认证、有机认证，全村走上了适度集约、规模化的现代农业之路。东南村从一个没资源、没产业、没特色的"三无村"，到如今，像稻子拔节抽穗一样，发展成了群众幸福指数节节攀升的"先进村"。2023年度集体经营性收入377.87万元，经营收入55.65万元，发包上交收入213.64万元，其他收入108.58万元。农民人均可支配收入由2022年的36500元上升到2023年的39000元。东南村先后获得全国文明村、江苏省先进基层党组织、江苏省乡村振兴先进集体、江苏省健康村、江苏省休闲农业精品村、江苏稻米产业强村富民典型等荣誉称号，注册的"夏墅"牌大米通过了绿色食品认证和有机认证，被评为江苏省名优产品。兰红娟当初是一个村办厂的工人，1998年任村妇女主任，2004年韩村和午桥两村合并，任村党总支书记兼村委会主任至今。兰红娟分别获得全国农业劳动模范、全国巾帼建功标兵、全国三八红旗手、江苏省农村基层党建工作突出贡献奖、江苏省"百名示范"村书记、江苏省乡土人才"三带"名人、江苏"最美巾帼人物"、江苏省优秀党务工作者等荣誉称号。

要关心和培养村干部尤其是村党组织书记。首先要高度重视村党组织书记和村委选拔工作。县乡两级党委要扛起书记选拔的主体责任。要把那些有党性、觉悟高、工作能力强、群众基础好、能够团结班子成员的优秀党员，选拔推荐到村党组织书记岗位。村党组织书记应当注重从本村致富能手、外出务工经商返乡人员、本乡本土大学毕业生、退役军人中的党员培养选拔。每个村应当储备村级后备力量。要打开村党组织书记和村干部的晋级通道。要把政治关心、精神奖励、物质待遇、晋级晋职结合起来，除了要把村党组织书记和村干部的收入与村集体经营收入增长挂钩之外，在政治和职级晋升上也要打开通道，对于优秀村党组织书记可以转事业编制乃至晋级到乡镇公务员岗位。注重从优秀村党组织书记、选调生、乡镇事业编制人员中选拔乡镇领导干部，从优秀村党组织书记中考录乡镇公务员、招聘乡镇事业编制人员。要加大对村党组织书记和村干部的培养力度。各级地方党委政府都要高度重视培训，可以有计划地组织职业培训，积极开展到外地交流学习。要营造愿干事、能干事的氛围。村党组织书记工作在基层，与人民群众在一起，腐败与否影响更大，必须严格要求。"严是爱、松是害"。要设立不可触碰的"高压线"，始终从严管理、真心爱护他们、保护他们。要建章立制，用制度选择、使用、管理村党组织书记。各级党组织应当满怀热情关心关爱村党组织书记和其他基层干部、党员，政治上激励、工作上支持、待遇上保障、心理上关怀，宣传表彰优秀典型，彰显榜样力量，激励新担当新作为。

要防止过分突出村党组织书记个人倾向。新中国成立以来，在我国农村社会主义革命、建设、改革历史进程中，全国几十万村党组织书记，团结带领支委会一班人，把党的方针政策落实到"最后一公里"，把党对广大农民的关爱送到农民心坎里，为党和国家事业发展作出了巨大贡献，也涌现了一大批先进分子、"明星"书记。但是，在对"明星"书记宣传导向上进而在实践中，我们也有需要检讨的地方。这其中最突出的就是存在过分突出个人、忽视班子集体、忽视制度规矩，有些书记在工作中付出巨大代价，但工作可持续性成了问题。例如，书记退休以后传承给谁、能否可持续发展？又如，有的上级党委为了"明星书记""明星村"，从而倾斜资金等各种投入、让"吃小灶"。这样做都不具有可推广性、可持续性。目前我们了解到，有个别"明星书记""明星村"，现在全村几乎是负资产。

村级治理必须依规合法。凡事都得有规矩，更何况牵涉全国几十万个行政村、百万规模的村干部和农业农村现代化实践。要坚持自治性组织定位。《中华人民共和国宪法》明确规定，农村按居民居住地区设立的村民委员会是"基层群众性自治组织""居民委员会、村民委员会的主任、副主任和委员由居民选举"。也就是说，既然村里的事是村民集体的事，重要事情就要由村民集体讨论决定。党的农村基层组织应当健全党组织领导的自治、法治、德治相结合的乡村治理体系。村委会要实行民主决策。《中国共产党章程》规定："党的基层组织是党在社会基层组织中的战斗堡垒，是党的全部工作和战斗力的基础。"每个党员都必须"参加党的组织生活，接受党内外群众的监督"。"必须实行民主的科学的决策"，要"发挥全体党员的先锋模范作用""党必须在宪法和法律的范围内活动"。《中国共产党农村基层组织工作条例》阐述得更清楚。党的农村基层组织领导班子应当贯彻党的民主集中制，认真执行集体领导和个人分工负责相结合的制度。凡属重要问题，必须经过集体讨论决定，不允许个人或者少数人说了算。书记应当有民主作风，善于发挥每个委员的作用，敢于负责。委员应当积极参与和维护集体领导，主动做好分工负责的工作。"党的农村基层组织领导班子应当贯彻党的群众路线。"

决定重大事项要同群众商量，布置工作任务要向群众讲清道理；经常听取群众意见，不断改进工作；关心群众生产生活，维护群众的合法权益，切实减轻群众负担。村级重大事项决策实行"四议两公开"，即村党组织提议、村"两委"会议商议、党员大会审议、村民会议或者村民代表会议决议，决议公开、实施结果公开。

专题研究

习近平关于全面推进乡村振兴的重要论述论析

鞠传国　东南大学中国特色社会主义发展研究院、东南大学马克思主义学院

2017年10月,习近平总书记在党的十九大报告中提出要实施乡村振兴战略。多年以来,习近平总书记关于全面推进乡村振兴的新思想、新观点、新论断不断发展,内容丰富、思想深邃,具有重要的理论价值和现实意义,指导我国乡村振兴事业不断取得良好成效。

一、习近平关于全面推进乡村振兴重要论述的思想生成

习近平总书记关于全面推进乡村振兴重要论述的提出,经历了长期的思想酝酿,具有深厚的实践基础。从青年时期在陕西梁家河插队开始,习近平就一直关注"三农"问题,此后他在河北、福建、浙江、上海等地的工作中主持推进农业经济发展与乡村建设工作,在实践中积累形成了关于"三农"问题的一系列思想、观点、论断,为后来提出关于全面推进乡村振兴的重要论述奠定了坚实基础。

1969年1月至1975年10月,习近平在陕西省延川县梁家河大队插队,他参与了耕种、收割、修整梯田等各种劳动活动,切实体会到了农村生产生活的艰辛不易。在担任梁家河党支部书记之后,习近平千方百计增加村民经济收入、改善村民生活条件。在生产方面,习近平带领村

民修建淤地坝，从而开拓了几十亩的高质量耕地；开办了铁业社，生产各种农业工具销往延川县，为村民增加了实际收入；开办了磨坊，使用机器集中为村民磨面，使村民可以有更多时间投入农业生产活动之中。在生活方面，习近平带领村民打井，解决了全村的喝水难问题；建起了沼气池，为村民提供了方便、快捷、清洁而且可持续的生活能源；开办了代销店，使村民可以在村内购买各种生活必需品而无须花费时间前往县城。在生态环境治理方面，习近平领导修建的淤地坝能够减少夏季雨水造成的水土流失问题，在打坝工作完成之后，他还与村民一道在淤地坝附近植树造林，形成了郁郁葱葱的"知青林"。而在精神文明建设方面，习近平开办了扫盲班，抄写卡片教村民识字，向村民介绍世界各国的社会制度、历史事件、地理环境及风土人情，并且教村民唱歌跳舞，为他们讲述电影故事。梁家河的村民回忆道："办沼气，开办铁业社、代销店、缝纫社、磨坊……近平当我们的村支书，在一两年内做的这些事情，就像我们国家现在建立的社会保障体系。"[①]

1982年3月至1985年5月，习近平在河北省正定县工作，有力促进了正定县的农村建设。任职期间，习近平在正定县各个乡镇、村庄展开了广泛的调研活动，深入田间地头、村镇企业，了解人民群众生产生活中的实际困难，进而制定政策为他们排忧解难。在农村经济发展方面，习近平强调要做好农业、工业、商业等各行业的综合研究和整体规划，建立起农业科研生产体系、农村工业体系及农村工农业生产的配套服务体系，他大力推动包产到户的农村经济体制改革，支持农民创办工厂企业，同时又申请降低了全县的粮食征购任务指标，有效减轻了农民负担。在农村党组织建设方面，习近平指出"搞好农村基层班子建设，充分发

---

① 中央党校采访实录编辑室：《习近平的七年知青岁月》，中共中央党校出版社2017年版，第194页。

挥它的职能作用，是搞好农村各项工作的保证"①，在1984年的村领导班子换届调整中他主张"青中选优"，选拔了一批懂技术、有能力、思维活跃的年轻干部，为农村各项事业的发展提供了组织保障与人才队伍保障。在村民生活方面，习近平安排政府部门为百姓办实事，筹集资金为村小学修缮房屋、置办新桌椅，为70多个村安装了自来水管线设施，并且推动了农村厕所与猪圈的分离改造，使村民的养殖更加科学，生活环境也更加清洁。在精神文明建设方面，习近平要求大力发展农村的文化、教育与科技事业，他组织成立了正定县"五讲四美三热爱"办公室，在全县建成了13个乡镇文化站和45个村俱乐部②，丰富了村民们的精神文化生活。

1985年6月至2002年10月，习近平在福建工作，先后担任厦门市副市长，宁德地委书记，福州市委书记，福建省委副书记、省长等职务，17年的时间里他对"三农"问题常抓不懈。在厦门工作期间，习近平主持编制了《1985年—2000年厦门经济社会发展战略》，对厦门市农业经济和农村建设作出了总体规划，并且主动要求分管农业，在实地调研的基础上提出了种植茶叶、培育水果新品种、发展水产养殖业等致富产业。在宁德工作期间，习近平提出宁德的农业农村经济要"靠山吃山唱山歌，靠海吃海念海经"③，建设起农、林、牧、副、渔全面发展的"大农业"，并且在基层调研的过程中直面问题、解决问题，安排相关部门为村民翻修房舍、通水通电、新建学校、提供物资。在福州工作期间，习近平主持编写了《福州市20年经济社会发展战略设想》，提出了农业总产值增长和农村居民人均纯收入增长的明确要求，并且推动政府部门在农村地

---

① 习近平：《知之深 爱之切》，河北人民出版社2015年版，第100页。
② 中央党校采访实录编辑室：《习近平在正定》，中共中央党校出版社2019年版，第16页。
③ 习近平：《摆脱贫困》，福建人民出版社1992年版，第5页。

全面推进乡村振兴的江苏实践

区开展了"进万家门、知万家情、解万家忧、办万家事"的基层走访活动,为村民建桥铺路、修建房屋、接通水电、保护环境。在福建省委工作期间,习近平分管农业、农村和扶贫工作,他特别重视"科教兴农",在福建全省探索推广了科技特派员制度,通过科技下乡、成果下乡和人才下乡来带动农村经济社会建设,不断增强农村发展的内生动力。

2002年11月,习近平被任命为浙江省委书记,2003年7月,他在浙江省委第十一届四次全体(扩大)会议上提出了浙江省经济社会发展的"八八战略"。"八八战略"是浙江省发挥"八个方面的优势"、推进"八个方面的举措"来进行社会主义现代化建设所形成的发展战略,其中第四项是"进一步发挥浙江的城乡协调发展优势,加快推进城乡一体化"[①]。在这方面,习近平提出了务必执政为民重"三农"、务必以人为本谋"三农"、务必统筹城乡兴"三农"、务必改革开放促"三农"、务必求真务实抓"三农"的"五个务必"工作要求,推动了"千村示范、万村整治"的龙头工程、基础工程,引导发展生态高效农业,不断提高浙江省社会主义新农村建设水平。此外,习近平还在《浙江日报》"之江新语"专栏发表了一系列短论文章来阐发自己关于"三农"问题的思想观点,在《以发展强村》《靠建设美村》《抓反哺富村》《促改革活村》《讲文明兴村》《建法治安村》《强班子带村》等多篇文章中较为系统地论述了乡村建设的各方面工作思路和安排。

2007年3月至10月,习近平担任上海市委书记。在此期间,习近平多次前往农村调研,在崇明区视察了光明食品集团长江农场麦子丰产坊和港沿镇合兴大棚芦笋种植基地,走进了陈家镇瀛东村村史陈列馆,在与村民的交流中询问了农村医疗保障的具体落实问题。在金山区,

---

① 习近平:《干在实处 走在前列——推进浙江新发展的思考与实践》,中共中央党校出版社2006年版,第72页。

习近平走访了村委会、农家乐及农业专业合作社，察看了蔬菜种植基地和蟠桃培育基地，并且与村民详细交谈，了解他们的生产生活实际情况。此外，习近平还在2007年国际儿童节来临之际前往青浦区徐泾镇民主村民工子弟学校，亲切关怀学生的学习生活情况，进而要求加大政府投入，确保进城务工人员随迁子女都能够接受义务教育。在实地调研的基础上，习近平提出了上海做好"三农"工作的各项要求。在党建工作方面，习近平提倡干部深入农村、深入基层，巩固农村的基层党组织建设，带领广大农民建设社会主义新农村。在农业发展方面，习近平要求"坚持农业的科技化、集约化发展，大力发展现代、生态、高效、特色农业，全面提升农业的经济功能、生态功能和服务功能"①。在生态环境保护方面，习近平提出了上海要建设100个美丽乡村、治理100条农村河道的具体目标。而在文化建设方面，习近平要求上海市的精神文明建设要惠及广大农村地区，推动了上海市委宣传部、市文明办等有关部门在上海农村地区的一系列具体工作。

二、习近平关于全面推进乡村振兴重要论述的主要内容

2007年10月，习近平当选中共中央政治局常委，担任中央书记处书记，兼任中央党校校长，并且在2008年3月当选国家副主席。在这期间，习近平统筹考虑全国各地的"三农"问题，不断深化自己关于农村经济社会建设的思想观点。2017年10月，习近平总书记在党的十九大报告中提出要实施乡村振兴战略，此后他提出了一系列关于全面推进乡村振兴的重要论述，主要内容包括如下几个方面。

---

① 中央党校采访实录编辑室：《习近平在上海》，中共中央党校出版社2022年版，第259—260页。

全面推进乡村振兴的江苏实践

其一，全面推进乡村振兴需要加强党的全面领导。习近平总书记在2017年12月召开的中央农村工作会议上指出："实施乡村振兴战略，要全面贯彻落实党的十九大精神，以新时代中国特色社会主义思想为指导，加强党对'三农'工作的领导。"①习近平总书记回顾了中国近代以来的社会历史发展情况，论述了中国共产党在不同历史发展阶段为亿万农民谋幸福的使命担当，进而得出了"实现乡村振兴，关键在党"的重要结论。在此基础上，习近平总书记一方面要求党发挥把方向、谋大局、定政策、促改革的功能，确保党始终纵览全局、协调各方，"提高新时代党全面领导农村工作能力和水平"②。另一方面要求不断强化基层党组织的领导作用，整顿村党组织中软弱涣散的情况，把村党支部建设成为推进乡村振兴的坚强战斗堡垒。2018年6月，习近平总书记在山东省济南市章丘区三涧溪村考察时指出，要加强基层党组织建设，选好配强党组织带头人，从而为乡村振兴提供组织保证。2023年12月，习近平总书记在中央农村工作会议上发表讲话，要求各级党委和政府"把责任扛在肩上、抓在手上，结合实际创造性开展工作，有力有效推进乡村全面振兴"③。

其二，全面推进乡村振兴需要坚持以人民为中心的价值取向。习近平总书记立足于历史唯物主义的群众史观，坚持党的群众观点和群众路线，要求乡村振兴战略"要尊重广大农民意愿，激发广大农民积极性、主动性、创造性，激活乡村振兴内生动力，让广大农民在乡村振兴中有更多获得感、幸福感、安全感"④。习近平总书记分析了"三农"工

---

① 习近平：《论"三农"工作》，中央文献出版社2022年版，第241页。
② 习近平：《论"三农"工作》，中央文献出版社2022年版，第261页。
③ 《中央农村工作会议在京召开》，《人民日报》2023年12月21日。
④ 《把实施乡村振兴战略摆在优先位置 让乡村振兴成为全党全社会的共同行动》，《人民日报》2018年7月6日。

作对于缓解我国社会发展不平衡不充分问题的重要意义，指出乡村振兴战略的实施有利于解决新时代我国社会主要矛盾，有利于满足人民日益增长的美好生活需要，亿万农民的获得感和幸福感正是乡村振兴战略的鲜明目标导向。多年以来，习近平总书记在全国各地调研，考察乡村振兴满足人民美好生活需要的具体情况。2021年7月，习近平总书记在西藏调研时指出，全面推进乡村振兴要坚持以人民为中心的发展思想，聚焦群众普遍关注的民生问题，"让各族群众的获得感成色更足、幸福感更可持续、安全感更有保障"①。2024年4月，习近平总书记在重庆调研，指出乡村振兴工作要"聚焦现阶段农民群众需求强烈、能抓得住、抓几年就能见到成效的重点实事，抓一件成一件，让农民群众可感可及、得到实惠"②。

其三，全面推进乡村振兴需要与脱贫攻坚相衔接。习近平总书记多次论述乡村振兴战略与脱贫攻坚的相互关系，要求党和政府在实际工作中实现乡村振兴与脱贫攻坚的相互结合、紧密衔接。2017年12月，习近平总书记在中央农村工作会议上作出了实施乡村振兴战略的安排部署，"打好精准脱贫攻坚战，走中国特色减贫之路"是其中的一项重要工作内容，而在2021年2月召开的全国脱贫攻坚总结表彰大会上，习近平总书记指出脱贫摘帽不是终点，再接再厉、继续奋斗，"我们要切实做好巩固拓展脱贫攻坚成果同乡村振兴有效衔接各项工作，让脱贫基础更加稳固、成效更可持续"③。更为重要的是，习近平总书记深刻阐释了脱贫攻坚精神的丰富内涵，进而提出党和政府要弘扬伟大脱贫攻坚精神，加

---

① 李学仁、申宏、谢环驰、李刚：《全面贯彻新时代党的治藏方略 谱写雪域高原长治久安和高质量发展新篇章》，《人民日报》2021年7月24日。

② 《进一步全面深化改革开放 不断谱写中国式现代化重庆篇章》，《人民日报》2024年4月25日。

③ 习近平：《论"三农"工作》，中央文献出版社2022年版，第322页。

全面推进乡村振兴的江苏实践

快推进乡村振兴工作。在总体要求的基础上，习近平总书记也非常关注全国各地脱贫攻坚成果同乡村振兴有效衔接的具体情况。2018年3月，习近平总书记在全国两会召开期间参加内蒙古代表团的审议，提出内蒙古"要把脱贫攻坚同实施乡村振兴战略有机结合起来，推动乡村牧区产业兴旺、生态宜居、乡风文明、治理有效、生活富裕，把广大农牧民的生活家园全面建设好"①。2021年6月，习近平总书记在青海考察，在听取了青海省委和省政府的工作汇报之后发表重要讲话，指出青海"要推动巩固拓展脱贫攻坚成果同乡村振兴有效衔接，加强农畜产品标准化、绿色化生产，做大做强有机特色产业，实施乡村建设行动，改善农村人居环境，提升农牧民素质，繁荣农牧区文化"②。

其四，全面推进乡村振兴需要统筹推进乡村产业振兴、人才振兴、文化振兴、生态振兴、组织振兴。2018年3月全国两会召开期间，习近平总书记在山东代表团参加审议时发表讲话，指出乡村振兴需要统筹谋划、科学推进，进而详细论述了乡村振兴战略中产业振兴、人才振兴、文化振兴、生态振兴、组织振兴的布局安排。2022年10月，党的二十大报告中强调，全面推进乡村振兴要"加快建设农业强国，扎实推动乡村产业、人才、文化、生态、组织振兴"③。长期以来，习近平总书记在调研考察的过程中提出了对各地统筹推进乡村振兴战略的指导意见。例如，在2018年10月，习近平总书记在广东视察，要求广东在加快推进乡村振兴的过程中建立健全促进城乡融合发展的体制机制和政策体系，从而带动乡村产业振兴、人才振兴、文化振兴、

---

① 谢环驰：《扎实推动经济高质量发展 扎实推进脱贫攻坚》，《人民日报》2018年3月6日。
② 谢环驰、李学仁：《坚持以人民为中心深化改革开放 深入推进青藏高原生态保护和高质量发展》，《人民日报》2021年6月10日。
③ 习近平：《高举中国特色社会主义伟大旗帜 为全面建设社会主义现代化国家而团结奋斗——在中国共产党第二十次全国代表大会上的报告》，人民出版社2022年版，第31页。

生态振兴和组织振兴。又如，在2023年5月，习近平总书记在西安听取了陕西省委和省政府的工作汇报后，发表讲话指出陕西要因地制宜大力发展特色产业，推进农村一二三产业融合发展，深化农村人居环境整治，并且要加强农村精神文明建设。

其五，全面推进乡村振兴需要努力实现农业农村现代化。习近平总书记强调，没有农业农村现代化，就没有整个国家现代化，实施乡村振兴战略就是要加快推进农业农村现代化。2019年3月，习近平总书记在参加全国两会河南代表团审议时明确指出，"实施乡村振兴战略的总目标是农业农村现代化，总方针是坚持农业农村优先发展，总要求是产业兴旺、生态宜居、乡风文明、治理有效、生活富裕"[①]。关于农业现代化，习近平总书记强调要深化农业供给侧结构性改革，构建起现代农业产业体系、生产体系和经营体系，"走出一条集约、高效、安全、持续的现代农业发展道路"[②]。关于农村现代化，习近平总书记要求重新审视乡村价值，提升乡村规划建设水平，在经济发展的过程中维护好乡村的田园风光、乡土文化、民俗风情，建设宜居宜业和美乡村。此外，习近平总书记特别重视科技人才的重要作用，他在2019年9月给全国涉农高校的书记校长和专家代表回信时指出，"农业农村现代化关键在科技、在人才"[③]，进而鼓励广大科技人才以强农兴农为己任，为推进农业农村现代化、推进乡村全面振兴作出新的更大的贡献。

[①] 李学仁：《习近平李克强王沪宁韩正分别参加全国人大会议一些代表团审议》，《人民日报》2019年3月9日。

[②] 中共中央党史和文献研究院：《习近平关于"三农"工作论述摘编》，中央文献出版社2019年版，第92页。

[③] 习近平：《论"三农"工作》，中央文献出版社2022年版，第218页。

三、习近平关于全面推进乡村振兴重要论述的理论价值

习近平总书记关于全面推进乡村振兴的重要论述实现了对马克思恩格斯农业农村农民思想的继承和发展,是中国共产党"三农"思想一脉相承而又与时俱进的最新理论成果,弘扬了中华优秀传统文化中农耕文化的积极因素,超越了西方资本主义农业农村农民理论,具有重要的理论价值。

习近平总书记关于全面推进乡村振兴的重要论述继承并发展了马克思恩格斯的农业农村农民思想。马克思恩格斯在他们的经典著作中论述了农业生产对人类社会生存发展的重要意义,论证了资本逻辑异化和破坏农业生产活动的必然性,揭示了资本主义不合理的社会制度对农民的剥削压榨,进而提出了工农联盟推进无产阶级革命的政治主张,并且展望了在共产主义的理想社会中展开城乡统筹建设消灭城乡差别、实现农民自由而全面发展的美好图景。习近平总书记关于全面推进乡村振兴的重要论述坚持马克思主义的历史唯物主义和辩证唯物主义哲学基础,创造性地将马克思恩格斯农业农村农民思想的基本原理同中国具体实际相结合、同中华优秀传统文化相结合,继承并发展了马克思恩格斯关于农业基础地位的认识,高度重视"三农"问题;继承并发展了马克思恩格斯关于城乡关系的认识,推进构建新型城乡关系和城乡融合发展;继承并发展了马克思恩格斯关于共产主义理想社会中解决"农业、农村、农民"问题的措施主张,结合我国社会主义初级阶段的具体国情而提出了坚持党的全面领导、推进脱贫攻坚成果与乡村振兴有效衔接等具体的工作要求;继承并发展了马克思恩格斯关于城乡建设追求实现人的自由而全面发展的价值追求,强调乡村振兴战略坚持以人民为中心、努力促进

全体人民共同富裕和人的全面发展①。

习近平总书记关于全面推进乡村振兴的重要论述实现了对中国共产党"三农"思想的创新发展。2017年12月，习近平总书记在中央农村工作会议上明确指出："实施乡村振兴战略，是我们党'三农'工作一系列方针政策的继承和发展。"②中国共产党一直关注"三农"问题，在新民主主义革命时期，揭露并批判帝国主义、封建主义和官僚资本主义对中国农民的残酷迫害，领导发动农民革命运动追求实现农民解放。在社会主义革命和建设时期，努力探索农业现代化，发展农村社会事业改善农民生活。在改革开放和社会主义现代化建设新时期，丰富发展农业现代化的内涵要求，大力推进社会主义新农村建设。进入中国特色社会主义新时代，习近平总书记继承并发展毛泽东、邓小平、江泽民、胡锦涛等中国共产党领导人的"三农"思想，总结中国共产党的"三农"工作实践经验，结合新时代我国社会主要矛盾转化的实际情况，对"三农"工作的深入推进作出新的安排部署，提出了实施乡村振兴战略的一系列新思想、新观点、新论断。其中，坚持党的全面领导，推进脱贫攻坚成果与乡村振兴有效衔接，乡村振兴要实现产业振兴、人才振兴、文化振兴、生态振兴、组织振兴等思想观点，都是习近平总书记对中国共产党"三农"思想创新发展的体现。

习近平总书记关于全面推进乡村振兴的重要论述弘扬了中华优秀传统文化。中国自古以来的农耕文化源远流长，习近平总书记指出，中华民族历来重视农业农村，并且引用了《管子》中"民事农则田垦，田垦则粟多，粟多则国富"的论断，《盐铁论》中"农，天下之大业也"的

---

① 燕连福、李晓利：《习近平乡村振兴重要论述的丰富内涵与理论贡献探析》，《北京工业大学学报（社会科学版）》2023年第3期。

② 习近平：《论"三农"工作》，中央文献出版社2022年版，第240页。

论断,以及《晋书》中"务农重本,国之大纲"的论断等诸多名言警句来加以说明[①]。中华优秀传统文化中的农耕文化为习近平总书记关于全面推进乡村振兴的重要论述提供了理论支持,习近平总书记将马克思主义基本原理同中华优秀传统农耕文化相结合,也实现了对中华优秀传统农耕文化的弘扬发展。例如,习近平总书记强调乡村振兴战略要坚持以人民为中心,满足广大农民日益增长的美好生活需要,深化了中国古代农耕文化中的民本思想。又如,习近平总书记关于乡村产业振兴、人才振兴、文化振兴、生态振兴、组织振兴的安排部署,与时俱进地丰富发展了中国古代农耕文化中的农业农村发展措施。再如,习近平总书记关于实现农业农村现代化的蓝图设计,极大地拓展了中国古代农耕文化的美好生活构想。

习近平总书记关于全面推进乡村振兴的重要论述实现了对西方资本主义农业农村农民理论的超越。西方资本主义的农业农村农民理论流派众多,18世纪以来,亚当·斯密、大卫·李嘉图、托马斯·马尔萨斯、让·巴蒂斯特·萨伊、弗里德里希·李斯特等经济学家提出了他们关于农业农村的政治经济学理论。第二次世界大战结束之后,西方国家的经济学家丰富发展了农业现代化理论,产生了《改造传统农业》《农业现代化指南》《农业现代化和收入分配》《发展中国家的农业现代化》等一系列著作,美国、加拿大、英国、法国、德国、荷兰等国也纷纷采取政策措施推进农业发展和乡村建设。然而,西方经济学未能深入批判资本逻辑及资本主义不合理的社会制度,反而盲目追求资本增殖的无限扩张,并且为资本主义不合理的社会制度辩护,其中存在着很多关于农业经济发展、农村社会建设及农民权益保障存的错误观点,巴西、阿根廷等拉美国家在西方经济学的指导下根本无法解决好农业发展和农村建设

---

① 习近平:《论"三农"工作》,中央文献出版社2022年版,第233页。

问题①。习近平总书记关于全面推进乡村振兴的重要论述强调加强党的全面领导，充分发挥我国社会主义社会制度的优越性来解决"三农"问题，坚持以人民为中心的价值理念，克服了资本逻辑的种种弊端，科学地揭示了社会主义社会中农业进步、农村建设和农民发展的客观规律，并且在此基础上提出了很多切实有效的政策措施，指导我国取得了"三农"工作的良好成绩，实现了对西方经济学的超越。

四、习近平关于全面推进乡村振兴重要论述的实践成效

在习近平总书记关于全面推进乡村振兴重要论述的指导下，党和政府先后出台了《中共中央、国务院关于实施乡村振兴战略的意见》《国家乡村振兴战略规划（2018—2022年）》《中共中央、国务院关于全面推进乡村振兴加快农业农村现代化的意见》《中华人民共和国乡村振兴促进法》等一系列政策文件和法律法规，乡村振兴的具体工作在全国各地开展起来，乡村产业振兴、人才振兴、文化振兴、生态振兴、组织振兴的良好成效也逐渐显现出来。

在产业振兴方面，全国各省区市充分发掘农村地理区位与自然资源的条件禀赋，努力推动一二三产业协同共进，并且利用数字科技构建现代农业产业体系、生产体系和经营体系。在福建，泉州市永春县结合当地的山林条件积极发展生态循环农业和生态旅游业，建设了芦柑果园、生态茶园、果蔬休闲农庄和牛姆林生态旅游区；宁德市寿宁县下党村大力发展茶叶种植产业，运用互联网科技建设了可视化的定制茶园"下乡的味道"品牌，并且修复和开发了村中的明清古建筑和红色文化

---

① 纪志耿、罗倩倩：《习近平关于乡村振兴重要论述的发展脉络与创新性贡献》，《经济学家》2022年第4期。

旅游资源。在内蒙古，兴安盟阿尔山市白狼镇拥有丰富的森林资源、野生动植物资源、矿泉水水源及冬季冰雪旅游资源，多年以来探索发展起了"旅游+特色种植养殖""旅游+林下产品加工业""旅游+冰雪极限运动""旅游+林俗文化""旅游+景区景点建设"等诸多产业模式。在西藏，日喀则市白朗县彭仓村建设温室大棚来发展果蔬产业，林芝市墨脱县的特色农产品可以通过互联网平台的电商与物流服务走向全国，日喀则市定日县扎西宗乡的"珠峰小镇"项目利用互联网科技营销宣传当地的民俗文化、旅游资源、文创手工艺品和土特产品，通过特色产业实现乡村振兴。

在人才振兴方面，全国各省区市出台了一系列政策措施。一方面吸引拥有高学历、专业技能和城市工作丰富经验的人才来到农村施展才华。另一方面大力提升农民文化素质水平、培养乡村自己的专门人才，为乡村振兴提供人才保障。浙江省制定了"百万农村实用人才培养计划"和"乡村振兴领军人才培养计划"，组织实施了"千万农民素质提升工程"，每年引进和培训的人次数量超过50万；浙江省农业科学院在科技下乡、人才下乡的工作活动中实施了高素质农民培育工程，多年来培养高素质农民和基层农业科技人员超过5万人；四川省成都市郫都区利用区内高校较为集中的优势探索建立柔性引才机制，已经引进了数十名高层次农业人才；雅安市汉源县则注重发掘培养本地的"土专家""田秀才"，形成了以农业专业合作社、农业龙头企业、专业大户、传统农户和返乡农民工为主体的多元化人才梯队。贵州省黔东南州出台了《黔东南州引进高层次人才暂行办法》《黔东南州高层次人才服务指南》等政策文件引进人才，同时加快发展农村教育事业，开展了技能扶贫脱贫专项行动、技能扶贫专班行动和技能帮扶合作行动，为农村地区培养了教师、医生、厨师、导游、工匠等各类人才1万多人。

在文化振兴方面，全国各省区市在农村地区兴办教育、科技与文化事业，满足农民日益增长的精神文化需要，同时也深入发掘乡村文化资源，制定村规民约，培育文明乡风。山西省利用自身丰富的传统文化资源，启动了"乡村文化记忆工程"，建设了近百个乡村文化记忆馆，推进了文化惠民工程，每年免费送戏下乡超过10000场，放映公益电影30余万场，并且开展了文明村镇、文明家庭创建活动，在提升公共文化产品和服务水平的同时也使文明乡风深入人心。安徽省广大农村地区文化氛围浓厚，各个村庄的精神文化建设精彩纷呈。如在合肥市庐江县三冲村，村民筹资建设了文化礼堂，设置了村情简介、崇德尚贤、村规民约等多个展厅，"道德之星""十星级文明户""好婆婆、好媳妇"等评选表彰的优秀村民都会在文化礼堂中进行事迹展示。湖南省的大部分村党组织建立起了红白喜事理事会、道德评议委员会和民情档案室，制定了村规民约，并且建设了村规民约监督员队伍，其中湘潭市雨湖区长城乡开展了"讲述家风故事"活动，加强社会主义核心价值观宣传；浏阳市杨花村则将移风易俗、见义勇为、志愿服务等行为纳入积分管理，引导村民形成良好行为习惯。[①]

在生态振兴方面，全国各省区市贯彻落实习近平总书记"绿水青山就是金山银山"的理念，妥善处理乡村振兴工作与生态环境保护的关系问题，预防和治理农业生产、农村建设、农民生活中的各种污染问题，保护和修复自然环境，促进乡村振兴的可持续发展。在河北，承德市隆化县重点整治农村污染问题，由保洁公司收集、清运全县农村生活垃圾，并且建设了多处高标准有机肥加工厂来处理农村畜禽粪便；兴隆县开展

---

① 范东君：《乡村振兴：战略演变逻辑、问题与对策研究——基于湖南省的分析》，九州出版社2022年版，第80—82页。

了全县村庄河流沿线的垃圾清理专项行动，建设了生活垃圾协同处置水泥窑来进行垃圾无害化处理，并且实施了农村污水集中处理工程。在甘肃，嘉峪关市文殊镇制定执行了《文殊镇环境保护工作制度》《文殊镇环境保护网格管理制度》等一系列规章制度，坚持"预防为主、防治结合、综合治理"的原则，不断强化农村空气污染、水污染、土壤污染等各方面情况的督查与治理工作，并且通过植树造林美化生态环境。① 在云南，保山市隆阳区编写了《隆阳区城镇化发展布局规划》《隆阳区区域乡村建设规划》等文件，在农村开展了垃圾污水治理和"厕所革命"专项行动，推动了青华海生态湿地建设和万亩生态观光农业园建设，成功入列云南省农村人居环境整治示范县。

在组织振兴方面，全国各省区市将组织振兴作为乡村振兴的"第一工程"，大力夯实农村基层党组织，发展壮大农村党员队伍，在农业农村现代化建设的各项工作中充分发挥党建引领作用，切实践行中国共产党为中国人民谋幸福、为中华民族谋复兴的初心使命。在山东，省委、省政府制定出台了"五级书记"抓乡村振兴的实施细则；威海市、日照市、枣庄市吸纳社会各方面力量充实村党组织；济南市已经招聘了上千名大学生在村党组织中担任"乡村振兴工作专员"。在江苏，张家港市永联村党委坚持"书记有能力、班子有活力、制度有落实、工作有特色"的原则加强基层组织建设，并且有志愿者联合会、社会文明联合会等社会组织的两三千名志愿者作为力量补充，形成了党建引领、区域协同、群众参与、依法办事的治理格局。② 在广东，清远市佛冈县水头镇坚持"抓党建、促发展"，建设了新坐村"小党校，大熔炉"、王田村"革

---

① 生态环境部脱贫攻坚领导小组办公室：《生态环保助推乡村振兴典型案例汇编》，中国环境出版集团2020年版，第235—237页。

② 金伟栋：《数字赋能乡村振兴苏州实践》，苏州大学出版社2023年版，第4—5页。

命摇篮，服务领先"及石潭村的红色课堂三个基层党建示范点，通过理论学习与工作实践相结合的方式持续提升基层党组织战斗力，并且集中整治软弱涣散的基层党组织，使党员干部能够保持积极昂扬的精神风貌，在各项工作中发挥先锋模范带头作用。

传承弘扬农耕文化　助力乡村全面振兴

詹慧龙　杨礼宪　农业农村部农村社会事业发展中心

文化振兴是乡村振兴的重要内容。中华文化根植于农耕文化，农耕文化贯穿了中华民族的发展历史，是华夏儿女几千年来生产生活智慧的结晶。传承弘扬优秀农耕文化，不仅能为乡村发展、乡村建设、乡村治理提供历史借鉴，也能为乡村全面振兴提供精神动力。

一、传承弘扬农耕文化的重要意义

农耕文化是中华文化的重要组成部分，是人类文明的重要基石之一，承载了深厚的历史底蕴、丰富的精神内涵及独特的生活智慧，为中华民族的发展壮大提供了精神滋养，为世界文明的发展进步作出了突出贡献。传承弘扬农耕文化对赓续中华文化根脉、坚定民族文化自信、推进乡村全面振兴具有重要理论和实践意义。

（一）落实党中央决策部署的具体举措

优秀农耕文化是中华民族传统文化的瑰宝，具有不可替代的历史地位和现实价值。习近平总书记高度重视传承弘扬农耕文化，在中央农村工作会议和中央政治局集体学习等重要会议上，多次就传承弘扬农耕文化进行部署，指出"农耕文化是我国农业的宝贵财富，是中华文化的重要组成部分，不仅不能丢，而且要不断发扬光大"①。习近平总书记关于农耕文化重要论述高屋建瓴、思想深邃、统揽全局，彰显了中国共产党人高度的文化自信和文化使命感。党的十八大以来，党中央、国务院对传承弘扬优秀农耕文化作出了一系列决策部署。2018年中央一号文件提出，深入挖掘农耕文化蕴含的优秀思想观念、人文精神、道德规范，充分发挥其在凝聚人心、教化群众、淳化民风中的重要作用。2021年中央一号文件提出，深入挖掘、继承创新优秀传统乡土文化，把保护传承和开发利用结合起来，赋予中华农耕文明新的时代内涵。2022年中央一号文件要求，加强农耕文化传承保护，推进非物质文化遗产和重要农业文化遗产保护利用。2023年中央一号文件明确，深入实施农耕文化传承保护工程，加强重要农业文化遗产保护利用。2024年中央一号文件强调，推动农耕文明和现代文明要素有机结合，书写中华民族现代文明的乡村篇。习近平总书记的系列指示和党中央、国务院的决策部署，为新时代传承弘扬农耕文化指明了前进方向，提供了根本遵循，将有力促进优秀农耕文化的传承与发展，进而在新的时代焕发新的活力、创造新的价值，发挥更大的作用。

（二）推动乡村全面振兴的客观要求

习近平总书记强调："农村精神文明建设要同传承优秀农耕文化结合起来，同农民群众日用而不觉的共同价值理念结合起来。"②农业的发展、农村的进步、农民的富裕离不开农耕文化的哺育和传承。在漫长的农耕社会中，中华民族形成了内容广泛、形式多样、内涵丰富的文化思想，形成了生态保护、生产管理、资源分配、市场交易、家庭伦理、村

---

① 《十八大以来重要文献选编（上）》，中央文献出版社2014年版，第678页。
② 习近平：《加快建设农业强国 推进农业农村现代化》，《求是》2023年第6期。

庄治理等各方面的一系列规范、原则和要求，并体现在具体的个人行为和群体实践之中。这些思想观念和行为规范是乡村振兴的重要价值基础和内在思想动力。随着工业化城镇化进程的不断加快，农耕文化的思想理念、行为方式和生存空间不断受到冲击，很多农耕文化及其载体加快消亡，传统村落整体风貌遭到一定程度的破坏。作为乡村的根脉与魂魄，农耕文化是乡村得以延续的内在基础，是农民无法割舍的精神寄托，抛却优秀的农耕文化传统，乡村振兴就没有底蕴。传承弘扬农耕文化，深入挖掘和阐发其蕴含的思想观念、人文精神、道德规范，充分发挥其启民益智、化民成俗的积极作用，有利于增强乡村文化软实力，提振乡村精气神，调动广大农民投身乡村振兴的积极性和主动性，激发乡村发展的内生动力。

（三）提升乡村价值的核心内容

我国是世界上唯一绵延不断、赓续至今的文明古国，也是世界上农业起源最早的国家之一，农耕文明源远流长、博大精深。中华儿女在华夏大地这片热土上创造了辉煌壮丽的伟大文明，农耕文化在底蕴厚重的中华文化体系中占据重要地位，对中华民族的生存方式、价值观念和文化特质都产生了极其深刻的影响。广大农民群众在长期生产生活实践中形成并发展了多样化的价值理念、行为标准、社会心理、风俗习惯，这些日用而不觉的文化创造，构成了农耕文化的基础，作为广大农民精神生活的重要组成部分，潜移默化地影响着农民的生产生活，支撑着乡村社会的发展。作为乡村社会的重要组成部分，传统农耕技术、乡村民俗、农耕器具及乡村建筑等彰显了农耕文化的独特魅力。传统生产技艺、耕作制度、习俗、礼仪、节庆、服饰、语言、歌舞、建筑等文化的保护传承，有利于增强乡村社会的吸引力和凝聚力。

（四）坚定文化自信的动力源泉

习近平总书记指出："把我国农耕文明优秀遗产和现代文明要素结合起来，赋予新的时代内涵，让中华优秀传统文化生生不息，让我国历史悠久的农耕文明在新时代展现其魅力和风采。"[①]"农耕文化是我国农业的宝贵财富，是中华文化的重要组成部分，不仅不能丢，而且要不断发扬光大。"[②]农耕文化蕴含的崇根尚祖、家国情怀、团结协作、和谐包容、勤劳节俭、精耕细作、因地制宜、顺时守则、尊老爱幼、仁心厚德、诚信重礼、守望相助等思想，是中华文明连续性、创新性、包容性的重要体现，铭刻着中华文化的鲜明印记，承载着中华文明生生不息的基因密码，彰显着中华民族的思想智慧和精神追求。传承弘扬农耕文化有利于坚定民族文化自信，增强民族凝聚力向心力，从而走出一条既面向未来又坚守民族本真的现代文明之路。

二、农耕文化发展存在的主要问题和建设重点

（一）存在的主要问题

1.农耕文化资源加速灭失。在经济社会加快转型的背景下，农耕文化资源呈加速消亡态势。一是传统农业技术不断灭失。传统农业中用地养地、循环利用、精耕细作的技术与模式被大水、大肥、大药的"石油农业"取代，被耗能、增污的机械设备取代，传统农事操作技能逐渐失传，农业资源过度消耗和环境破坏加剧。二是传统农业种质资源持续消亡。工业化、城镇化的快速发展对动植物原生地和农业环境的挤占，使

[①] 习近平：《论党的宣传思想工作》，中央文献出版社 2020 年版，第 294 页。
[②] 《十八大以来重要文献选编（上）》，中央文献出版社 2014 年版，第 678 页。

传统农业种质资源显著减少，特别是交通便利地区农作物传统近缘植物消失速度加快。三是传统农具加速退隐。农业装备技术的快速发展，在显著提高农业生产效率的同时，也使一些农具再无用武之地，"耧犁水车镰刀锄、石磨碾盘权耙锹"等传统农具、农村老物件被当成"破烂"大量丢弃，老式生产农具在很多地方已成为展馆的展品，成为老农民的久远记忆。四是农耕文化载体和传统艺术逐渐散佚。随着现代生产生活方式对乡村影响的逐步深入，很多过去在农业节庆、乡村旧俗等场合常见的文化活动和民间艺术日渐式微；农民在改善居住条件时，不断拆旧建新、以洋代土，祠堂、庙宇、牌坊、老宅、戏台等被大量拆除，许多传统文化及其载体如工艺技能、民间曲艺、乡村艺术等加速消亡。

2.农耕文化传承严重乏力。随着乡村青壮年大量流入城市，农耕文化传承遇到空前危机。一是乡村青年对农耕文化的认知减少。进入城市的乡村青壮年因生活工作环境发生极大改变，对农耕文化的认知度和认同感逐渐下降，导致他们对传承民农耕技艺，特别是富有地方特色的农耕文化传承的兴趣大为减弱。二是农耕文化的传承主体缺乏。市场经济条件下，人们对经济利益的追求成为客观必然。对那些需要长期训练才能掌握又无法带来明显经济效益的传统技艺不愿学习，原有民间技艺传承人逐渐高龄化、小众化，不少文化面临后继无人的局面，传统技艺面临"人去艺亡"的风险。三是文化传承的社会基础不够厚实。受现代生活方式、外来文化及其价值理念的冲击，一部分人对农耕文化的认同感不高，甚至将其视同于封建、保守、落后，加上乡村精神需求日渐多元及"老龄化""空心化"的加速发展，农耕文化传承的社会基础显得薄弱。四是农耕文化传承载体减少。近年来，我国传统村落数量锐减，据统计，近30年间全国行政村数量减少了近一半，自然村数量减少了近三分之一，依附于传统村落的农耕民俗文化也在逐渐消失。同时，由于创新发展不够，一些底蕴丰厚的农耕文化因交通不便、载体老旧而传播受限，其价值得不到有效推广，作用难以充分发挥。

3. 农耕文化资源保护机制不完善。当前，农耕文化资源还缺乏系统的保护机制。一是法律法规不健全。现有的法律法规未能完全覆盖，大量文化资源很难被认定为文物或非物质文化遗产，无法依法进行保护；对农耕文化资源的调查摸底不够，底数不清、情况不明，保护和发展规划缺失，缺乏有力有效的保护措施。二是管理体系待协调。不同类型的农耕文化资源保护和管理分散在文旅、住建、林草等多个部门，存在"谁都管，谁都不管"的尴尬局面，沟通协调困难很大，难以形成农耕文化资源保护的合力。三是落实机制不完善。作为一项长期性、综合性的工作，一些地区尚未形成规范有序的农耕文化保护工作格局，经费、人才、物资等资源供给得不到有效保障。

4. 传承农耕文化的保障条件不足。农耕文化的根基在农村，传承保护的关键在基层。目前，这方面的工作还比较弱。一是思想认识不到位。乡村居民对各类农耕文化载体的经济社会价值认识不到位，保护的意识不够强烈，开发转化的思路不够清晰。另外，部分基层干部对优秀农耕文化的内涵及价值认识不够，没有把农耕文化保护传承放在工作的应有位置。二是社会氛围不浓厚。学历教育和技能培训中涉及农耕文化传承与保护的较少，中小学研学体验不够深入，农耕文化馆等有效的宣传载体数量不多，运营推广方式不够灵活，保护传承农耕文化的舆论氛围不浓。三是农民分享经济收益难。以农业文化遗产、传统村落等农耕文化资源为主要对象的乡村旅游开发，普遍看重经济效益，考虑周边生态环境和农民的主体地位不够、机制设计不尽科学。一些文化资源市场化转化困难较大，农民难以享受到农耕文化资源保护和弘扬所带来的经济收益。四是财政资金支持不够。我国农耕文化资源大多位于边远山区，在基础设施建设、日常管理维护、品牌打造、种源保护、科学研究、技术培训、宣传推广、经济补偿等方面普遍存在资金短缺问题，财政资金支持力度有待加强。

（二）加强建设的重点内容

1.完善农耕文化发展的制度机制。一是健全投入机制。设立中国农耕文化传承保护专项基金，支持重点农耕文化项目。鼓励有条件的地方支持建设农耕博物馆、村史馆，对经营主体建设特色农耕文化展示馆的给以资金支持。引导和鼓励社会力量通过捐赠、资助等形式参与农耕文化传承保护。财政支持与社会募捐相结合，支持具有代表性的农耕文化保护项目、农耕文化艺术和作品创作活动、农耕文化工作者等。二是构建利益分享机制。探索农耕文化资源所有权入股，进行商业开发时尊重农民意愿，项目收益按照一定比例分配给当地农民的机制。鼓励农民群众自建队伍，挖掘优秀农耕文化形式，对开展活动给予经费支持，产生的经济效益为农民享有。三是建立"名录"制度。构建以中国重要农业文化遗产为龙头，省级农业文化遗产为骨干，市县级农业文化遗产为基础的农业文化遗产名录。四是健全法规制度。在完善现有规章制度的基础上，修订《中国重要农业文化遗产管理办法》，研究制定《农耕文化遗产保护条例》或《农耕文化遗产保护法》，将涉及农耕文化传承权规定为新型的民事权利。五是创新激励机制。对农村传统手工艺者、非物质文化遗产传承人根据其传承情况、带动农民情况进行适当奖励。对合理利用农耕文化资源进行保护性开发并带动农民增收的经营主体给予税收优惠。

2.构建农耕文化资源库。以县为单位，开展全国范围的农耕文化资源摸底调查，整理农耕文化相关的农业古籍、专著、研究报告等，整理各地与农耕文化相关的历史、地理、风俗、人物、文教、物产等资料信息。对非物质文化资源,通过走访老一辈乡民,以访谈、口述记录等方式,把留存在记忆中的农耕文化物化固化下来。通过资源普查,把农耕文化资源的数量、分布、生存环境、保护现状、传承情况等,按照科学的分类进行整理识别和登记建档,形成可供数据检索的农耕文化资源库。

3.推动农耕文化产业化发展。进行产业化开发是促进农耕文化保护、传承与发展,彰显农耕文化资源经济、社会和文化价值的有效途径。市场经济的快速发展,为农耕文化产业化发展提供了契机,科学合理地推进农耕文化资源的产业化开发和利用,不仅可以将农耕文化保护起来,而且还可以展出来、活起来、用起来,让优秀农耕文化走进老百姓生活,丰富文化产品供给,推进文化创新发展。

4.构建农耕文化传承发展的支撑平台。一是建设布局合理的农耕文化传承弘扬场所。鼓励各地根据不同的地域风情、民族习惯等,布局建立各具特色、不同主题的农耕文化博物馆或展示馆,将农耕文化资源集中保护起来。在农耕文化资源丰富、特点突出、条件成熟的地方加强农耕文化传承点的基础设施建设,改善农耕文化保护传承、宣传展示条件。鼓励每一个少数民族建设一个代表性的农耕文化博物馆或展示馆,把物态保护与活态传承紧密结合起来。加强农耕文化博物馆、非遗展示馆、传承基地建设,加强宣传推广,提高展示效果。鼓励修建(修缮)祠堂、村史馆、文化馆(站)、家风家训馆等,开设乡村文化广场,建好乡村宣传栏,讲述村庄文化故事,留存乡村文化记忆,传承农耕文化精神。二是推动农耕文化数字化平台建设。依托数字化、智慧化、智能化新技术,推动农耕文化数字化服务平台互联互通,打造集功能性、展示性、互动性于一体且能跨越时空限制的农耕文化弘扬展示、共享共创平台,提升农耕文化数字化水平。推进数字农史馆、数字农耕体验馆建设，充分运用人机交互、3D-7D等技术，提高用户体验感的同时，让传统农耕文化焕发出新的活力。三是强化宣传推广条件建设。利用各类媒体资源，宣传农耕文化资源，普及农耕文化知识。制作系列宣传片、纪录片、网络电影、短视频等，多维度、多方位、立体式宣传展示农耕文化魅力。使用影像记录、3D扫描、VR虚拟模拟等现代技术，充分展示农耕文化画面、声音、技艺等信息，记录、保护、传承和弘扬农耕文化。依托中国农民丰收节等节庆文化实践活动和"大地流彩"平台，举办群众性农耕农趣农味文化活动。鼓励各类农耕文化园、休闲农庄等经营主体，举办各种农耕文化展览展示活动，在全社会形成保护与传承农耕文化的良好氛围。

三、以弘扬农耕文化 促进乡村全面振兴

在乡村振兴背景下，传承弘扬农耕文化，重塑乡村文化空间，推动乡村文化创造性转化创新性发展，对满足农民群众日益增长的精神文化生活需求，既有重大政治意义，也有显著的社会效益和经济效益。

（一）凝聚文化共识，为乡村全面振兴提供思想保障

中华农耕文化源远流长、博大精深，凝聚着中华民族的思想智慧和价值观念。在价值取向上，中国自古以农立国，主张崇本上农、惠民利民、崇本抑末，将中华农耕文明中的重农观与现代化发展要求相结合，牢固树立大农业观、大食物观，端牢中国饭碗、建设生态文明、促进城乡融合，有利于推进乡村全面振兴。在发展理念上，中华农耕文化所蕴含的道法自然、天人合一的自然观，追求人与自然和谐共生的平

等观，凝聚了中华农耕文明关于自然规律、经济规律的智慧与思考，与当今提倡的生态文明理念、可持续发展理念和发展资源节约型、环境友好型农业一脉相承。在处世观念上，中华民族历来重视礼仪、亲仁善邻，倡导以和为贵，崇尚孝悌忠信、耕读传家。以地缘和血缘关系纽带为典型特征，并在此基础上形成了农耕信仰、乡规民约、家风家训、民间传统、节日仪式等生产生活规则及族群秩序，对于完善乡村治理、建设和美宜居乡村、推动乡村全面振兴提供了可贵的思想方法和经验借鉴。

（二）推动文化惠民，为乡村全面振兴提供精神动力

深入挖掘农耕文化蕴含的优秀思想、人文精神、道德规范，并结合时代要求，在保护传承的基础上创造性转化、创新性发展，有利于更好地满足城乡居民的物质文化生活需求，焕发乡风文明新气象。要着力复兴和发展一批传统手工技艺，挖掘特色农产品的文化内涵，提升品牌影响力，为城乡居民提供更多的产品选择。保护性开发那些有较长历史、成片分布、仍具有生产功能的古果（茶、林）园，或有较高历史价值的古建筑、古民居、民俗设施建筑等，依托这些资源发展文化游、康养游和农业旅游，为城乡居民提供休闲体验场所和精神文化产品。把优秀农耕文化蕴含的理念融入乡村建设，构建乡村生态，成为生态宜居的和美乡村。把优秀农耕文化融入农民生活，挖掘传统民俗活动，发展各类农事节庆活动，提高城乡居民的参与性，拓展农村文化产品的多元供给。通过这一系列举措，丰富群众性文化活动，更好地满足人民群众对美好精神文化生活的新期待，不断丰富乡村文化服务和产品供给，让优秀农耕文化在新时代展现出无穷的魅力和风采，为乡村全面振兴铺垫底色、提升亮色。

（三）发挥文化价值，为乡村全面振兴提供产业支撑

坚持政府扶持、突出特色，创意引领、跨界融合，市场运作、群众受益的原则，对农耕文化中具有经济价值的资源进行合理开发，构建具有鲜明区域特色和民族特色的农耕文化产业体系，促进多样化、差异化发展。深入开展农耕文化产业化的载体建设、产品开发、品牌打造和文化传播，创新多元化投资渠道，实施乡土化、精品化、生态化发展，最终实现经济效益、社会效益和生态效益有机统一，使其成为乡村产业兴旺的新动能。

（四）培育人才队伍，为乡村全面振兴提供智力支持

树立"人才至上"理念，重视乡土文化人才这一传承和弘扬传统农耕文化的"第一载体"，培养一支门类齐全、结构合理、素质优良的农耕文化人才队伍，是做好农耕文化传承弘扬工作的关键，也是为乡村振兴提供人才支撑的有效途径。一是留住本土人才。注重从本地工匠艺人、青年骨干、返乡人员中挖掘培育人才，培养农耕文化传承人。通过定期组织专家讲座、培训班等方式，为乡村本土文化人才提供更多学习机会，不断提升乡村本土文化人才的综合能力。鼓励将农耕文化人才培养纳入职业教育体系，建设一批农耕文化传承创新专业。对熟练掌握农耕文化技艺技能的代表性传承人提供必要的工作经费和传习场所，鼓励其开展授徒、传艺、交流等活动，培养后继人才。二是吸引外来人才。营造良好环境，引导外部文化工作者、科普工作者、退休人员、文化志愿者等进入乡村，投身传承和弘扬农耕文化工作。以项目聘任、项目合作等多种形式引进一批高端农耕文化创意人才，打造一支结构合理、素质优良的农耕文化人才队伍，培养一批农耕文化代表性传承人。培育有较强竞

争力的特色乡土文化品牌，吸纳高素质乡土文化能人。三是完善人才激励机制。适度扩大省级非物质文化遗产代表性项目名录，适当提高传承人资金补贴标准。健全奖励制度，对有杰出贡献的人才，授予荣誉称号。进一步重视农民在传承弘扬农耕文化中的主体地位，通过各种形式加强农民的文化培训和教育，提高其文化素养，培养一批常驻乡村，熟悉农耕文化、热爱农耕文化、享受农耕文化、创新农耕文化的社会主义文化新人。

乡村振兴中文化建设存在的主要问题和对策
——以江苏省为例

徐 昕 黄书亭 东南大学中国特色社会主义发展研究院

乡村文化是中华民族在历史发展的历程中，在物质生产层面和精神生产实践中生成的传统与体系，烙印着地域特征，闪烁着独特的思想光辉。就一定意义而言，乡村文化建设是乡村振兴的关键所系，乡村振兴需抓牢抓实乡村文化建设。事实上，推进乡村文化振兴，既能够为乡村振兴战略提供文化支撑，加强农村精神文明建设，又能够营造良好的乡村文化环境，促进共同富裕，有效解决人民群众对美好生活的文化需要。

我们先后对淮安市淮安区小岗村，泰州市高港区宗林村，常州市新北区东南村、梅林村、温寺村、通江村、南兰陵村、郭塘桥村，苏州市张家港市永联村，以及南京市江宁区新塘村等宜居村、示范村的文化建设情况进行了实地调研，据此梳理乡村文化建设的要素、内涵，明确乡村文化建设的时代意义，深入分析了乡村文化建设的现实困境，进而提出推进江苏省乡村文化建设事业的应对策略与可行路径。

一、江苏省乡村文化建设的主要成绩

乡村文化建设振兴需要时间，在推进的过程中必须尊重文化发展规律，借助政策供给、理念契合、物质滋养、人才培育等渠道，赋能和促进乡村振兴。调研中我们深感，党的十八大以来，省委、省政府对标中央一号文件关于"三农"问题的顶层设计标准，各级党委和政府朝向"走在前、做示范"的目标，"在建设中华民族现代文明上探索新经验"，布局文化惠民工程，实施文艺服务基层"五大行动"，推进群众文化"百千万"工程、公共文化服务"双千计划"，打造群众身边的精神乐园，文化建设取得显著成就。

（一）新时代文明实践中心建设成绩喜人

建设新时代文明实践中心，是推动习近平新时代中国特色社会主义思想深入人心、落地生根的重大举措，是中央切实加强基层宣传思想文化工作的战略部署。新时代文明实践中心顺理成章地成为政策宣讲的讲台、移风易俗的平台、文化生活的舞台，在宣传、教育、服务和关心村民中发挥重要功用。

全省各地坚持以习近平新时代中国特色社会主义思想为指导，认真贯彻落实习近平总书记关于"三农"工作、文化工作和视察江苏的一系列重要指示精神，积极响应民众需求，推进新时代文明实践中心建设向基层延伸，在全省扎根，主旋律更加昂扬，正能量更为强劲，主流价值影响力版图不断扩大。全省各地坚持统筹资源，优化网络管理，打通宣传教育群众、关心服务大众的"最后一公里"，实现新时代文明实践中心建设全覆盖。全省各地积极组织开展志愿服务活动，理论宣讲、文化惠民、文艺演出等活动，推进精神文明建设扎实开展、提质增效。全省各地通过举办各类文化活动，协同新时代文明实践中心与党群服务中心建设，学习宣传党的创新理论，创建群众性精神文明，服务群众、引领群众、感染群众，形成创意共享、渠道共用、话题共议、以文化人、成风化俗的生动格局。

新时代文明实践中心建设的江苏实践表明，新时代文明实践中心建设是中国式现代化的重大探索，在运行机制、建设标准、活动内容、现实成效等方面全面奏效，切实避免思想认识肤浅、村民参与度不高、品牌打造不力等问题，持续完善全员参与的运行机制，健全经费、人才保障机制，提高组织程度，创新活动形式，匹配合理有效的监督考核体系，丰富了精神文明建设理论，提升了乡村社会及全社会的文明程度。

（二）农民思想道德建设成效明显

深入学习贯彻习近平文化思想，扎实贯彻落实习近平总书记关于社会主义精神文明建设的重要论述，进一步推进农民道德建设，深化未成年人思想道德建设，弘扬真善美，褒奖新风尚，营造见贤思齐、崇德尚善、内外兼修的清朗氛围。

全省各地坚持以文明风尚培育为抓手，聚焦创、宣、管、治、育等环节，以提升农民文化素质水平为目标，着力推进物质文明和精神文明建设，推动文化传承发展上善作善成。各地出台政策法规，强化帮扶、评价与督查，举办玉石文化节、草莓文化节、龙虾文化节、蓝莓文化节、校园文化艺术节，开展各类节庆活动，扩建乡村文化长廊，拓展乡村文化展台，打造社会主义核心价值观立体宣传阵地和家风家训传承示范阵地。同时，全省各地还通过积极组织书画、摄影等兴趣协会，举办文明讲堂和科普讲座活动，提高农民思想道德素质、文化水平和专业技能，彰显文化引领与文化传承的同向性、创新观念与方法路径的互通性，营造风清气爽、健康蓬勃、共建和谐家园的良善氛围，共建乡村兴趣阆苑、生活乐园和精神家园。

（三）农村精神文明创建成果丰硕

全省各地聚焦美丽乡村建设，人居环境增"颜"提"质"，宜居宜业的乡村画卷有序展开，到处是干净整齐的农家小院、修旧如旧的村落遗址、平坦规整的宽敞马路。注重景观设计和环境营造，让农房穿上"新衣裳"，显示清新整洁的新村貌，树立英模像，构筑党建墙，完备公示栏、民歌壁、书画廊、休憩亭，建成并优化社区"15分钟文化圈"、乡村"十里文化圈"，积极创建国家级、省市级文明村镇、文明家庭、文明校园，打造怡神养眼、绿色低碳发展样板区，促进精神文化与环境文化良性互动，精神文明建设底色更亮、成色更足。

全省各地始终把群众性精神文明创建工作摆在重要位置，推动文明程度和文明素养同步提升，对书院书店、文化站、书屋等文化资源进行全盘整合和有效利用，将乡村文化空间拓展到广场、路桥和田野，链接到祠堂内、树荫下、江河边、湖海上，利用空闲用地、公园绿地、湖畔湿地塑形铸魂，筑造便于垂钓、摄影、绘画、阅读、展览的聚会沙龙、轻食餐饮等多功能"乡村文化CBD"，促进"农、交、文、旅、商"融合发展，丰富文明实践阵地形式与内涵。整洁房前屋后，涵养气质举止，丰盈"精神粮仓"，精神文明建设成为乡村文化建设的强大动力，村民的获得感、幸福感、安全感显著提升。

全省各地坚持把中华优秀传统文化融入村规民约、家风家训，开设村史馆、家风家训馆、农耕文化馆、非遗工坊等场所，开展村史、村情、村志教育，使乡风文明有章可循、有样板可效。倡导新风正气，强化清廉政风、文明乡风、良好家风、淳朴民风，提倡婚事新办、喜事俭办，文明祭扫，杜绝婚闹，反对厚葬薄养，确保邻里和睦不摩擦，辛勤劳作不言苦，言谈举止不粗俗，垃圾分类不怕烦，安全出行不违规，节俭持家不浪费，红白喜事不大办，休闲娱乐不低俗。厚植和美乡村幸福底色，让村景融汇自然风光与万家灯火，推进乡村文化振兴步入"快车道"，构建共富文化，体现新发展理念，答好环境综合整治优先题、文化建设必答题、风貌管控关键题、绿化美化加分题和乡风文明核心题，推动人居环境靓起来，体验文明新风扑面来，促进乡村治理大家来、上下同心向未来。

二、江苏省乡村文化建设中存在的主要问题

乡村文化是乡村社会的稳定器，是乡村文明得以延续的基石。在充分肯定江苏省乡村文化建设成绩的同时，我们也要看到，乡村文化建设还存在着一些亟待解决的问题，具体表现在文化战略布局不够完善，文化产业结构转型动能不足，文化强省建设政策实效不明显，文化产业融合发展缺乏广度和深度，包括乡贤在内的人才、管理队伍建设有待加强等方面。这些问题如不能得到及时剖析和化解，则无从助力乡村文化兴盛、助推乡村产业兴旺，无力带领农民拓宽增收渠道、促动乡村基层创新治理，必将影响到城乡文化一体化建设的发展进程。

（一）乡村文化基础设施发展不平衡，利用率不高

文化的必备载体，建设农村公共文化基础设施至关重要，对乡风文明、乡村文化建设具有重要的保障意义。近年来，全省各地都不同程度加大了乡村文化基础设施的建设，但是，由于经济发展程度、重视程度不同，各地乡村文化基础设施的建设存在着较大的差异，普遍存在数量不足、供需失衡和供给效率低等突出问题，难以适应农民群众多元化、个性化需求。已建和在建的文化设施，有的条件好一点，有的条件差一些，网络化、体验式、移动式等方式和手段不够优质高效，基本、均等、

公益、便利的服务项目不齐全，生态修复、民俗风情、文化保护、基础设施提升工程等协同不力，缺少特色化、有亮点的公共文化基础设施，缺乏具有知名度、认可度的品牌，同质化现象严重，集聚效应、联动效应、传播效应有限。

由于城乡人口流转，一些乡村图书馆、文化站、书画社、健身设施空间规划失配，长期闲置，不能充分使用，无法满足中高低端的多端需求，远未构建起农村公益文化服务体系。更有甚者，有些景点成为专供领导和来宾参观的摆设，这既造成了文化资源浪费，也影响了乡村文化建设的实际效果，更没有起到陶冶心胸、提振信心、拉动内需、促进就业等作用。

（二）乡贤作用发挥不够，参与乡村治理的手段不强

乡贤是根植乡土或回归乡村并以自己的德才惠及乡里的贤者，作为传统的自治主体，乡贤在推进乡村振兴、构建基层治理新格局中展现新作为，乡贤治理便于提升乡村治理效能。伴随乡村建设的步伐，乡村需要大量懂技术、有知识、会经营、有一定经济实力和社会资源的乡贤加盟参与。但是，由于乡贤回乡政策不健全，导致许多乡贤不愿返乡创业、返乡居住、返乡参与社会治理，甚至出现了召不来、谈不拢、留不住等现象，不利于协理村务、招商引资、带动共富、文化认同等实践运作，难以强化"国家-社会"的连接、激发乡村振兴内生动能。

乡贤治理产生于长期的基层治理实践，为发挥个人主观能动性和形成多元治理格局提供路径选择。然而，由于种种原因，乡贤补位不及时、管理不到位，乡贤参事会、理事会等形同虚设，乡贤政治参与、经济参与、文化参与不足，组织推进与个体嵌入未形成合力，生产与生活双轮驱动乏力，综合成效不高，深度广度有限。少数乡贤习惯城市生活，对

乡村文化建设不主动、不热心，知识结构、综合能力不甚全面，与少数村干部见解不同甚至发生冲突，与部分村民沟通不全面不充分，因此不愿意返乡创业，不安心与乡村振兴"双向奔赴"。

（三）乡村人才匮乏，空巢化现象日益严重

乡村是熟人社会，人情味儿很浓。但是，目前由于多数青壮年外出打工，乡村出现了大量空置的房屋，生活着不少"空巢"老人和"留守"儿童。许多青年人每年只有春节等节日才回乡探亲，乡村出现许多情感空虚的老人和儿童。同时，由于居住在乡村的青壮年人数越来越少，导致乡村事务缺乏活力，许多事情无人干，老年人虽然有心干，但也干不了或干不好。这就导致乡村的乡情、亲情、友情淡漠，出现了"各人自扫门前雪，莫管他人瓦上霜"的现象。有些村民对公益事业、集体活动不太感兴趣，有的老人多年都不参加村里的活动。

乡村教育是培养乡建人才和社会栋梁的重要渠道，是实现乡村人才振兴和文化建设的关键所在，聚焦乡村社会，关注学生变化，促进学生发展，顺应乡土发展逻辑、重视在地化教育，向来是乡村教育可持续发展的必由之路。然而，相对于乡村振兴教育先行的战略定位，农村"高教育需求"与"低教育供给"间差距显著、矛盾重重，乡村学校规模小，资源投入不足，制度设计有缺陷，加之大量人口流向城市，生源与师资双双流失，社会文化引导不得力等因素，其功能发挥受限，适龄儿童越来越少、教育质量低水平徘徊、大量学校被迫关停并转，有碍义务教育均衡发展和乡村文化建设，漠视以人为中心、全面发展的教育立场，未形成以本土文化资源为内生动力的教育方针，被动应对培塑什么样的乡村儿童、怎样实现乡村教育理想、如何达成预期教育效果和浓厚乡村文化氛围等应然问题。

（四）乡村文化生活较为单调，一些地方封建迷信抬头

乡村相对偏僻落后，文化生活单调，科学知识普及不够，容易成为封建迷信和一些陋习生存和扩散的温床，相信迷信和半信半疑者不在少数，有的村庄有人为操纵、盲目从众、愚弄群众的迹象，屡现突发性和复杂多样性的群体性事件。一些地方红白喜事大操大办，满月宴、生日宴、谢师宴名目繁多，礼金礼品过重，攀比风、讲排场、比阔气的不良习气抬头，有人花钱买热闹、凑热闹，津津乐道于扰亲朋、办宴席、唱堂会、收礼金，超出承受能力，死要面子活受罪，变相为红白事升格"上绑"。同时，由于基层宣传、惠民礼葬、管理不到位等原因，一些地方默许哭灵和低俗表演，某些邪教乘虚而入，违规及不法活动由隐蔽趋于公开，传统形式与现代形式并举，活动范围增广，参与人数增多，并向着年轻化的趋向蔓延。

封建迷信混淆智愚，传播病态文化，弱化理想信念，放大负面情绪，加剧农民心理失衡，破坏乡村社会秩序，成为亟待革除的"绊脚石"和"荆棘地"，影响乡村精神文明的建设，对主流意识形态、社会稳定和国家安全产生负面影响。

（五）少数地方管理缺失，乡村文化服务质量不到位

随着经济社会的不断发展，生活质量显著提升，农民对文化、健康、旅游休闲的重视程度同步提升，对乡村文化建设充满期待。然而，一些地方对乡村文化建设的理解存在偏差，文化建设不均衡，发展主体老龄化、发展形式单一化，文化设施利用率低，农民文化生活单一，社会力量参与度不足，高校及科研院所帮扶不力，文化产业经济转化率低，不良文化和落后文化顽固存在，有的地方把乡村文化建设简单地理解为文

化娱乐，或仅仅是开饭馆、建旅馆、辟景区、卖水果之类，对城乡精神生活、物质生活的共同富裕并无深刻认识和长远考虑。

乡村文化建设缺乏地域特色和独创性，农民主体作用未能有效发挥，基层党组织的领导作用有待加强，社会各界助推乡村文化振兴存在阻碍。乡村文化产业粗放型经营，管理缺失，乡村文旅融合产品链条短、产值低，产加销竞争力不强，文化产业效益不稳定，乡村文化式微。一些地方忽视乡村文化的公益性，忽略农民对文化需求的真实体验，公共文化产品服务意识差，服务质量不够精益，不适应多元化的大众需求、个性化的小众需求。

三、推进新时代乡村文化建设的对策建议

党的二十大报告指出："全面建设社会主义现代化国家，最艰巨最繁重的任务仍然在农村。"2024年6月28日，十四届全国人大常委会第十次会议通过《中华人民共和国农村集体经济组织法》，乡村振兴及乡村文化建设热点聚向数字经济、人工智能、集体经济、城乡融合、新质生产力等话题。党的二十届三中全会通过的《中共中央关于进一步全面深化改革　推进中国式现代化的决定》，强调中国式现代化建设，实现全体人民共同富裕的现代化，文化供需适配、文化遗产保护传承，社群在线合作、新型文化体验感与文化创意产业引起热议。面对乡村文化建设种种难题，要坚持把党建引领作为"第一引擎"，把乡村文化建设作为乡村振兴的重中之重，加快乡村特色文化产业发展，打造良好生态文化环境，完善文化体制机制。

（一）深化文化体制改革，打好农文旅融合组合牌

江苏辖江临海，控湖扼淮，是中华民族的发祥地之一，综合发展水

平位处全国前列。江苏地域文化是中华优秀传统文化与地域环境的结晶，凝结着劳动人民的人生智慧和思想精华，涵盖不同范畴的文化类型，汇聚楚汉文化、吴文化、淮扬文化、金陵文化、海洋文化、中原文化、红色文化等多元文化遗产和基因，文化资源十分丰富，艺术形式多种多样，具有较强的亲和力和现实感，是坚定文化自信自强的重要表现和依据。

党的二十届三中全会系统部署全面深化改革大计，提出聚焦建设社会主义文化强国，继续将改革推向前进。为此，要向往最好、对标最高、锚定最优，传承和发展农业文化，深化文化体制机制改革，完善意识形态工作责任制，健全综合治理体系，激发建设文化强省的创新创造活力，巩固脱贫攻坚成果，加速新型城镇化进程，推动新时代农文旅融合发展。要坚持从实际出发，有魂、有根、有形、有容地发展生态旅游、文化休闲旅游。要进一步优化政策，做大做强美丽乡村建设项目，建好采摘体验、研学游、产学研、田园综合体基地，构建特色旅游龙头村、绿色示范村等乡村文化项目。要进一步推进乡村节庆文化、服饰文化、祭祀文化、饮食文化、休闲文化、红色文化建设，拓宽乡村文化内涵。要进一步引导优秀青年和复转军人心系农村愿回农村，在家门口创业、就业、兴业，推动乡村文化产业高质量跨越式发展，写好深化改革时代新篇、理论诗篇、实践续篇和文化鸿篇，推动乡村文化建设行稳致远。

（二）建设"书香江苏"，推进乡村文化建设高质量发展

党的十八大以来，社会经济飞速发展，人们对精神文化需求日益增加，阅读活动成为社会文化建设与精神文明建设的必修课，农民阅读方式、阅读内容与阅读行为发生变化，阅读成为获取知识、增长才干、享受生活的重要手段，便于强身强心、丰盛储备，提升思想水准、道德修养和专业技能。要抓好阅读普及和阅读推广，协同政府、社会组织、团体与个人，丰富内容、拓展阵容、审慎包容，引导更多农民接触书籍，将阅读习惯融入农耕生活，充分满足人民群众高品质、多样化的精神文化需求。

新时代新气象，全民阅读已上升为国家文化发展战略，与文化精品建设、传播能力建设等被列入文化重大工程，成为文化强国强省、文化强市强县、文化强乡强村建设的必配指标。应着眼于中国式现代化建设与乡村振兴战略全局，以"书香江苏"建设为抓手，强化历史文化名城名镇名村、历史文化街区的保护力度，通过"送戏下乡""图书下乡""电影下乡"等文化工程，让经典走向大众，让精品抵达基层，让书卷气浸润烟火气，让农民及时、便捷地享受文学便餐、文艺快餐和文化大餐，避免泛泛号召和呼呼口号，盲目跟风、机械复制和"雨过地皮湿"。

要从推动乡村文化繁荣，进一步增强对推进江苏省书香社会建设战略意义的认识，以阅增智、以读冶情、以学正风、以习促干，促进乡村社会形成爱读书、读好书、善读书的浓厚氛围。引导广大文艺工作者坚持以人民为中心，深入群众、贴近生活，创新传播模式，促进书香接地气，加速推进书香社会建设进程，让广大乡村和普通百姓成为书香江苏的推动者、受益者。

（三）坚持党建引领，推进乡村精神文明建设

为推动党的二十届三中全会精神落地见效，要充分发挥乡村党组织的战斗堡垒作用，以乡村文化建设为载体，移风易俗，成立并发挥红白理事会的作用，坚决抵制封建迷信活动和陈规陋习，做好"红白喜事"管理和事前劝导与事后纠偏，提高喜事新办、丧事简办、可办可不办的喜庆事不办的意识，提倡零彩礼，让礼尚往来有准则、讲分寸、不失度、不攀比铺张、不跟风浪费、不犯规违纪，用简明扼要的仪式、积极健康的方式过有意义的节日，养成文明习惯。善于设问，擅长答疑，以问促

思、以答促知，以深入浅出的形式和话语，让文明新风进家入户，入脑养心，荡涤封建渣滓和迷信污垢，将积极健康的婚嫁新风、文明乡风植入乡土，推进乡村精神文明建设。

要重视和发挥村规民约的作用，量化奖惩条件，弘扬社会主义核心价值观，发挥其在乡村治理中的价值导向和管控功用。要坚持从实际出发，制定符规合范、可操作性强，具有地方特色的政策。要积极引导乡贤和新乡贤寻根固本、回乡居住生活，实现价值共鸣，赓续中华文化根脉和亲缘地缘根脉，发挥科技、文创、法律等方面专长，参与乡村治理和文化建设，推动乡村经济和社会发展，构建自治、法治、德治三治融合的基层治理共同体，加快形成新质生产力，以文化传承和传播方式的完善驱动文化建设，推进数字化平台搭建、数字化应用新场景打造，达成新质劳动者、劳动对象、劳动资料的统一，重塑家庭文化、共富文化和公共文化。要加强传统村落保护与利用，挖掘历史文化资源，留住原汁原味的乡土气息和乡村风貌，以此吸引乡贤回到家乡，服务家乡。要强化乡村社会治理，推进乡村社会安定有序、农民群众安居乐业，以乡村治理现代化助推中国式现代化，为建设"强富美高"新江苏提供精神力量和道德滋养，系统化推进江苏省乡村精神文明建设。

（四）传播乡土文化，展示乡村振兴的美丽画卷

乡村文化建设是艰难、吃重的攻坚战，属于长期、复杂、易反复的系统工程，很难立竿见影，不可能一蹴而就。行进在新时代，如何在农村物质文明大幅提升的同时，持续加强精神文明建设、全面推进文化建设工程，意义重大，未来可期。

要通过平面媒体、广电媒体、网络媒体等平台，面向全国和世界广泛宣传，展示江苏省乡土文化魅力，讲好发生在江苏大地上的中国故事，

提升舆论引导能力，确保党的声音始终是最强音。要大力展示当下中国乡村振兴、乡村文化建设与农业农村现代化的生动实践，彰显中华优秀乡村文化在中国式现代化道路上焕发的强大能量，在更广范围内、更高水平上传播好中国声音。要深入贯彻习近平文化思想，深刻领会习近平总书记在文化传承发展座谈会上的重要讲话精神，提高乡村文化建设话语的影响力、传播力、塑造力，把乡村振兴战略、乡村文化振兴举措、乡村文化建设实绩讲深讲活讲透，创作更多具有江苏地方韵味的优秀文艺作品，扩大社会共识，推进城乡融合，触发国际共情，让世界更加理解中国，认识江苏。

对标《江苏省"十四五"文化发展规划》《推进长三角文化产业一体化发展江苏行动方案》《关于推动文化建设高质量走在前列的工作方案》《江苏省宣传文化发展专项资金管理办法》等文件，针对乡村文化建设过程中的问题，及时探明缘由、诊准病灶、对症下药，注重内容下沉、以小博大，解决生产生活中的痛点难点问题，打好主动仗。要强化党建引领，聚焦农民关切，做好"加减乘除"文章，打好"策划牌""联合牌""协同牌"，让"正能量""新增量"成为"大流量"。构建沉浸式的文化场域，推动农民个体经验与物质文化遗产相结合，形成深度参与、共享和互动的交流方式，深化乡风文明培育，厚植精神文明建设根基，增添精神文明建设活力，以新质生产力培育新人才，整合新资源，以科技创新、文化创新推动农业升级、农村发展、农民致富，以"新质态"达成"新质效"，铸造乡村全面振兴、乡村文化建设的"江苏样本"，"为全国发展探路"，为建设文化强国"先行区"贡献份额。

乡村振兴促进农民增收的逻辑理路

孙迎联　东南大学中国特色社会主义发展研究院、东南大学马克思主义学院

农民增收作为解决"三农"问题的轴心，历来受到高度重视。近年来，中央一号文件都连续瞄准"三农"问题，形成了一系列富农政策。在实践中，农民增收并非跨越"实然"与"应然"鸿沟的"必然"结果，低水平且不稳定往往成为常态的情形。因而，围绕农民增收的主题而展开的学术研究，成为引领新时代"三农"发展的一种律动。综观已有的理论研究，促进农民增收的研究形成了宏观与微观两种进路：一是聚焦宏观层面的国家治理推动，主要关注制度创新、技术应用、市场盘活等对农民增收产生的效应。二是聚焦微观层面的农民作用发挥，主要考察农民内在动力的驱动、自我效能感及人力资本、社会资本和心理资本等对增收的影响。这些研究成果基本奠定了新时代解决农民增收问题的理论框架，对推动农民农村共同富裕具有重要的指导价值。但是，无论是"国家治理"的宏观分析理路，还是"农民作用"的微观分析理路，都遮蔽了"乡村"这一影响农民增收的中观视角，忽视了国家治理正是在乡村场域被转化为增收治理效能，而乡村增收治理效能也是培育农民增收内生动能的重要源泉。值得注意的是，这一问题在当前的乡村振兴实践中日益得到重视，不仅"促进城市资源要素有序向乡村流动，增强农业农村发展活力"、"千方百计拓宽农民增收致富渠道"，而且"激发广大农民积极性、主动性、创造性，

激活乡村振兴内生动力,让广大农民在乡村振兴中有更多获得感、幸福感、安全感"。可以明确,乡村振兴战略的实施给农民增收带来了新思路,为进一步深入研究提供了一个切入点。那么,破解新时代农民增收问题就不能局限于"国家-农民"的二维逻辑,还必须引入乡村视角,从乡村振兴的建章立制到落地实施的系统化的动态场景中,确立促进农民增收的"国家-乡村-农民"的三维格局与关系,这样才能清晰呈现乡村振兴战略背景下农民增收如何破题的完整逻辑,并对以全面实施乡村振兴战略来扎实推进农民农村共同富裕的战略部署作出理论上的回应。

基于这样的现实考量和理论需求,试图建构一种新的"政治势能-治理效能-内生动能"分析框架以超越当下促进农民增收的二维逻辑,来呈现更加符合新时代乡村振兴实施特点的农民增收推进逻辑。它既指涉农民主体维度的理念重塑和能力再造,也强调国家治理维度的各项制度和政策的精准落地,而且越发强调过程维度上由乡村振兴战略的制度优势和政策利好向农民增收的治理效能转化的程序和环节的优化设置。在理论上,这一逻辑理路把农民增收的国家治理推动与农民作用发挥纳入乡村振兴的背景中考量,通过建构国家、乡村与农民三维共促的关系,将促进农民增收的宏观视角与微观视角深度结合,以彰显问题解析、机理诠释和路径建构的内在关系和外在功能。在实践上,它涵盖了制度、政策、技术和治理的全面创新,进而在新时代促进农民增收实践中彰显出增收制度政策跟进、增收实践模式建构和增收治理效能发挥三者之间环环相扣、逐步递进的目的性和可行性(如图1所示)。

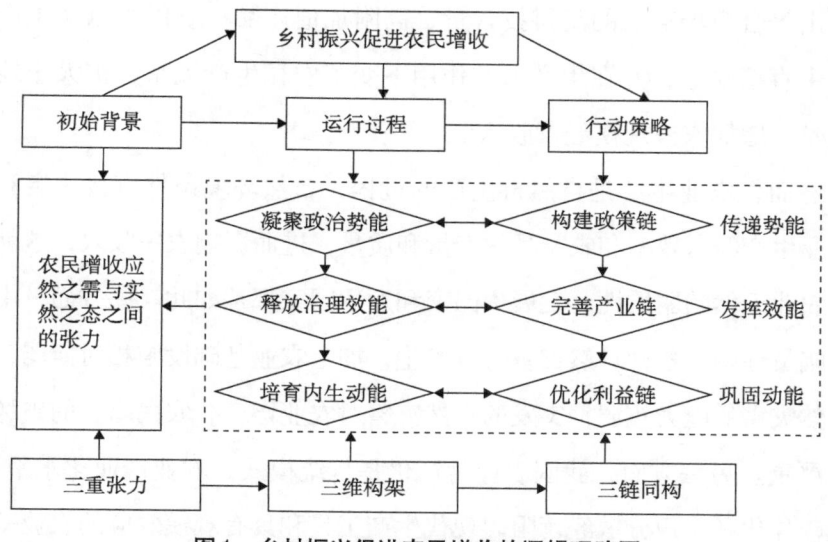

图1 乡村振兴促进农民增收的逻辑理路图

一、三重张力：乡村振兴促进农民增收的初始背景

乡村振兴以促进农民增收为中心任务，就必须精准应对当下农民增收过程中的张力，即农民增收应然状态与实然状态之间的差距。从应然层面看，农民增收必须具备三个条件：农业生产效率提升、乡村增收优势培育、农民内生动力激发。反观农民增收的现实境况，仍存在多元交织的瓶颈，表现出农业弱质低效、乡村要素资源脱域失嵌、农民被动依赖的实然状态。在此种背景下，聚焦农民增收应然与实然的张力就成为乡村振兴战略促进农民增收的出发点。

（一）农业生产效率提升之需与农业弱质低效之间的张力

长期以来，由于农业经营性收入是我国农民收入的首要来源，农业生产效率提高意味着运用现代科学技术，改善农业生产条件，促进农业生产力的发展，根据市场需求来安排生产项目，调整产业、产品结构，

097

生产出符合市场需求的高科技含量、高附加值产品。农民可以从生产力提高中直接受益,并在生产力的作用下变革农村生产关系,扩大土地经营规模,增加农民规模经营收入。

然而,农业生产是自然再生产的过程,自然环境条件直接决定和影响农业生产经营效率和农产品的产量和质量,进而影响农民收入,这就导致了农业天然的弱质性,发展中国家和发达国家都是如此。一方面,由于我国幅员辽阔,各种自然灾害时有发生,加上农业基础设施相对薄弱,抗御自然灾害的能力较弱,突发的自然灾害对农业增产、农民增收的破坏性尤其严重。另一方面,我国农业生产仍是传统模式,农业产业化水平低。土地碎片化和小户分散经营阻碍现代生产工具和具有规模效应的农业基础设施的应用。大部分小农户自身力量薄弱,资金、技术等要素投入不足,产业链条短,仅仅停留在生产环节,深加工、储存、销售环节跟不上,并且单打独斗的小农户无法及时把握瞬息万变的市场信息,其所提供的农产品难以适应市场需求。在近期大宗农产品价格下跌因素的影响下,农业经营性收入增收空间进一步收窄。农业天生的弱质性和农业现代化发展不充分等因素导致了农业经营性收入无法作为农民持续增收的支撑点。

(二)乡村增收优势培育之需与乡村要素资源脱域失嵌之间的张力

农民城镇转移就业是改革开放以来我国农民增收的主渠道。2022年,工资性收入占农民总收入的41.96%,成为促进农民增收的关键支撑。但是,高昂的房价、不断攀升的生活成本和长期处于城镇底层的就业状态不仅阻碍了农民入城就业的步伐,而且还迫使一些外出打工的农民主动或被动地选择返乡就业。在农民工返乡就业创业常态化背景下,需要打破既往只注重促进农民转移就业的路径依赖,培育乡村增收优势以保障农民稳步增收。培育乡村增收优势就是把城镇优质要素引入乡村,并激发乡村各类要素的活力，因地制宜地通过产业升级、延伸和融合，盘活和整合乡村各类有形资产和无形资本，依托资源、生态、景观、文化等优势，形成产业亮点。通过资源外引和内挖相结合，促进乡村优势特色产业的成长，以有效的资源利用和产业增长为基础，吸纳农民就地创业和就业，为农民增收提供关键支撑。

产业、人才、资金、技术、信息、服务等要素是培育乡村增收优势的基础。20世纪90年代至今，受比较利益的驱动，农村要素源源不断地单向流入城市，导致村庄严重"贫血"。乡村振兴战略通过系列制度和政策创新，引导要素配置和资源条件向乡村倾斜集聚，促成了资源下乡的全面强化。在资源下乡的具体实践中，资源注入的刚性设计缺乏与乡村的弹性适配，在一定程度上造成资源下乡的供需失衡与乡土排斥。一方面，为保证资源的安全和使用效率，下乡资源都有明确的使用规定，其使用标准、规范和程序越具体，就越可能不切合乡村实际，越脱离农民的实际需求和偏好，越不容易得到农民的参与和配合。在严格要求下，资源落地使用不敢变通。为应对上级的督导检查，基层治理的目标演变为按照标准的流程和规范完成上级安排的任务，而不是因地制宜地服务于农民增收。另一方面，资源下乡实质上是现代产业在乡村的延伸，现代企业以市场竞争、合作和效率为核心的企业文化和绩效管理模式与农耕文明和熟人文化浸润的小农理性和道义经济存在较大的差异，容易导致"外来"资源与乡土社会的互动不畅，造成下乡资源被乡村所排斥。此外，一旦乡土社会熟人文化的作用超过政策法规的约束力，下乡资源还容易沦为"人情交易"的商品。

（三）农民内生动能激发之需与农民被动依赖之间的张力

农民增收固然与政策、资金、产业、技术和服务等外在支持条件相关，但根本上还要有赖于激发农民增收致富的内生动能。当前，各级党委和政府压紧压实责任，在全面推进乡村振兴进程中，持续加大对农村发展的支持力度，着力补齐农民增收的短板。在强有力的外部支持下，农民增收的内生动能就成为促进增收的关键性因素。乡村振兴的主体是农民，阵地在乡村。农民既是乡村振兴的受益者，也是重要动力来源。投身于乡村振兴促进农民增收的实践是农民基于美好生活需要的逐利行为，这不仅能够充分发挥农民最革命、最能动的作用，充分调动其智慧、知识和技能，而且能为农民带来更好的决策体验感和成果获得感，不断提升其综合素质，实现内生动能的增收优势转化。

内生动能的激发主要依靠农民主体的"在场"。由于农民基本是以家庭为单位从事农业生产，村集体经济支撑不足，这成为乡村公共事务和农民自治开展的阻碍。增收产业或项目入乡后，缺乏直接传达到农民的渠道，一些地方以干部意志代替农民意愿，使农民成为被动的配合者和接受者。不仅如此，部分农民看到国家对农村大量的项目和资金支持，尤其是见证了政府主导下的巨大脱贫成就，产生政府会继续包揽增收的认识，形成被动依赖的心理。农民主体性缺失制约了其内生动能的发挥，抑制了他们努力增收创造美好生活的热情。

二、三维构架：乡村振兴促进农民增收的运行过程

农民增收是"三农"发展中一个长期累积性问题，一直广受关注。早在20世纪30年代，梁漱溟就将其归结为"一个政治问题"，并申言"中国经济上所以无办法，已实为政治上的无办法"。当下，适应农民增收形势的严峻性、增收制约因素的复杂化，中国共产党以乡村振兴为抓手，以强大的动员力和组织力为保障，能够做到"政治上有办法"。乡

村振兴形塑了新时代促进农民增收的现实样态，在促进农民增收的过程中形成国家-乡村-农民同行联动关系，表现为"聚势能—释效能—育动能"的逻辑理路。具体来说，在国家宏观层面，体现"党领政行"，通过制定乡村振兴战略，来凝聚促进农民增收的政治势能，即推动乡村振兴政策执行向着符合突破增收瓶颈、促进农民增收的预期演变；在乡村中观层面，以政治势能推动各种要素资源嵌入乡村，通过结构嵌入、认知嵌入和文化嵌入三个路径重构乡村增收场域，从而生成促进农民增收的治理效能；在农民群体的微观层面，通过村社组织振兴对农民赋权增能，坚持农民的主体地位，激发农民增收的内生动力。

（一）国家在场：凝聚高位推动的政治势能

农民增收瓶颈制约关涉农业产业特点、农村要素资源和农民内生动力等多方面。增收瓶颈的重叠交织和时空累积使增收困局以动态变化的方式维持着连续性，这表明相机而行的碎片化治理难以奏效，必须发挥"国家在场"的综合治理功能。通过乡村振兴国家战略的政治动员、制度和政策创新、利益协调等手段形成"党领政行"的政治势能以持续推动农民收入增长，这一方式显示国家力量在农民增收中的在场。"势能"原本是物理学名词，指的是由于位置或位形而具有的能量。近年来，"势能"被运用到政治学领域形成"政治势能"的概念来解释中国特色国家体制在应对经济社会发展问题中所采取的高位推动公共政策执行的政治行为。将经济社会发展中需要解决的问题纳入国家战略是政治势能生成的重要机制，也是社会治理国家在场的鲜明特征。消除农村绝对贫困只是完成了底线任务，以乡村振兴战略的深入实施来促进农民持续增收则是全面推进农民农村共同富裕的重点任务。

针对农村绝对贫困解决之后的农民增收难题，党和国家能够做到

"政治上有办法",一个重要的方式就是以顶层设计为切入点,通过自上而下的方式,在实施乡村振兴战略中凝聚势能。习近平总书记高度重视农民增收,多次作出重要指示。党中央和国务院密集发布政策文件,把提升农业生产效率、培育乡村增收优势、焕发农民内生动力等促进农民增收的制度和政策措施纳入乡村振兴战略的总体设计中,其目的在于统一认识、自上而下传递政治意图及促进增收任务的分工与协调。国家通过层层动员和部署对地方形成了强大的势能压力,使促进农民增收问题被提升到关乎"政治正确"的层面,对地方政府官员的政绩考核和升迁产生重要影响,地方政府的"政治性"被充分调动,逐级召开专项会议传达学习文件精神,并结合地方实际对执行规定和激励机制进行细化,开展有针对性的增收"创制活动"以响应上级的指示和号召。在上述政治势能的形成与传递过程中,从中央到地方的乡村振兴组织架构及省、市、县、乡、村五级书记抓乡村振兴的推进机制是有效推动农民增收的重要抓手,形成了"党政同责、上下统筹"的工作格局,不仅克服了农民增收治理的"碎片化"积弊,而且强化了农民增收在乡村振兴治理事务中的中心位置。

(二)外源嵌入:释放乡土社会的治理效能

从经济意义上看,乡村作为以地缘和业缘关系为基础的经济单元,是农民增收的核心场域。农民增收瓶颈制约的关键因素是乡村场域各种发展资源要素的稀缺和运用失当,其实质是资源要素供给与治理能力的张力。在乡土社会"过疏化"和"原子化"情形下,乡村组织信任面临流失、本地参与面临道德风险、资源和要素内生面临梗阻,这需要借助外源性力量重塑空巢化乡村场域的增收条件和功能,释放乡村增收治理效能。如此,政治势能作为乡村振兴促进农民增收的根本动力的实质在于如何动员资源下沉乡村以实现乡村增收的持续再生产。在乡村振兴战略纵深推进所凝聚的强大政治势能推动下，面向农民增收的外源下乡已经常态化，主要表现为政府、社会和企业对乡村输入增收项目和产业，而输入的增收外源作为促进农民收入乡村内源式增长的必要条件，并非是同具体社会情景分割的因子，而是要实时嵌入乡土社会关系和社会结构之中。

外源嵌入是指各种资源要素配套以增收项目和增收产业的形式到乡土社会"扎根"，从而推动乡村构建现代产业体系、生产体系和经营体系以促进农民增收的过程，包含结构嵌入、认知嵌入和文化嵌入三个路径。首先，以结构嵌入打破乡村的熟人秩序，政府以结构嵌入置身于乡土社会网络中，破除由宗族势力和人情交往导致的关系壁垒和分利困境，规避公共资源的私人占有，使国家高标供给的增收资源惠及尽可能多农民，增强农民的获得感，从而形成稳定的增收激励机制。其次，以认知嵌入提升促进农民增收的措施与乡村的适配度，提高增收治理效率。由于"外来性"的影响，政府与农民之间存在双向信息不对称的情况。政府部门对村庄的特点、农民的需求偏好和经营能力缺乏充分的了解，而农民对政府所采取增收措施的目标、配套资源、实施程序等信息往往也是知之甚少，信息不对称导致政府和农民对彼此行为的预期不尽相同，进而造成政府与农民的增收合作不畅。通过认知嵌入达成政府与农民间的对策性信息交流，把政府促进农民增收的意图、方法措施向农民传达，强化农民的认同感，同时在增收措施的制定中也充分考虑到村庄的多样性、差异性和农民的需求点，柔化政策措施的刚性，推动形成促进增收的乡土合作，抵消"外来性"。最后，以文化嵌入使下乡的项目和产业在利润最大化的目标之下内含人情关系最大化的逻辑，实现现代市场经济规则与乡土社会规则和小农理性之间的平衡，赋予下乡项目和产业"乡土性"来破解下乡项目产业"落地"不"扎根"的困境。当乡土文化融入项目和产业,同时项目和产业又使之产生了与之相配套的新乡土文化后,下乡项目和产业就获得了持续的动力,而不再仅仅是一个孤立的"项目"或"产业",从而持续发挥带动农民增收的作用。

(三)组织振兴:培育农民主体的内生动能

凭借外源嵌入,打破乡土社会经济低水平均衡的循环,在短时间内得以释放乡村的增收治理效能,但从长远看,这种增收治理效能的维系还需要农民的内生动能来支撑。以产业配套的基础设施建设为例,这类基础设施往往使用与维护一体,政府投资建成后,在管养上需要进一步吸纳农民参与。农民增收需要外源力量与内生动能同构,乡村振兴战略中一系列助农、惠农和兴农政策的出台都是意图增进农民福祉,但千头万绪最终还需要农民的自主性实践。乡土社会在外源力量的不断形塑下获得增收治理效能也是一个系统性过程,无论是建设公共基础设施支撑增收,还是发展乡村产业带动增收,抑或完善公共服务保障增收,都不是农民个体所能够承担的。然而,农民的去组织化恰恰是当前我国农村发展中的一个突出问题。农民去组织化的一个突出后果是内生动能的弱化。分散的农民缺少与其他利益主体进行谈判的能力,利益容易受损,村庄的增收治理就不容易得到农民的响应参与,甚至受到农民的抵制,不利于农民内生动能的激发。在村庄农民集体失语,游离于村庄发展之外的情形下,下乡资源越多,农民就越有被排斥和边缘化的风险,极易导致"资源消解自治"的村治困境。

党和政府洞察到乡村振兴中出现的"乡村运动而农民不动"的悖论现象是源于对农民的组织和动员的缺位。因此,近几年党和政府在统筹整合各类增收资源下沉农村的同时,注重通过农村基层党组织领导创办合作社的实践机制实现农民的组织化。村社组织建设是培育农民内生动能的有效路径。首先,村社组织为培育农民内生动能提供了组织工具。村社组织对外能够凭借其组织谈判力在一定程度上克服农民个体的参与困境,有效对接外来资本,维护农民的利益;对内能够发挥整合作用,凝聚村社内部分散的农户,形成具有市场竞争力和抗风险能力的产业规模经营,维护了农民的经营利益。同时,农民的需求和愿望能够通过村社组织及时传递给基层政府,保障了农民的话语权。村社组织对农民利益的维护和对农民意愿的尊重,增进了农民对增收治理和建设的参与感和责任感,从而激发了农民的内生动能。其次,村社组织为培育农民内生动能提供了组织载体。村社组织是社会关系和经济关系同构的网络模式,即农民彼此交往的关系模式,因而可被视为一种角色分工的共同体。通过村社组织的带动壮大了村庄经济体量,投资、管理、服务的需求凸显,农民可以获得村庄产业项目投资者、村庄经济活动管理者和公共事务参与者等多样化的角色选择机会,而不仅仅是局限于打工者的角色。农民在村社组织中进行丰富化的角色实践,能激发其自我效能感,从而有了更多的动力参与增收建设与治理。不限于此,村社组织秉持共建共享的激励原则,也缓和了成员间的利益矛盾,建构了组织成员间的信任,推动了农民参与范围的延伸、参与程度的深化,农民对新角色的体验越发深刻,进而强化了农民对村社组织的认同感和归属感,农民参与热情也不断提高,内生动能得到增强。最后,村社组织为培育农民内生动能提供了组织环境。内生动能的一个重要面向就是农民是否具备有效参与的知识技能。农民具有参与的知识技能不仅表现在能够建立拓展社会关系网络并从中汲取资源,而且表现在能够将先进技术运用于农业生产中,还表现在能够凭借新的技术、产业、业态和模式实现内外资源的深度整合,这都有助于使农民成为乡村振兴促增收的参与者和贡献者。村社组织为农民提供了交流和实践平台，随着农民之间互动的增加和共识的达成，进而形成一个以乡村振兴促增收为核心的实践共同体，农民之间可以相互共享信息，学习其他人的增收知识和技能，农民在经营决策、资源整合、新技术运用、生产管理、市场销售等方面的能力得到很好的锻炼，重新回归增收建设和治理参与主体的角色。

三、三链同构：基于乡村振兴促进农民增收过程框架的行动策略

"政治势能-治理效能-内生动能"的框架对乡村振兴促进农民增收的内在逻辑和作用过程作出了界定性分析。但乡村振兴促进农民增收的实效和水平则是在行动策略中凸显，故而，尚需解决过程框架层面上的行动策略设计问题。基于乡村振兴促进农民增收的过程，为了实现农民持续增收，就需要针对国家、乡村和农民组织三个层面进行组合发力：国家构建政策链、乡村完善产业链、农民村社组织优化利益链，发挥"三链同构"的整合效应，使乡村振兴促进农民增收实现可持续发展。

（一）以政策链构建推动政治势能的传递

乡村振兴的全面实施意味着"三农"发展进入了转型升级的历史阶段，农民增收在这一背景转换中面临着更多的机遇和挑战，需要以超常之力去实现。政治势能必然成为乡村振兴促进农民增收的关键性驱动力和引领力，主要体现在政策支持和引导上。一方面，政治势能作为一种政治信号虽然能够以"讲政治"为触媒对乡村振兴促进农民增收的落地变现发挥作用，但从运行过程看，不同位阶的政策文本蕴含的政治势能强弱不同，一般而言，政策文本位阶越高，其政治势能越强，越是追求

内容宏观、立意深远，对如何因地制宜地进行技术性和专业性的具体操作，往往不会详细展开，如果没有进一步的具体政策跟进，就会导致势能在传导过程中耗散和消弭。另一方面，如果只注重高政治势能的政策文本的制定，会在一定程度上造成忽视或替代常规化、制度化的建设，导致治标不治本，难以对农民增收产生持续性的促进效应。一旦高政治势能的政策产生极化效应，体制内原有的"唯权是瞻"现象也会随之极化，进而出现因"坐等上令"而延搁要务的现象。循此，政治势能并非抽象的存在，而是通过政策蓄积和传导，将促进农民增收的战略要求投射到乡村振兴的政策过程，形成彼此关联、相互促进、协调统一的政策链，政策更具周延性和合理性，对于传递政治势能尤为重要。

政策链承载着政治势能的状态和容量，既是政治势能得以集聚的物质依托，也是政治势能传递的现实载体。从政治势能承载和传递的角度看，乡村振兴促进农民增收政策链应由总体战略规划、基本政策和具体政策三部分组成。总体战略是从实施乡村振兴战略出发制定的农民增收的总体规划和蓝图，是把握乡村振兴促进农民增收发展方向的纲领性政策，它在政策链结构中处于顶端，决定了其在乡村振兴促进农民增收的政策体系中的关键地位，应该在明确促进农民增收是乡村振兴中心任务的基础上，进一步制定相应的发展目标、发展重点和保障措施。基本政策是乡村振兴某一领域的增收总政策，在其领域内对农民增收起着基本的指导作用，支撑着具体增收政策的实施。基本政策有利于科学分解任务，使政治势能科学精准地落位。乡村振兴促进农民增收的基本政策应该立足产业振兴、人才振兴、文化振兴、生态振兴、组织振兴五大领域，制定各领域的增收政策，这些基本政策排在同一位阶，相互关联。具体政策是在基本政策领域中付诸行动的执行政策。政治势能最终要进入地方治理层，具体政策使政治势能变现，在一定程度上避免了政治势能的高开低落。在产业增收方面，要以现代农业的发展为指向，以推动农村一二三产业融合为核心，因地制宜制定发展乡村现代产业拓宽农民增收渠道的政策；在人才增收方面，既要制定外引人才带动增收的政策，也要形成依托"田秀才""土专家""致富带头人"等乡村人才带动农民增收的政策供给；在文化增收方面，要通过乡村文化建设对农民增收进行政策支持；在生态增收方面，要制定生态补偿惠农政策和生态资源、生态产品增收政策等；在组织增收方面，要重点针对壮大乡村新型集体经济组织，构建利益联结机制制定相应的政策。总之，将政治势能融入乡村振兴促进农民增收的政策链中，通过政策链的运作，使政治势能不断凝聚与变现，切实促进农民增收。随着时间的积淀，一些促进农民增收的因素和经验也会被总结提炼进入乡村振兴治理体系的内涵和要求之中，强化政治势能持续地促进农民增收。

（二）以产业链完善强化治理效能的发挥

乡村发展要素的流失使其无法依靠自有资源主导农民增收，并且相对封闭的经济循环系统使乡村缺乏将生活性资源转化为生产性资源的动力和途径，乡村自身也难以具备促进农民增收的功能。政治势能通过政策链对乡村进行要素输送的目的并不是将要素资源注入乡村而放任自流，而是要释放乡村的增收治理效能，主要表现就是通过增收项目和产业下乡的方式将外部资金、人才、技术、信息等资源要素注入乡村，使它们与乡村多元主体提供的异质性要素有效对接，形成产业链，并在外来要素资源和乡村内部要素的互构和适配中增强产业链的韧性和竞争力，使乡村具备促进农民增收的条件和能力。建设乡村产业链不仅是乡村增收治理效能生成的根本保障，更是乡村增收治理效能源源不断发挥的重要途径。通过产业链完善，强化乡村增收治理效能的发挥，主要是针对农民增收的痛点、卡点和堵点，以延链、拓链、强链为重点，发掘乡村新的增收功能和价值，培育乡村新的增收产业和业态，把农户组织到产业链上，带动农民增收。

乡村的增收治理效能通过纵向延链和横向拓链得以发挥。一方面，纵向延伸乡村产业链。将原来相互割裂的农业生产经营环节串接起来，形成集生产、加工、销售、服务于一体的新业态。产业链纵向延伸不仅将资源配置由市场化转为内部化，降低了交易成本，而且深加工能够提高农产品附加值，增加农民的经营性收入。另一方面，横向拓展乡村产业链。通过"农业+旅游""农业+教育""农业+康养"，挖掘乡村新的增收功能和价值。产业链的横向拓展，增加了农家乐、民宿村、采摘园等经营方式，从而增加了农民家庭经营收入。乡村产业链不论是纵向延伸还是横向拓展都增加了新的工作岗位，可以吸纳农民就业，这不仅意味着农民将获得工资性收入，而且还能由于农民转移就业所产生的集约效益间接地提升农民家庭经营收入。不仅如此，乡村产业链的延伸和拓展都强化了对农村土地流转和金融发展的期待，倒逼农村地价上涨和金融活跃，成为农民财产性收入增加的直接因素。

持续发挥乡村的增收治理效能还需要对乡村产业链进行"内向"强链，即推动乡村产业链自身的提档升级，提升产业链的质效。一方面，对产业链进行数字化转型升级，不断拓展智慧化应用场景，建设智慧农、林、牧、渔场，开展育苗、土壤监测、气象预警、灌溉施肥等环节的智能化应用，提高生产效率和产品质量，实现丰产增收。借助数字技术可以构建高效的流通机制，形成了产品的线上销售渠道，让产品打开销路，促进农民增收。许多农民通过直播、短视频等新型数字化商业模式，实现了收入的大幅度增长。另一方面，实施产业链的标准化运作，建设标准化生产基地，实现产品选择、质量控制、客户服务、仓储物流等方面的标准化管理，培育绿色有机优质农产品，加强质量安全监管体系建设，不断提升农产品质量安全水平。产业链标准化运作便于农民掌握现代经营方法和模式，提高了农民的生产经营水平，促进农民经营增收。

（三）以利益链优化巩固内生动能的维系

如前文所述，在农民组织化不足的背景下，小农户对接资源、技术和市场的能力低下，其增收的内生动能也必然走向式微，培育农民增收的内生动能需要依托村社组织提供的工具、载体和环境。但这并不意味着农民增收的内生动能可以在村社组织环境中自然而然地产生和维系。如果缺乏合理的联农带农利益链，大多数农民不能通过村社组织而获得合理的经济回报，农民增收的内生动能就难以被激发出来，更无法巩固。联农带农的利益链是指村社组织通过其生产经营活动直接或间接带动农民受益的关系链条。村社组织将党组织的政治引领、集体经济的抱团发展和农民利益保护等要素有机融合，按照自愿互助、平等互利的原则把分散的农民组织起来，满足了农民对现代社会化服务和流通体系的需要，架起了小农户对接大市场的桥梁。但是，村社组织的发展目前仍处于初级阶段，联农带农的利益联结关系还存在着许多缺陷，大多数村社组织对农民的服务主要集中在农资供应、信息发布、市场销售和技术指导等方面，虽然这种利益联结方式在一定程度上也能保证农民增收的持续性，但农民没有参与村社组织的经营管理，没有从村社组织的留存收益中获利，这种利益联结链也不稳定。由于联动带农的利益链存在不足，在一定程度上降低了农民参与其中增产增收的主动性和积极性。受村社组织培育和维系农民增收内生动能的治理目标的驱动，优化联农带农利益链需要围绕建立合理的农民利益共享机制展开，而非仅仅依靠村社组织收购农产品来获得收入，这样才能维系农民的内生动能，使农民与村社组织齐心协力共同扩大增收。当前，乡村集体经济组织和合作社是村社组织中最主要的组织形式，优化联农带农的利益链重点应该针对集体经济组织和合作社进行。

乡村集体经济组织作为农村社区成员共同所有、共同劳动、共同享有劳动成果的村社组织，在保持集体所有权不变的前提下，原则上应该以个人股为主将资产全部量化到农民身上，通过资产量化和股权确认，农民可以按相关股份比例获得分配收益，从而有效调动农民参与集体资产管理的积极性，彻底激发增收的内生动能。如果需要设立集体股，集体股所占比例由村集体经济组织成员大会讨论决定，原则上不应超过30%，集体股设置主要为了保障村集体组织正常运转、缴纳税费、社会保障支出和必要的公益支出。例如，在一些集体经济比较发达的乡村，村集体会统一负责缴纳全村水电费，提供免费幼儿教育、养老服务等。这样就以村集体经济为核心提升了村庄凝聚力，使农民看到了增收致富的希望和奔头。同时，在基层党组织的推动下，村集体经济组织牵头成立土地合作社，引导农民将土地委托给村集体经济组织进行统一流转，这能够最大限度提高农民在与工商企业谈判中的地位，保护农民的土地租金收益，提高农民参与土地流转增收的动力。

农村合作社作为一种以利益为纽带自愿联合的互惠互利的村社组织，应该合理设置股份结构，以土地折价入股和资金入股的方式使农民社员在其内部占有绝大多数股份，并对社员认购股金的最高额限作出规定，以防止少数人利用资本力量控制合作社业务活动，使合作社偏离为农民社员提供服务的轨道。以产权为基础，采取惠顾返利和按股权分红相结合的利益分配原则。可以通过统一购买农资，优惠让利、保护价收购，收购让利、统一销售，结算返利等形式对社员按惠顾额进行返利。农民社员可凭惠顾额取得返利，同时还可以按股份取得分红。

通过建立合理的农民利益共享机制，使农村集体经济组织和农民合作社等村社组织联农带农的利益链得以优化，村社组织的合作更加稳固，广大农民依靠村社组织来提高市场竞争力，维护自身利益，进而在组织合作带来的惠利中获得了更高的增收主动性与能动性，增收成为他们自觉持久的行动。

四、结论与政策含义

当下农民增收的"应然需要"与客观上的"实然状况"之间存在较大的张力，正是这种张力使农民增收成为新时代新征程深入实施乡村振兴战略必须解决的现实焦点问题。农民增收既关系到实现共同富裕，也事关农村经济社会持续稳定发展的全局。党和政府通过乡村振兴战略的顶层设计使农民增收获得了高层权威的背书，被赋予了强大的政治势能。在政治势能的强力作用下，政策红利驱动外部要素资源以增收产业或项目的形式扎根乡村，以产业化、市场化和数字化的标准对乡村传统生产体系和经营方式进行改造，创新农业生产方式，发展规模化经营、社会化服务，从而不断释放乡村增收的治理效能，进而生成农民内生动能培育的空间；充满活力和富有增收治理效能的乡村具备了农民增收的条件和保障，为农民带来了增收的希望和动力，激发了他们对自身"增收利益主体"身份的认同，带动了他们投身乡村建设和发展、努力增产增收的主动性、积极性和创造性。而通过村社组织振兴培育农民内生动能反过来也为乡村增收治理效能不断释放提供了持久的基础。质言之，基于"政治势能-治理效能-内生动能"的分析框架，可以演绎出农民增收在新时代新征程乡村振兴背景下的基本逻辑，对这一逻辑展开研究不仅可为丰富乡村振兴和农民增收的理论提供学理支撑，也可成为考量当下乡村振兴状况的一个分析框架。

分析乡村振兴促进农民增收的逻辑理路具有三个方面的政策含义：一是就国家层面而言，乡村振兴促进农民增收需要政府畅通的政策传递和精准的政策着力，这就需要运用"以党领政"方式将高层凝聚的政治势能进行科层传递以加强各部门、各层级政策制定主体的协调联动力度，使乡村振兴促进农民增收的总体政策、基本政策和具体政策衔接配套，提高政策内容聚焦的精准度和政策传递的效果。二是就乡村层面而言，要通过深化改革盘活乡村存量资源，使乡村有条件、有能力吸收外部资源要素下乡的红利。同时，增收项目和产业下乡要注意"入乡随俗"以获得"本土性"，并要充分考虑村情村况，着眼于满足农民生产生活和长远生计保障需要，补齐乡村发展短板，切实防止下乡增收项目和产业因流于打造样板和亮点而陷入"悬浮"的困境。三是就农民层面而言，农民是乡村振兴促进农民增收的中坚力量，不能忽视发挥农民参与的主体作用，必须以提高农民组织化水平为基础，重视构建合理有效的联农带农利益链条来放大农民的产业增值收益，在乡村振兴的实践场域中开拓出农民增收内生动能的培育之径。

本文为国家社会科学基金项目"乡村振兴战略赋能农民持续增收的机制构建研究"（22BKS142）。刊登于《中州学刊》2024年第1期。

以深化改革推动高标准农田高质量建设

谢善智　东南大学中国特色社会主义发展研究院

建设高标准农田是保障国家粮食安全的重大战略举措，也是促进乡村振兴、实现农业现代化的重要前提和基础。因此，党的二十大作出了逐步把永久基本农田全部建成高标准农田的战略部署。近年来，各地按照中央部署要求，在中央财政的支持下，大力推进高标准农田建设，截至2024年末，全国已累计建成超10亿亩高标准农田，为维护国家粮食安全和乡村振兴作出了极为重要的贡献。特别是江苏等省份地方投入大、过程管理严、建设标准高，综合效益更为突出和显著，尤其是与引导农民相对集中居住相结合而建成的千亩方、万亩片高标准农田，无人机空中飞舞，大农机地面穿梭，青苗期绿海随风荡漾，成熟时天际满眼金黄，这种充满现代化气息的田园风光，不仅能够极大地提振干部群众推进乡村振兴的信心和决心，也为各地推进农业信息化、智能化提供了无限的可能。在江苏各地有超过95%的农民和农村各类经营主体对高标准农田建设表示满意和非常满意。

在总体肯定成绩的同时，我们也应该正视存在的问题与不足：从总量看，全国已建成高标准农田面积仅占耕地总面积的52%，不到15.46亿亩永久基本农田的三分之二，加之还有许多已建成的高标准农田需要进一步改造提升，这项工作仍然是任重道远；从质量上看，全国各地和同一省市不同地区建成的高标准农田质量标准差距较大，甚至存在各种各样的严重问题。从近年来有关媒体公开报道和各级各地纪检监察机关通报的情况看，高标准农田建设中存在的问题不容忽视，必须深入分析其原因，采取十分精准的应对之策。主要集中在以下几个方面：一是基础设施工程使用年限不达标。少数刚建好几年的高标准农田，项目区内的灌溉沟渠、田间道路、小型桥涵等设施已遭到不同程度的损坏，达不到新修订《高标准农田建设通则》规定的"整体工程使用年限最低不少于15年"的要求。二是整体功能耦合协调性存在较大缺失。有农户和种粮大户反映：早期建成的高标准农田基础设施配套不到位，如有用于灌溉的防渗渠，却没有排涝沟渠，或者项目区外面没有排涝沟渠与之连通；田间路标准低、路面窄，有的还缺少"下田板"，大型农机上不了路、下不田；泵站房设置地点不当，灌溉用水不是顺流而下，而是需要逆势而上，末端地块很难上水。三是普遍没有采取地力保护和提升措施。许多地方在建设高标准农田过程中，普遍存在重视基础设施配套、轻视地力保护和提升现象，项目区基础设施建成后，基本没有进行土壤检测，没有实施地力提升措施，也没有指导种植户如何提升地力。在少数丘陵地区，在平整土地时，往往采取简单推平办法，耕作层由熟土变成生土，造成地力大幅下降。四是后续管护工作不到位甚至没有管护。"重建设、轻管护"较为普遍，许多地方甚至根本没有明确管护责任主体，造成"小洞无人补、大洞没钱补"，严重影响整体功能发挥，缩短工程设施的使用年限。

江苏高标准农田建设总体水平高，但也不同程度地存在上述问题，如2023年央视3·15晚会曝光的滨海县高标准农田建设中存在偷工减料等问题，必须认真查找问题、分析原因、采取对策。深入分析高标准农田建设中存在的各种问题，不难发现现行项目咨询管理方式不适应高标准农田建设要求是主因，也就是说，现行项目咨询管理方式的单一性、分割性、分散性与高标准农田建设功能要求的综合性、整体性、系统性与之间的矛盾，是造成部分高标准农田项目不达标、少数群众不满意最为主要的原因。高标准农田建设，单纯从工程技术要求讲，无论是桥涵路渠，还是灌排泵站，都不需要很高的建造技术，但需要整体上统筹，让不同设施之间功能相互耦合，发挥出工程综合性效能，同时还要有前瞻性，能满足未来农业农村现代化发展需求。这就需要从立项开始进行系统谋划、综合考量，需要进行全过程统筹指导。而现行的项目建设管理模式是：立项、招标、设计、建设、监理、运维等环节相互分割，看起来是各负其责、相互制约，实际上出现问题相互扯皮、无人负责，感觉各参建方都是"各有专长"，但综合在高标准农田建设上却是"个个外行"。更有一些参建方错误认为农田建设技术、经验要求低，思想上很不重视，现场勘探走马观花、方案设计图上绘图、施工队伍临时拼凑、监理人员不知农事，往往是各个环节只是偏差一点，各家都不追责，后果累积却会严重影响整体质量和功能。许多质量问题产生都是因为参建方"相对不专业"造成的，如没有考虑到不同土质特性，建在松散沙土地面防渗渠底部漏空塌陷，建在流沙层上农桥发生严重偏位，等等。还有些问题是因为现行项目管理方式环节过多、严重分割造成的，一个项目需要多次招标，本身就需要很长时间，加之常常要调查信访举报，有的甚至还需要重新招标，造成项目工期极为紧张，施工单位不得不抢时间、赶进度，有的防渗渠刚建好二三年就剥落，就是因为在冬天温度较低时施工造成的。2024年6月央视《焦点访谈》曝光的黑龙江省依安县新屯乡投资2400多万元的高标准农田设施变烂尾的问题，也充分说明现行的环节过多、严重分割项目咨询管理方式是不利于高效高质量推进高标准农田建设的。调研中还发现，在一些地方，作为负有属地管理责任的乡镇根本没有能力负责，而负有指导责任的县级农业农村部门根本没有时间和精力指导，实际上基本没有责任主体能够对项目建设全过程进行整体有效统筹。

因此，改革现行高标准农田咨询管理方式，显得非常必要和紧迫。建议借鉴国家发展改革委、住房和城乡建设部在房屋建筑和市政基础设施领域推进全过程工程咨询服务的做法，在高标准农田建设过程中试行和推广全过程咨询管理模式，即通过市场招标办法，选择一家综合咨询能力强、高标准农田建设项目管理经验丰富的企业，或者选择一家综合咨询能力相对较强的企业牵头联合其他机构组建联合体，全面负责高标准农田建设勘察、设计、造价、施工单位招标、竣工验收、运维等全过程咨询服务，把原来过多主体参与、各个环节过度分散分割的项目管理方式，改革为只有咨询服务和建设施工两个主体参与、责任十分集中明确的项目咨询管理方式，以契合高标准农田建设的综合性、整体性和系统性要求。在具体实施过程中，要重点把握好以下方面：一要建立可追究的责任体系。在项目立项阶段，要按照新修订的《高标准农田建设通则》，重点设置全过程咨询服务内容和处罚办法，明确整体工程使用年限必须达到15年的包干责任，即除重大自然灾害或人为破坏等应该免责情况外，凡是因设计或建设质量问题造成设施不能正常发挥作用的，明确由全过程咨询服务提供方负责在规定时间内修复并承担全部费用，并将此作为招标文件附件发布。为强化责任意识和便于以后可能发生的维修纠纷诉讼速裁，中标机构应该签订《履责承诺书》。二要科学合理设置准入条件。在招标定标阶段，要重点设置全过程咨询服务准入条件，规定投标单位必须有涵盖高标准农田建设全过程的比较强的综合咨询服务能力，特别是要针对高标准农田建设实际需要，重点突出农田建设项目设计、监理、地力提升等方面的能力与经验，设置得分、加分项、扣分项和一票否决项。可以实行评定分离，坚持好中选优。同时要设置企业成立年限、年纳税额等企业可持续发展能力指标，防止"游击队"和

"闪电"型企业进入,造成后期无法追责。三要严格规范咨询服务流程。在建设方案设计阶段,要重点规定必须认真开展现场勘察工作,在沟渠路走向、桥涵闸站点位安排及景观绿化等方面,要充分征求当地农民、经营主体和乡村干部意见。初步方案确定后要在项目区所在村部和田头显著位置公示,设计人员应到田头现场向当地农民、经营主体、乡村干部等详细介绍位置安排、规格标准、建筑外形等设计方案内容,再次征求意见,并邀请行业专家进行内部审计优化。四要注重地力保护和提升。在项目施工阶段,对于需要平整土地的地块,应监督施工方实施耕作层复原工序,严禁简单推平,把耕作层由熟土变成生土。建设工程完成后,必须进行土壤检测,并根据种植计划,提出并指导实施地力提升方案。同时,要会同项目区乡(镇街)、村共同制定设施管护方案,指导做好日常管护工作,确保整体功能长期有效发挥。

"取其精华、去其糟粕"
——对农村传统文化进行改造探究

袁启华　东南大学中国特色社会主义发展研究院、中国行政体制改革研究会
　　　　《行政改革内参》

习近平总书记指出:"我国农耕文明源远流长、博大精深,是中华优秀传统文化的根……要在实行自治和法治的同时,注重发挥好德治的作用,推动礼仪之邦、优秀传统文化和法治社会建设相辅相成。"[①]习近平总书记还多次强调要以社会主义核心价值观为引领,深入挖掘优秀传统农耕文化蕴含的思想观念、人文精神、道德规范,培育挖掘乡土文化人才,弘扬主旋律和社会正气。

乡村振兴是一项长期系统工程,涉及物质文明、精神文明和农村基层社会治理的方方面面,需要多主体全方位全链条的共同参与,而农村传统文化作为软实力的重要载体,在其中大有可为。但从当前的实际情况来看,农村传统文化在乡村振兴中发挥的作用不足,甚至一些农村传统文化中的糟粕死灰复燃,削弱了优秀乡村传统文化的正向价值,成为乡村振兴中的制约因素。对此,必须以守正创新的态度,积极主动地以优秀内容对农村传统文化进行改造,助力农村传统文化去其糟粕、取其精华,从而更好地发挥农村优秀传统文化的作用,为乡村振兴工作赋能。

---

①　习近平:《把乡村振兴战略作为新时代"三农"工作总抓手》,《求是》2019年第11期。

一、农村传统文化是一座"精神富矿"

2014年10月15日,习近平总书记在文艺工作座谈会上讲话强调:"中华优秀传统文化是中华民族的精神命脉,是涵养社会主义核心价值观的重要源泉,也是我们在世界文化激荡中站稳脚跟的坚实根基。增强文化自觉和文化自信,是坚定道路自信、理论自信、制度自信的题中应有之义。"

农村传统文化经过长期的历史积淀,逐步形成发展并流传下来,通常是一种约定俗成,并且带有明显的地域特征。所谓"十里不同音,百里不同俗",农村传统文化直接影响着当地百姓的思想与行为,甚至是一种村民默认的行为规范。优秀农村传统文化是中华传统文明中的一块"瑰宝",在历史长河中发挥过重要作用,在党的坚强领导和正确引导下,在乡村振兴的今天,也必将发挥更大的作用。而深入认识了解农村传统文化,做好传统文化改造工作,为农村传统文化注入新的时代内涵,是正确引导和发挥其作用的必由之路。

(一)农村传统文化是联结人心的桥梁

在乡村振兴过程中,农村的未来必然向着大农业发展,大规模农业、高科技农业、高附加值农业等现代农业都需要摒弃小农经济的方式方法和思想行为,从而实现农业农村现代化。我国农村处于一种稳定结构,乡邻一生甚至几代人生活在同一个地方,朝夕相处,形成了看不见又撕不开的情感与友谊纽带,乡音、乡情、乡亲融入生命之中。在广大农村地区,团结友善、邻里相助是一种传统美德,平时看似一盘散沙,需要时又会成为一股磅礴的力量。为此,要充分发挥农村传统文化联结人心的作用,凝心聚力,做到心往一处想、劲往一处使,集中力量发展大农业、建设大农村。如当年安徽省凤阳县小岗村的18户农民就是通过按手印的方式，实行了包产到户。改革开放后，许多村镇也是从一家一户小作坊开始，邻里之间相互影响、相互学习，围绕一个主业不断延伸配套和发展壮大，逐步形成颇具规模和影响的特色镇、特色村。这些来自农民自发的行为，就是农村传统文化联结人心的生动体现。

（二）农村传统文化主流提倡向善向美

1949年末，我国常住人口城镇化率只有10.64%。新中国成立以来，我国经历了世界历史上规模最大、速度最快的城镇化进程，《深入实施以人为本的新型城镇化战略五年行动计划》显示，我国常住人口城镇化率在2024年达到67%。即便如此，国家统计局截至2023年末的数据显示，我国乡村常住人口仍高达4.6亿。而从国土面积上看，我国的乡村面积为886万平方公里，约占国土总面积的92%。这些数据显示，农业农村农民在我国无论是过去、现在还是未来，都占据着非常重要的地位。对广大农村地区而言，虽然不同地域的传统文化在特色上有差异，但向善向美、重信守诺都是其中的主基调。优秀农村传统文化之所以能够经年而不衰，正是得益于这些向美向善内容的强力支撑。乡村振兴需要动员一切力量，各取所长，形成强大合力，因此，更要充分发挥农村传统文化中向善向美的作用，以德化人、以德养人、以德育人，为全面提升农村人口素质发挥独特的作用。

（三）农村传统文化有着强大动员能力

党在农村一切工作的中心都是为了人民，无论是前期的脱贫攻坚还是现在的乡村振兴，都是为了让全体农民共享改革发展成果。乡村振兴是一项浩大工程，需要全社会与农业农村相关的机构与个人共同努力，广大农民更是其中非常重要的力量。但是必须承认，现在农村社会一定程度上存在"散沙化"情况，农民呈现"原子化"状态，导致一些关系到全体农民的公共事务，往往会出现"干部干、百姓看"的情况，达不到预期效果。基层党员干部理应率领当地百姓脱贫致富奔小康，但因为各种利益纠葛，特别是有的村干部出于个人私利最大化的目的，不配合甚至阻碍农村改革措施的落实，如在涉及宅基地、土地流转等问题时，往往会阻力重重。面对农村中普遍存在的认识不同、利益分割、合力欠缺等问题，优秀农村传统文化则可在其中发挥独特的作用，以亲情、乡情动之以情、晓之以理，使村民们的认识得以统一、矛盾得以化解、问题得以解决、行动得以坚决。

（四）农村传统文化具备自我进化功能

传统文化并非一成不变，而会随着社会的进步和时代的变迁而不断进化。农村传统文化经过漫长的历史而逐渐形成，也会受经济社会和文化影响而不断发展变化，通过不断汲取时代文化营养，丰富自我进化功能。改革开放以来，我国广大农村地区打破了固化的城乡二元结构，农民不再被限定在土地上，而开始了广泛的人员流动，目前我国有2亿多农民离土离乡，在城市里工作和生活，还有很多人已经成为新市民。特别是党的十八大以来，随着打赢农村脱贫攻坚战，又接续开展伟大的乡村振兴，给广大农村的面貌带来了翻天覆地的变化。这些变化都为农村传统文化提供了充足的养分，促进农村传统文化不断自我进化、自我净化。在这一进程中，落后的、腐朽的传统文化糟粕必将被慢慢淘汰，先进的、优秀的文化因为与人民群众追求美好生活的愿望相一致，而被慢慢吸纳融入传统文化之中，成为农村传统文化中新的优秀基因而存续下来。

（五）农村传统文化能够提升乡村治理能力

农村基层社会治理是国家治理的重要内容，农村社会治理现代化是国家治理体系和治理能力现代化的内在要求。党的十九大报告要求，"加强农村基层基础工作，健全自治、法治、德治相结合的乡村治理体系"。我国农村地域辽阔、人口众多、结构复杂、利益交织，仅靠单一力量无法有效处理农村的复杂问题。农村社会治理中要求"三治"融合，就是要充分发挥自治、法治、德治所长，夯实自治基础、强化法治保障、着力德治引领，从而汇聚起乡风文明建设的强大合力，形成共建共治共享的基层社会格局，充分激发农村社会的发展活力。只有"三治"相互融合、相互补位、相互提升，才能真正实现"1+1+1>3"的效果。总之，自治考验着农村的整体人口素质，法治面对很多并不触犯法律的行为往往有心无力，而优秀农村传统文化中包含着丰富的德治内容，特别是其所独有的柔性特点和周围人群的共同遵循，可以做到以德服人，以润物细无声的方式使人们将德治教育内化于心、外化于行。

二、弘扬农村传统文化面临的难点问题

2016年5月17日，习近平总书记在哲学社会科学工作座谈会上讲话指出："中华文明延续着我们国家和民族的精神血脉，既需要薪火相传、代代守护，也需要与时俱进、推陈出新。要加强对中华优秀传统文化的挖掘和阐发，使中华民族最基本的文化基因与当代文化相适应、与现代社会相协调，把跨越时空、超越国界、富有永恒魅力、具有当代价值的文化精神弘扬起来。"

在农村传统文化传承过程中，一要用先进文化去荡涤农村传统文化

中的糟粕，而不是一味地全盘继承、泥沙俱下。二要挖掘培养优秀农村传统文化的传承人，不但要承担起传承优秀农村传统文化的历史重任，还要以农民喜闻乐见的方式加以广泛宣传，最大限度发挥优秀农村传统文化的社会价值。当前，广大中西部农村地区有文化的中青年大量外出，村里以"三留"（留守老人、留守儿童、留守妇女）人员为主，造成村庄"空心化"；而东南省份经济发达地区的农村外来人员聚集，通常是本地人口的数倍。这两种情况都导致赖以稳定人口结构下的农村传统文化受到很大冲击。如何在基层党组织的坚强领导下，既弘扬农村传统文化的正向作用，又剔除其中的糟粕内容，成为不容回避的难点问题。

（一）农村传统文化软散，糟粕掺杂其中

我国上千年来都是一个典型的农业社会，由于历史原因，农村传统文化在形成过程中虽然有很多文明向善的优秀内容，也不可避免地存在诸如封建迷信等文化糟粕，有些恶俗甚至有愈演愈烈之势。特别是近些年来，随着农村经济有了根本性好转，农民手里的钱多了，各种铺张浪费的奢靡攀比之风也兴盛起来。如农村婚嫁的彩礼越来越高，严重破坏了农村秩序，恶化了农村文化环境。更有甚者，一些有害价值观也大行其道，村民之间"帮亲不帮理、帮亲不帮法"，哪怕受到公安机关多次打击后仍不思悔改。凡此种种，对弘扬社会正能量，加强基层乡村社会治理和乡村振兴大业造成了严重危害。

（二）弘扬农村传统文化缺乏领头人和认可度

农村传统文化具有鲜明的地域色彩，不同地域有着不同的农村传统文化，但都有着深厚的历史积淀，约定俗成是其重要特征。不过，过去

农村传统文化的传承主要倚仗宗族里德高望重之人，不但是传播者，同时也是维护者和解释者，并且代代相传。改革开放以来，原来农村的一些能人和有文化的人离开家乡去城市创业、求学、就业，乡贤能人的流失，使农村传统文化的作用日益淡化，一些优秀传统文化可能因为人才离土离乡而出现断层甚至失传。而在农村"三留"人员中，留守老人往往因为因循守旧，对农村传统文化中的优秀内容和封建糟粕全盘照搬照抄，从而导致失去权威性；在外发展的人又因为接触了新知识，开拓了新眼界，慢慢对家乡的农村传统文化失去认可度，往往容易彻底摒弃农村传统文化。传播者和受众双向缺失，使一些地方的农村传统文化陷入消亡困境。

（三）容易成为农村宗亲势力借力扩张的手段

我国农村在自然形成过程中，一个村庄通常以一个或几个大姓为主，人员极少流动，宗亲特征明显。即便经过40多年的改革开放，城乡二元结构被不断打破，目前绝大多数城市的户籍已经放开，人员可以自由流动，但宗亲的根还在，宗亲的土壤还在。一些村庄借农村传统文化中的糟粕进行宗姓和利益捆绑，大肆进行宗亲势力扩张。长久以来，农村传统文化孕育了个体行为服从宗族利益的行为规范，尤其是在宗族势力强大的地区，宗族具有极强的整合力和号召力，只要宗族带头人作出决定，宗姓族人就有为本宗族利益团结斗争的义务。过去在很多农村地区都有过周边几个村庄不同宗族之间因为利益之争，发生械斗的恶性事件。随着城镇化进程的推进，城中村、城郊的土地资源急剧升值，也在一定程度上刺激和"盘活"了宗族势力。此外，在农村基层发展党员和基层村两委选举中，往往都能看到宗亲势力的影响，个别村庄甚至慢慢异化为农村黑恶势力。

（四）赌博等行为成为农村传统文化中的"毒瘤"

农村地区的赌博活动具有几点明显特征：一是赌博问题节点化。特别是农闲时节、春节前后及政府发放助农类津补贴期间，多为赌博活动的"抬头期"和高发期。二是赌博窝点流动化。组织者主要选择偏僻废弃厂房、临时帐篷等为赌博窝点，不仅位置偏僻、道路复杂，而且便于参赌人员逃脱、转移和隐藏。三是犯罪组织职业化。随着公安机关打击力度的持续加强，赌博活动组织者的警惕性、反侦查手段、反打击经验也随之提高，除经常变更赌博地点和时间外，还会在赌场外围、必经路口甚至公安局门口安排"哨兵"，一有风吹草动就通风报信。赌博组织者利用有些人不劳而获的心理，引诱人们参赌聚赌。而在农村地区有很多人并不把赌博当成违法行为，认为只是一种娱乐形式，结果不但消磨了通过奋斗去追求美好生活的意志，还可能因为赌博引发家庭纠纷，让好不容易实现的脱贫成果得而复失，重新返贫致贫，甚至引发偷盗、诈骗、抢劫等违法犯罪行为。赌博行为已经成为侵蚀农村传统文化的"毒瘤"，虽然治理难度很大，但必须放在赌博危害乡村振兴的高度，整合多方力量加以严厉打击。

（五）宗教势力有所抬头对农村传统文化形成侵蚀

由于经济的快速发展和社会的不断转型，大量新事物、新观念、新文化不断涌入，让人应接不暇，甚至来不及进行价值判断和取舍。由于一些农村基层党组织涣散，对农民缺乏必需的关心与帮助，一些村民在遇到重大疾病和特殊困难时，心灵缺少慰藉，各种宗教势力便借机发展，导致一些农村地区信奉宗教的人数增长较快，对农村传统文化形成了明显侵蚀。调查表明，越是经济发展落后、基层党组织软弱无力、困难群众容易因病因灾致贫返贫的地方，宗教势力就越容易趁虚而入，发展教众就越快，影响就越大。此外，由于民族问题比较敏感，一些基层干部的政治觉悟、政策水平、工作能力欠缺，对宗教问题不愿管、不敢管，个别农村地区的宗教势力已经对农村基层建设、社会稳定和乡村振兴事业带来不良影响。

三、弘扬农村传统文化，取其精华、去其糟粕的对策建议

2020年9月22日，习近平总书记在教育文化卫生体育领域专家代表座谈会上讲话指出："要坚定文化自信，推动中华优秀传统文化创造性转化、创新性发展，继承革命文化，发展社会主义先进文化，不断铸就中华文化新辉煌，建设社会主义文化强国。"

农村传统文化是一种软实力，要发挥农村传统文化在乡村振兴中的作用，就要通过多种方式方法，让软实力硬起来。更重要的是取其精华、去其糟粕，对照乡村振兴的现实需求，对农村传统文化进行与时俱进的改造，实现从"农村传统文化"向"优秀农村传统文化"转变。在具体操作上：一是对标我国有关农村文化建设的要求和乡村振兴大业的需要，有针对性地吐故纳新。二是以开放包容的心态，吸纳其他地区优秀的农村传统文化，做到相互借鉴、取长补短、融合发展。三是要将优秀农村传统文化以村规民约的形式固定下来，使其具体化，有可操作性，同时加强日常宣讲普及，使村民能够烂熟于胸。

（一）以党建引领弘扬农村传统文化工作

弘扬优秀农村传统文化离不开各级地方党委政府的坚强领导，农业农村局、文旅局等部门要当成主业主责来抓，农村基层党组织更要发挥

坚强堡垒作用，多方力量同向发力，最大限度弘扬优秀农村传统文化，展示其强大生命力和影响力。农村传统文化是一种软实力，能起到入脑入心、润物细无声的效果，农村基层党组织不但要加以重视，更要积极进行正确引导，发挥其正向作用。笔者发现，在江苏的一些经济发达乡镇，党委政府部门和村两委班子在发展经济的同时，不忘弘扬本地优秀农村传统文化，起到了非常好的效果。例如，常州市西夏墅镇东南村是全国闻名的稻米产区，"东南"牌大米享誉全国。村里专门建设了一座稻米展馆，从稻米在我国生产的历史到如今稻米之乡的现实，从古代农耕文化与现代农业科技都展现其中，不但增加了村民对本地乡村传统文化的全方位了解，增强了自豪感，同时还接待大量游客，实现农旅融合，将优秀传统乡村文化向外界广泛传播。又如，盐城市大丰区恒北村委会专门打造了一个以非遗加文创为主题的文化生态休闲旅游区——恒北文创街景区，邀请众多获得国家和省非遗传承人称号的民间艺术大师免费入驻，既扩大了传统民间艺术的影响力，又为本地创造了良好的文旅生态。

（二）充分发挥"村规民约"的重要作用

当前，许多乡村都制定了新时代的"村规民约"，成为弘扬优秀农村传统文化的重要载体。村规民约不但吸纳了本土传统文化元素，也融合了新时代的精神文明要求，是优秀农村传统文化的生动体现。村规民约由全体村民反复讨论而制定，最大限度吸收了全体村民的共同意愿，反映了全体村民的共同利益，因此也更容易被村民共同遵守、相互监督。例如，昆山市金华村在村规民约中规定："金华好民风，和善又正义；规约大家定，规约大家守""邻里要和睦，团结又友爱；是非要分清，处事要公正；爱小又敬老，家和万事兴""村事村民议，村事村民治；干部作榜样，村民有依靠"。又如，凤凰镇双塘村的村规民约更是要求"邻里间，有情谊，互帮助，少疑猜；护弱者，帮友邻，忍为高，和为贵；俭持家，莫浪费，勤致富，人敬佩"。这些村规民约将农村传统文化中许多口口相传的内容细化形成文字，不但易记易传，也更容易发扬光大。建议地方农村农业主管部门组织开展"村规民约展示"，促进不同村庄之间相互学习、彼此借鉴、取长补短、共同进步。

（三）吸引乡贤群体带头弘扬农村传统文化

在弘扬乡村传统文化的过程中，要充分发挥乡贤作用，同时要扩大乡贤范围。一是本土乡贤，主要指长期生活在家乡的一些有识之士，如教师、医生等群体，他们对农村传统文化有着最透彻的了解和最深的情感，可以更全面挖掘本土传统文化。二是离土乡贤，主要指改革开放初期通过高考、参军离开家乡的人们，如今陆续到了退休年龄，这些人受教育程度高、眼界开阔，有人虽然乡音已改但乡愁未断，非常愿意为家乡建设尽一份力，他们有文化、有水平、有见识、有威望甚至有社会资源，在弘扬农村传统文化的同时，会为其注入新的时代内涵。三是能人贤达，主要指在外经商的成功人士，他们有能力将弘扬家乡优秀传统文化的创意加以落实，如本土文艺戏剧创作、当地古建筑修缮、本地历史展馆建设等。基层干部要积极主动地搭建平台，将乡贤们组织起来发挥各自所长，将本地的优秀农村传统文化发扬光大。

（四）以丰富多彩的文化形式抵御各种不良行为

要有效治理农村赌博行为，一要坚持高压严打态势，二要加强普法宣传，三要丰富文化生活。以丰富多彩、富有特色，人们喜闻乐见又积极向上的优秀农村传统文化占领市场，让广大农民积极参与进来，从而让一些违法行为失去空间。近年来，国家文旅主管部门出台了一系列促进发展乡村文旅事业的政策，很多地区也在大力发展乡村文旅经济。政府部门应组织专业人员深度挖掘当地文化资源，创作紧扣当地特色的文艺作品，以丰富人们的精神文化生活。如淮安市金湖县以当地广为传颂的真实英雄事迹为背景进行文艺创作演出，就深受观众的喜爱。

（五）防止宗亲势力借农村传统文化进行扩张

2022年中央一号文件明确提出，防范家族宗族势力等对农村基层政权的侵蚀和影响。消除宗族势力对基层政权的侵蚀，最重要的是发挥基层党组织的领导作用。在一些农村地区，宗亲势力强大，只有加强党的领导，才能对宗亲势力进行节制，并通过正确引导，发挥其正向作用。数千年来，我国都是一个稳定结构的农村社会，一个村庄只有一家或几家大姓，连村庄名称往往都带有明显的宗姓色彩，如张家村、李家寨、王家庄等，一个村庄内部可能全部沾亲带故。虽然二元社会结构被逐步打破，但很多已经远走他乡的人依然视故土为"根"。建议一是借助人员广泛流动的契机，增强农村传统文化的开放性、包容性，对农村传统文化进行与时俱进的改造，广泛吸纳其他地方优秀的农村传统文化，特别是吸纳新住民的原住地优秀文化，形成文化交流融合，同时增加新住民对本地农村传统文化的认同度。二是对农村传统文化中的宗亲观念进行积极引导，鼓励其中动员力强、行动力强的正向意义，为乡村振兴发挥更大作用。同时明确指出宗亲势力的先天缺陷性，绝不能任由宗亲势力为了自身利益而去侵占国家和集体利益，更不能违反国家法律法规，去干扰村两委选举，将村庄变成宗族的"土围子"。

（六）以优秀农村传统文化抵御宗教势力蔓延

宗教势力在农村地区广泛蔓延，必将对广大农民群众的思想形成侵蚀。以优秀传统文化来抵御宗教势力的影响，能起到很好的效果。很多农村群众因为平时生活极为单调，信教成为一种心理寄托，特别是在遇到难以克服的困难时，感觉信教能给自己带来心理关怀和慰藉；有些教友之间友爱互助，也能帮助解决一些实际困难。乡村振兴是从根本上提高广大农村群众生产生活水平之举，弘扬农村优秀传统文化更是能够丰富广大人民群众的精神文化生活。市、县宗教局要加强对广大农村干部的培训，帮助基层干部掌握宗教政策，提高管理水平，进行宣传教育，积极正确引导；县乡各级政府和村两委要坚定树立"以人民为中心"的思想，一切工作的出发点和落脚点都放在群众满不满意上。总之，要在经济上、文化上、思想上、生活上全方位服务农民、帮助农民，从而逐步夺回被宗教势力侵蚀的农村阵地，为乡村振兴提供强大助力。

乡村治理数字化转型与优化路径研究

牟春雪　东南大学中国特色社会主义发展研究院、东南大学马克思主义学院

党的二十大报告指出，全面建设社会主义现代化国家，最艰巨最繁重的任务仍然在农村。这表明推动乡村社会发展是党和政府工作的重中之重。乡村社会是国家权力与基层社会的互动场域，实现乡村的有效治理才能全面推进国家治理体系的现代化。随着大数据、云计算等前沿数字技术的应用与普及，"互联网+"与各领域的融合发展持续深化，新一代网络信息技术蓬勃发展，催生了全新的数字力量。数字技术的发展为精细化的社会治理提供了更多可能性，其作为一种有效的治理手段重新塑造着社会治理模式。例如，云计算通过分析大量数据可以优化治理决策；大数据的跨域传播可以实现信息与资源在社会区域内的高速流动，从而优化资源配置。乡村治理数字化转型成为推动乡村全面振兴的重要途径，它涉及利用现代信息技术，如大数据、云计算、物联网和人工智能等，来提升乡村治理的效率和质量。通过数字化转型，乡村可以实现更精准的治理、更高效的资源配置和服务提供，以及更广泛的民众参与。在政策层面，我国政府高度重视数字乡村的发展，出台了《数字乡村发展战略纲要》等重要文件，明确了数字乡村建设的目标、任务和保障措施。例如，到2024年底，数字乡村建设要取得实质性进展，农村宽带接入用户数超过2亿，农村地区互联网普及率提升2个百分点，农产品电商网络零售额突破6300亿元等。数字化转型不仅能够提升乡村

治理的效率和质量，还能够增强乡村的内生发展动力，为乡村振兴提供坚实的支撑。总体来看，乡村治理数字化转型是一个系统工程，需要政府、企业和社会各方的共同努力。通过不断地技术创新和制度创新，可以逐步缩小城乡数字鸿沟，推动乡村全面振兴。

一、江苏乡村治理数字化主要举措

江苏在乡村治理数字化方面采取了多项举措，以推动乡村全面振兴和农业农村现代化，以下是一些关键的行动和成果。

首先，完善基础设施建设。江苏大力推进乡村信息基础设施建设，实现了光纤网络和5G网络的广泛覆盖，为数字乡村建设打下了坚实的基础。江苏深入推进信息进村入户工程，建立了益农信息社，实现了全省覆盖。这些信息社提供了公益服务、便民服务、电商服务和培训体验服务，极大地提升了农村地区的信息化服务水平。利用卫星遥感、航空遥感、地面物联网、人工智能、5G等技术，江苏加快构建了天地空一体化监测体系，拓宽了信息自动化、智能化采集渠道，构建起农业农村基础数据资源体系。加强了北斗导航、自动驾驶、无人机、农机传感器等技术在农机装备中的应用，推动了传统农机装备的智能化改造。这些措施共同构成了江苏乡村信息基础设施建设的框架，旨在通过数字化转型推动乡村全面振兴。

其次，创新乡村治理数字化模式。推广"大数据+网格化+铁脚板"的治理模式，提高乡村社会治理现代化水平。江苏在乡村治理中实施的"大数据+网格化+铁脚板"模式，是一种结合现代信息技术与传统治理手段的创新实践。这一模式的核心在于依托大数据、网格化、铁脚板共同发挥作用。大数据：利用信息技术手段，如互联网、物联网、云计算等，收集和分析乡村治理相关数据，实现对乡村治理的精准化和智能化管理。通过大数据技术，可以对乡村的人口、资源、环境等进行实时监控和动态管理，提高治理效率和决策的科学性。网格化：将乡村划分为若干个网格单元，每个网格由专门的网格员负责，实现对网格内的人、事、物的精细化管理。网格化管理有助于提升乡村治理的响应速度和服务质量，使治理更加贴近村民的实际需求。铁脚板：强调基层工作人员深入一线，通过实地走访、调查和沟通，了解村民的需求和问题，并将这些信息反馈到大数据平台和网格化管理体系中。这种传统的"人对人"服务方式，有助于增强村民的参与感和满意度，同时也为大数据和网格化管理提供了必要的人力支持。江苏在实施这一模式的过程中，注重顶层设计与基层创新相结合，推动了乡村治理的现代化。例如，南京市通过建立全市统一的网格员手持终端"社区治理一体化平台"和市、区两级"大数据研判分析平台"，实现了数据同步、业务流转和共享融合，构建起社会治理大数据精准赋能体系。同时，通过专业化的网格员队伍和专门培训机构，提升了"铁脚板"服务一线的能力。这种模式不仅在疫情防控中发挥了重要作用，也在乡村治理的其他方面展现出显著效果，为其他地区提供了可借鉴的经验。通过这种模式，江苏有效地提升了乡村治理的现代化水平，增强了村民的幸福感和安全感。

再次，推动智慧农业发展。江苏加强了农田信息化改造，包括标准化农田建设、基础通信网络建设、基础地理信息采集等，为智慧农业提供了必要的硬件支持。通过物联网系统建设，实现了对农业生产环境的实时监控和精准管理。例如，在苏州市吴江区国家现代农业产业园，利用5G通信技术和基于北斗卫星的农机自主导航、精准控制技术，实现了水稻种植全程无人机械化作业。在现代农业园区内示范"无人农场"，推动了农业生产的自动化和智能化。通过智慧农业决策系统，实现了对农业生产的作业规划和智能装备的规划，提高了农业生产的效率和质量。江苏重视种质资源的保护和利用，建立了种质资源数据库，推进了种质资源的信息化管理，促进了种质资源优势向创新优势和产业优势的转化。推动了农产品加工的数字化转型，通过智能装备和信息化技术，提高了农产品加工的效率和质量。建立了农产品质量安全管理信息系统，强化了食用农产品合格证管理和农产品生产经营主体公共信用信息管理，提升了农产品的质量和安全水平。优化了农业科技服务的数字化管理，提供了精准的农业科技服务和市场信息服务。江苏的智慧农业发展经验表明，通过数字化转型，可以有效提升农业生产的智能化、经营的网络化、管理的高效化和服务的便捷化，为农业现代化提供有力支撑。

最后，促进乡村公共服务数字化。江苏在乡村公共服务数字化方面采取了一系列措施，以提高农村地区的信息化水平和居民生活质量。在教育方面，提升乡村中小学的网络接入水平，推进数字校园和智慧校园建设，优化江苏智慧教育云平台，实现教育资源的数字化共享，并通过名师空中课堂等方式，提高乡村教育质量。在公共卫生方面，推进"互联网+医疗健康"示范省建设，新建互联网医院，实现家庭医生签约服务县域全覆盖，加快远程医疗服务乡镇全覆盖，提升农村基层中医药服务能力。在技术培训方面，实施高素质农民培育工程，建立职业农民培育数据库和实习实训基地共享平台，开展现代信息技术基础知识与应用技能专题培训，提升农民的数字技能。此外，加大"互联网+党建"推进力度，完善江苏基层党建工作信息管理系统，推广网络党课，提升乡村治理数字化水平。完善县级融媒体中心功能，拓展党建服务、政务服务、公共服务、增值服务等服务，强化乡村网络文明建设。这些措施共同推动了江苏省乡村公共服务的数字化转型，提升了乡村居民的生活质量和幸福感。

二、乡村治理数字化的现实梗阻

乡村治理数字化转型的推进过程中,虽然取得了显著成效,但也存在一些现实梗阻和挑战。

第一,数字乡村标准规范有待健全完善。一是数字乡村顶层设计目前侧重共性方法论,县、镇、村层面缺乏个性化、贴实际的发展规划。很多地方尚未制定数字乡村顶层设计,或规划设计缺乏针对性的现象较为普遍,县、镇、村层面数字乡村规划,大部分没有紧密结合自身情况和当地实际进行探索研究,对其他地方的数字乡村经验盲目照搬,影响了数字乡村建设的实际效果。二是数字乡村领域的标准规范刚起步,数字乡村标准体系有待明确,未来数字乡村长远坚实发展有赖于标准规范的健全完善。目前数字乡村建设的标准基础薄弱,不少已建设的数字化平台存在数据整合难度较高、开放共享程度较低等问题,难以对数据进行综合利用,制约跨区域、跨行业的协作协同和科学决策,数字乡村建设未能形成显著的协同效应。

第二,乡村数字基础设施建设不均衡。网络基础设施对村民接入互联网并获取数字信息起到基本支撑作用,但当前我国农村区域网络设施建设状况仍然较差。在数字化浪潮下,农村地区网络设施条件薄弱是制约村民享受数字生活的重要瓶颈,一些村民还不是网民,数字化时代所带来的乡村数字治理工具尚未惠及我国全体农民,这直接影响了农民协同参与乡村治理的实际效能。另外,当前农村青壮年人口外流,农村区域空心化和老龄化现象较为严重,由于年龄较高及受教育水平较低等原因,农村老年人学习和使用智能设备等数字技术的能力较弱,而现阶段互联网适老化发展水平却与这一现状脱节,这主要因为高质量的互联网适老产品稀少。当下大部分软件或系统都没有老年模式，即使小部分软件具备，也主要是简单粗暴的字体变大，并不是从内置功能等根本层次满足老年人简便操作的需求。老年村民本身学习能力相对较低，操作页面越复杂，其学习适应越慢。因此，乡村老年人群体仍大多被排斥在网络技术之外，难以享受数字技术带来的巨大发展红利，也难以有效参与数字乡村治理。

第三，乡村治理数字化转型人才短缺。数字乡村建设需要一批多层次、多领域的专业人才；没有人才作为支撑，数字乡村战略将无法有效推进。当前，乡村数字人才在数量和质量上难以满足数字乡村建设的需要。一方面，乡村难以吸引和留住所需人才，人才流失严重。由于城市和乡村在工作环境、薪资待遇等方面有着较大的客观差距，乡村相对较低的生活水平和薪资水平对人才吸引力弱，更多的人力资本由农村流向城市，导致乡村既面临着高素质人才"头雁"缺失的难题，又面临着青壮劳动力"群雁"流失的窘境。另一方面，乡村人才培养与社会发展需要脱节，很难培养出适应当地需要的技术人才。农村地区教育资源匮乏和教育水平较低，很难培养出满足社会发展需求的数字技术人才。农村居民对新事物存在接受能力弱、对大数据等先进技术难以快速理解使用等问题，导致农村地区存在当地人才"失血"问题的同时，无法完成对当地精英人才队伍的"造血"，阻碍了乡村地区的数字化转型。

第四，与乡村产业融合程度不深。数字乡村建设离不开技术创新。当前，我国数字技术尚处于不断创新和探索中，在农业领域中的应用水平有待进一步提高。一方面，农业领域数字技术供给不足。其原因在于我国核心技术研发不足，一些数据资源的潜在价值没有充分发挥出来。另一方面，立足我国农村农业农情开展的研究不多，数字技术在农村产业融合发展中的实际应用不足。我国不同农村地区的地理环境、气候条件各不相同，但当前立足于特定地区的现实条件、复杂情况的科技研究偏少，数字农业科技研究存在相对泛化、易用性不足的问题，导致技术供给与实际需求存在偏差，现有技术转换为现实生产力受限。

第五，乡村数字治理资源未得到有效配置。一是各地数字乡村建设还处于自下而上的各地自主探索阶段，规划设计一体化程度较低，建设零散化。目前系统性的数字乡村建设还比较少，各类数字化项目还处于各自为政状态，导致横纵向数据共享困难，系统重复填报，信息获取滞后、重复、遗漏等问题，有待进行系统性统筹。二是各地农业农村数字化建设存在重复化、同质化、低效化困境。现有相同定位、相关场景、相似功能的业务系统普遍存在同质化现象。部分地区的平台、软件和数字化设备存在重复建设现象，以及盲目跟风模仿建设数字化项目。已建设的数字化平台利用不充分，资金、人才等资源未得到有效配置，平台应用效率低下，同样加重了数字化项目盲目、重复建设的问题。

三、推进乡村治理数字化的对策建议

针对目前我国数字乡村建设面临的挑战，有关部门应立足数字乡村建设实际，探寻乡村治理数字化高质量发展的实践路径。

第一，完善数字基础设施建设，筑牢发展根基。一是加强网络设施建设，推动乡村网络基础设施全覆盖。一方面，加强农村网络基站建设，提升网络普及率与覆盖率。各地应推动落实乡村宽带和数字电视的基站搭建，推动5G、千兆光网向农村地区延伸，提高农村地区网络的速度、覆盖率。另一方面，推动传统设施优化升级，促进数字配套服务有序下乡。完善的数字基础设施建设不仅包括网络的高覆盖率和普及率，还包括健全的数字基础设施配套服务。有关部门应支持运营商对农村地区的宽带网络进行定期的维护升级与数据更新,提高网络承载能力,保持乡村网络的稳定性,提升农村居民对数字乡村建设的认同感。二是建立数字化共享平台,增强信息服务供给的有效性。各地政府应根据当地农村、农民特点和现实发展情况,打造权威的乡村政务数字化综合服务平台和基层综合信息服务站点,补齐数字信息建设与服务短板。各地应依托数字化政务平台,优化乡村教育、医疗、养老等民生领域的惠民服务。此外,有关部门应吸纳多方力量参与乡村治理,通过数字化共享平台在公共秩序安全等关系群众切身利益的领域整合多方资源,凝聚村民合力,解决乡村治理碎片化问题。

第二,加强数字人才队伍建设,夯实智力支撑。数字人才是推动数字乡村建设的主体。打造农村数字人才队伍,施行"引培并重"政策,能够为数字乡村建设提供坚实的智力支持和可持续的后备力量。一是健全人才培养机制,激发数字乡村的内生发展动力。有关部门应加强对数字化人才的培养,保障数字人才支撑。一方面,加强对农民的数字技术培训工作,提高其对"三农"问题的理解与认知。建立农民再学习机制,推进农民数字技术培训工作,通过组织村民外出学习、青壮村民数字技能集中培训,对不同的农业经营主体进行分层次、有差别的数字化技能培训,提升其数字使用能力和数字化经营管理水平。另一方面,通过学校教育培养复合型人才,为数字乡村建设提供人才支撑。学校应设立农业相关学科并加强专业建设,通过专业课程普及数据处理相关知识,加强数字思维培养,分层分类培育更多数字乡村建设需要的技术型人才、应用型人才、创新型人才,为数字乡村建设储备充足的人力资本。二是积极引进高素质人才,为数字乡村建设提供外源性智力支持。一方面,积极引入外来技术人才,构建引人、用人的长效机制。各地要根据乡村振兴发展的实际需求,积极引进数字人才,吸引其到基层工作和服务。

鉴于农村工作的艰苦性，有关部门应在人才待遇和发展机会上给予充分的政策和资金支持，确保人才引得进、留得住。另一方面，推动乡村本土人才回归，完善技术人才返乡保障。各地政府要出台各种人才引进政策，鼓励数字人才投身建设家乡，用自己的知识回馈家乡、奉献家乡。此外，有关部门应积极解决人才回归中存在的住房、薪资等问题，通过政策倾斜做好对人才的全面保障工作。

第三，推动数字信息科技创新，强化技术支持。在数字乡村建设过程中，技术创新是提高建设成效的关键因素。精准、智能、可溯源的数字技术应用能够提高农产品质量，促进农业产业可持续发展。一是健全农业科技创新成果转化体系。要想实现农业与相关产业效益最大化，提高乡村建设现代化水平，就必须创新数字技术，构建科技创新体系。一方面，要完善资金投入机制，增加农业科技研发资金投入。资金是推动数字乡村建设的关键要素。各地政府应对资金投入机制进行再升级，结合当地发展实际，统筹政府资金安排，设立专项农业科技创新基金，加大对农业科技创新项目的财政支持力度，提高资金利用率。另一方面，加快农业技术创新，提升农业装备智能化水平。政府相关部门应建立技术研发基地，聚焦解决关键技术"卡脖子"难题，研发并应用以智能传感器、遥感技术、云计算为代表的农业信息技术，提高农业生产的数字化水平。要加快"产学研用"合作，发挥高校、企业和科研机构在科技研发中的协同作用，逐步推动成熟的数字技术研发与应用。二是推动农业全产业链数字化改造，加强数字技术在农业领域中的应用。一方面，在农业生产环节，依托各类前沿技术，改进农业生产方式。推进物联网、人工智能等技术在农业生产领域中的应用，如智能灌溉施肥、数字化控温控湿、智能化生长监测等，实现农业生产管理科学化和精准化。另一方面，在销售环节，建立全国统一的农产品推广宣传、网络供销等信息平台，建立直接采购模式，通过及时更新数据，解决信息不对称问题，使供需双方精准匹配，提高平台的交易量，推动农业发展。

第四，完善多元主体协同参与，推进乡村治理现代化。一是保证多元治理主体的有效参与。聚焦提高政府电子政务服务水平，增强基层政务服务人员的数字素养与道德素养，培养一支高水平、高素质的政务服务团队，从而将以人为本的治理理念贯彻于治理工作过程中。同时，加强乡村网络知识普及，通过发挥社交网络的信息扩散优势，引导村民主体通过线上平台主动参与乡村治理，激发村民的主人翁意识。针对村民在参与过程中的公共诉求，政府需充分尊重民意并及时做出反馈。此外，重视社会组织、媒体的群体监督作用，发挥民主协商的治理优势，解决乡村治理能力不足、治理效率低下等固有症结。二是强化多元治理技术的有效供给。建立简约的城乡一体化政务服务平台，强化政府与民众、政府与企业及政府各部门之间数据的互联互通。进一步提升线上政务App、微信公众号等移动应用的功能完善度与持续运营能力，逐步拓宽线上服务覆盖率，优化办事流程，降低民众的政务服务参与门槛。尽快完善数字乡村治理的制度保障与法律供给，制定科学合理的数据采集、储存与使用规定，保证政务工作的高质高效与透明公开。推动"平安工程"向纵深发展，落实公共安全视频监控全覆盖，助推乡村基层社会治理信息化、智能化、现代化。

智慧专业化视角下全面推进乡村振兴的战略路径选择

胡锦绣　东南大学中国特色社会主义发展研究院、东南大学马克思主义学院

江苏作为经济发达的省份，其农业农村的发展对于全省经济社会稳定具有重要意义，江苏乡村振兴走在前的经验为其他地区农村的发展提供了借鉴。但全面推进乡村振兴的经验不是教条式的，而是立足本地实际找出适合本地发展的农业农村优先发展道路，在智慧专业化视角下分析该理念，加快推进乡村振兴。

一、智慧专业化：一个战略框架

智慧专业化（smart specialization）是指在本地区挖掘并发展具有潜在竞争优势和跨区域凝聚力的产业和技术，实现区域产业优化升级和创新发展。智慧专业化不是主张创造过去没有的能力，而是从现有技术或产业发展中发现潜在的竞争优势，与因地制宜推进乡村振兴的要求——在乡村振兴中既不盲目模仿也不盲目探索，既充分借鉴成功经验又不拘泥典型的准则高度一致。智慧专业化强调充分把握科技创新力量，形成具有潜在竞争优势的产业集群，以最大限度地促进国家经济增长，对适应数字化、信息化、智慧化的发展趋势具有积极意义。

智慧专业化最早由欧盟专家学者在已有经济理论基础上提出，目的

是促进欧洲的区域经济发展，提高竞争力。20世纪90年代以来，欧洲与美国跨大西洋生产率差距深深困扰着欧洲国家，信息技术相对落后、科研成果转化率低、市场相对封闭等问题加剧了欧洲的相对落后。智慧专业化一经提出，得到了欧洲理论界广泛关注，并逐步应用于指导实践发展。2009年，在第9份政策简报中，欧盟专家组定义了智慧专业化的概念，认为企业家发现（entrepreneurial process of discovery）和通用技术（general purpose technologies，GPTs）对智慧专业化具有关键作用，标志着智慧专业化理论的形成。智慧专业化强调无论是技术差异还是资源禀赋，都应利用已有特长实施最有利于经济增长的专业化生产模式，最终实现在价值链高端聚集成产业集群的目标。专家组还建议，在某些前沿技术领域，各级政府应该鼓励对"补充国家其他生产性资产，以创造未来国内能力和区域间比较优势"的领域进行投资。

不断完善成熟的智慧专业化理论被欧洲广泛接受，并从概念构想进入战略部署阶段，被明确定义为"智慧专业化战略"（smart specialisation strategy，S3）。立足于国家和区域独有优势的优先发展，智慧专业化被定位为"区域经济产业发展和创新框架"，是一种更有效支配公共资源的发展战略。智慧专业化战略引导欧盟促进区域知识经济创新发展，支持区域资源高效利用并向低碳经济转型，通过增加经济活力和提供就业岗位强化区域凝聚力。智慧专业化对区域发展路径选择及其配套措施都进行了理论探索，这些理论最终应用于欧洲实践并取得了显著的成效。

二、智慧专业化赋能乡村振兴：内在机理

智慧专业化战略有效实施并取得显著成绩，基本原则贯穿于实施全过程。智慧专业化战略的基本原则：（1）智慧专业化是立足当地的路径

（a place-based approach），以当地可用的资产、资源及社会经济条件为基础，确定独特的发展和增长机会；（2）基于投资选择的策略（a strategy means to make choices for investment），大量基金和创业资源只支持少数明确以知识为基础的投资和/或集群优先事项，专注于竞争优势和现实的增长潜力；（3）企业家发现确定优先级（setting priorities centred on "entrepreneurial discovery"），设定优先级不是一个自上而下、挑选赢家的过程，而是以企业家发现为中心的利益相关者参与的包容性过程；（4）创新的广阔视野（a broad view of innovation），支持技术创新、实践创新和社会创新，使每个区域和成员国能够根据其独特的社会经济条件作出政策选择；（5）健全的监督和评价机制（a sound monitoring and evaluation system），健全的监督机制、评价机制及更新战略选择的修订机制，保障资助不致过早停止而错失优先事项，也不致持续太久而导致补贴浪费在不可行项目上。

全面推进乡村振兴也必须立足本地实际，发展特色农业产业。江苏全面推进乡村振兴需要立足本地实际、发展具有本地特色的农业产业。江苏不同地区在自然条件、资源禀赋、生态环境等方面存在差异，这些差异构成了各地发展特色农业的基础。随着消费者需求的日益多样化，市场对农产品的需求也呈现出多元化的趋势。发展本地特色农业，可以更好地满足市场需求，提高农产品的附加值。立足本地实际，发展具有竞争优势的特色产业，有助于提升农产品的市场竞争力，促进农业增效、农民增收。

地方政府应为全面推进乡村振兴做好保障，通过科学规划布局、加强科技创新、培育龙头企业和合作社、推进品牌建设和市场营销、促进一二三产业融合发展及加强政策支持和保障等措施的实施，推动江苏特色农业产业的高质量发展，为乡村振兴注入新的活力。第一，科学规划布局，根据江苏的自然条件和资源禀赋，科学规划农业产业布局，明确各地的主导产业和特色产业。加强对农业产业发展的统筹协调，避免盲目发展和无序竞争。第二，加强科技创新，推广先进的农业技术和装备，提高农业生产效率和产品质量。加强种业振兴，培育和推广优良品种，提升农产品的品质和产量。第三，培育龙头企业和合作社，扶持农业龙头企业和农民合作社发展，推动农业产业化经营。鼓励龙头企业和合作社与农户建立紧密的利益联结机制，实现共同发展。第四，推进品牌建设和市场营销，加强农产品品牌建设，提升农产品的知名度和美誉度。拓宽农产品销售渠道，利用电商平台、直播带货等新兴销售模式，扩大农产品销售范围。举办农产品展销会、推介会等活动，提高农产品的市场影响力。第五，促进一二三产业融合发展，推动农业与加工业、服务业等产业的深度融合，延长产业链条，提高农产品附加值。发展乡村旅游、休闲农业等新兴产业，拓展农业功能，促进农民增收。第六，加强政策支持和保障，制定和完善相关政策措施，为特色农业发展提供政策支持和保障。加大财政投入和金融支持力度，推动特色农业产业持续健康发展。

三、研究设计

（一）研究方法

经验研究的目标是理论贡献。从经验跳跃到理论充满挑战，而案例研究则可以跨越理论和经验的巨大鸿沟。本研究采用案例研究方法，主要是基于对研究目标和案例研究方法的全面考虑：一方面，讲好中国故事离不开扎根本土实践的定型研究[1]，案例研究相较于其他研究方法更能

---

[1] Eisenhardt K. M., Graebner M. E., "Theory Building from Cases: Opportunities and Challenges," Academy of management journal, Vol. 1, No. 1995(50), pp. 25–32.

全面推进乡村振兴的江苏实践

凝练出原创性管理理论，适合于研究情境、实践现象和关系等问题[①]。本研究将智慧专业化引入全面推进乡村振兴的路径选择，基于具体情境分析其实践过程及行动逻辑，在拓展智慧专业化应用范围的基础上深化相关理论研究。另一方面，案例研究是结合现有理论对特定情境中单一或一组独特现象的所处情境、事件过程进行系统的描述和分析，通过一系列科学规范的分析流程，获得新颖研究成果的重要质性研究方法。本研究以江苏省苏南苏中苏北典型乡村地区全面推进乡村振兴的实践作为案例，通过深入剖析其发展特色，深入剖析智慧专业化赋能全面乡村振兴的核心要素和运行机理。

本研究所涉及的案例资料遵循真实性、及时性和完整性原则，从多种途径获取的资料符合"资料三角形"的基本要求。本研究团队先后于2023年10月前往无锡、泰州、南通、徐州相关区县和村集体，2024年6月前往江苏省淮安市金湖县及相关村、盐城市大丰区及相关村、连云港市赣榆区及相关村、南京市江宁区及相关村、常州市新北区及西夏墅镇东南村等、苏州市张家港市及金港街道长江村等、苏州市昆山市及相关村等，对江苏省乡村振兴的推进情况进行了较为全面的摸底调研。具体资料来源包括与当地政府官员、村干部、村民进行半结构性访谈，通过参与乡村干部和村民的日常工作和生活进行参与式观察，以及围绕"全面推进乡村振兴"主题系统搜索相关网络媒体报道资料，尽可能使江苏省全面推进乡村振兴的资料翔实。

（二）案例选择

本研究案例主要遵循典型性与启示性原则，选取江苏为全面推进乡

---

① Yin R. K., Case study Research: Design and Methods, Thousand Oaks: Sage Publications, 2009, pp. 19–51.

村振兴的典型，调研地点遍布苏南、苏中、苏北，有利于形成对江苏全面推进乡村振兴形成全局性认识。具体而言，调研地点的选取主要是基于以下四点原因。第一，地域代表性，江苏作为中国东部沿海的发达省份，其乡村发展具有典型性和前瞻性。而苏南、苏中、苏北分别代表了江苏不同经济地带的农村地区，涵盖了从相对发达地区到欠发达地区的广泛范围，因此具有显著的地域代表性。通过这样的选择，可以全面了解不同地区乡村发展的现状、问题和挑战。第二，发展差异性，苏南地区作为江苏的经济发达地区，乡村工业化、城镇化水平较高；苏中地区则处于发展与转型的阶段，具有一定的发展潜力；而苏北地区虽然经济基础相对薄弱，但资源丰富，后发优势明显。这种地区间的发展差异性为乡村振兴提供了多样化的实践场景，有助于深入研究不同模式下乡村发展的路径和策略。第三，政策示范效应，通过选择在江苏的不同区域进行乡村振兴的调研，可以为全国其他地区提供政策制定和实践操作的参考。江苏在乡村振兴方面的探索和经验，对于推动全国范围内的乡村振兴具有重要的示范意义。第四，全面性与针对性相结合，通过在苏南、苏中、苏北进行调研，既可以了解全省乃至全国乡村振兴的普遍性问题和挑战，也可以针对不同地区的特殊情况提出针对性的解决方案。这种全面性与针对性相结合的研究方法，有助于更准确地把握乡村振兴的发展方向和重点。

此次调研选取苏南、苏中、苏北的典型村镇，对江苏乡村振兴的概况有了较为全面的认识，为进一步推进乡村全面振兴提出政策建议，也为总结江苏乡村振兴的经验奠定了基础，有利于将江苏全面推进乡村振兴的成功经验推广到全国。

（三）案例概况

调研发现，苏南、苏中、苏北呈现出明显分层状况，苏南地区乡村经济发展整体状况非常好，城市化、机械化、农业产业化、科技水平都很高，农村人居环境良好，多数农民不通过传统农业获取收入且收入水平高。苏中地区农业产业化程度也很高，仅科技水平上和苏南地区存在一定差异，由于自然条件的差异导致在人居环境上与苏南存在差距，但整体状况属良好。苏北地区农村相较江苏其他地区乡村振兴稍有差距，但也有特色农业产业发展，苏北自身发展不均衡现象相对较大。江苏各地区乡村基础不同，各地均立足本地实际情况，探索具有本地特色的乡村振兴模式。

四、江苏全面推进乡村振兴的实践探索

2021年江苏省委发布了一号文件《关于全面推进乡村振兴 加快农业农村现代化建设的实施意见》，标志着江苏省正式全面推进乡村振兴。2024年江苏省委发布一号文件《关于学习运用"千万工程"经验落实农业现代化走在前重大要求有力有效推进乡村全面振兴的实施意见》，深入贯彻习近平总书记关于"三农"工作的重要论述和对江苏工作重要讲话重要指示精神。江苏省委、省政府要求各地学习运用"千万工程"蕴含的发展理念、工作方法和推进机制，坚持不懈抓好粮食和重要农产品稳产保供，千方百计拓宽农民增收渠道，提升乡村产业发展水平，提升农业科技装备水平，提升乡村建设水平，提升乡村治理水平，有力有效推进乡村全面振兴，加快建设农业强、农村美、农民富的新时代鱼米之乡。

本次全面推进乡村振兴调研旨在发现先进经验和找出存在的问题，着重调研了苏南和苏北这两个地区。苏中地区主要调研了泰州乡村振兴的有关情况，代表了江苏全面推进乡村振兴的中间水平。

（一）苏南地区乡村振兴实践

南京、无锡、苏州等地农村机械化程度高达90%以上，城镇化水平也很高，这些地区的经验可以总结为五个方面。一是发展都市生态休闲农业的探索起步阶段，部署实施"千村整治、万村示范"。二是部署实施"四变"工程的深化提升阶段，打造美丽乡村升级版。三是以特色田园乡村建设为主抓手紧扣实施乡村振兴战略的决策部署。四是推进全域农村人居环境整治和建设。五是推动建设乡村振兴发展新格局，高水平高质量建设经营乡村。

与江苏其他地市比较，苏南地区财政资金雄厚、人才聚集、区位优势明显，乡村振兴稳步推进中。在农业产业发展方面，在农产品产量稳定的基础上，大力发展田园综合体、打造地区品牌、推进乡村振兴项目。生态环境保护方面，聚焦"生态宜居"补短板，通过采取企村联建、农民主体的运营模式，不断将生态优势转化为发展优势，做优做强乡村旅游产业，使绿水青山成为富民增收的金山银山。在乡风文明建设方面，引导"乡风文明"抓善治，建立健全完善乡村治理体系。增加农民收入方面，聚焦"生活富裕"抓根本，和美乡村建设鼓起了乡村老百姓的"钱袋子"。人才吸引方面，聚焦"人才振兴"激发活力，坚持党管人才的原则，充分发挥本地高校的人才优势，为乡村振兴出谋划策。在乡村文化发展方面，立足"文化振兴"打造新样板，深度挖掘湖熟文化、海丝文化、红色文化、非遗文化等特色文化内涵，乡风文明与乡村休闲旅游一体发展。

以全国百强县昆山市为例，全面推进乡村振兴有三方面经验：一是顶层设计先行，统筹全市农业布局。强化顶层设计，搭建系统架构，制定平台开发标准体系，建成农业农村大数据云平台，实现数据信息共享互通、农业农村服务快速高效、农业地理资源及农业农村资源科学利用和农业农村生产经营智能管理。二是统一接入标准,强化数据治理。实施数据标准化工程,有效提升数据的价值。通数据共享通道,以数据字典维护为主要方式,提供标准接口,依托数字昆山公共智慧底座数据湖平台,实现全市数据共享,持续拓展农业大数据应用场景。加强数据安全保护,建立全面的数据安全管理制度和技术防护措施,织密数据安全防护网。三是赋能农业产业发展,助推生态文明建设。通过推进农业生产智能化,强化以数字赋能农业产业发展,以云平台助推农业农村高质量发展。

苏南地区虽然优势很明显,但村集体之间的差距也十分明显,部分区位优势不显著且缺乏资源禀赋的村庄收入很低,与发展好的村集体之间存在极大差距,也可以认为是部分村庄在全面推进乡村振兴中未跟上步伐,这是苏南乡村振兴亟待解决的最突出问题。此外,苏南地区全面推进乡村振兴无疑是走在前列的,但是从自身优化发展而言依然存在一些问题,如农业领域公共数据共享开放力度不足,关键核心技术创新不足,农业产业数字化、数字产业化发展滞后等。

(二)苏北地区乡村振兴实践

淮安市金湖县立足水资源优势发展壮大荷藕产业、打造荷旅游品牌,借助"中国·金湖荷花节"的品牌效应,吸引南京城市圈游客前来观光游览,一二三产业融合发展。其中,前锋镇白马湖村发生巨大蜕变的关键人物是党总支书记、村委主任——蒋贵清,他紧密围绕"强村富民、乡村振兴"这条主线带领村民致富。总体上,金湖乡村振兴的经验可总结为:一是党建引领,在村支书/村主任的带领下,搭建完整的村支部服务乡村振兴。二是因地制宜发展本地农业产业,在此基础上进一步发展特色旅游业。三是积极挖掘本地特色文化，培育、支持文化人才发展，并形成一定的规模效应。荷藕产业是金湖的特色，带动了整个县域经济的发展，但同时也存在不少问题和短板。首先，缺乏知名品牌，产业竞争力不足。金湖荷藕产业品牌效应不足，整个藕荷产业在全国知名度不高，难以有效提高产品附加值和销量，不利于增加农民收入。其次，区位优势不明显，文旅拉动作用不足。金湖荷花节已连续举办24届，在当地深受老百姓喜爱，但远离南京等大城市，距离成为制约当地文旅发展的重要因素。最后，地方财政难以持续投入，发展后劲不足。相关部门认为，地方财政存在一定的困难，很难持续加大对金湖荷藕产业的投入，而科技、宣传等方面存在的短板都需要持续增加投入。

调研中发现盐城大丰区全面推进乡村振兴的几个关键问题，一是先进人物的引领带动作用，如江苏尖兵生态农业科技有限公司总经理、盐城市青联农业农村界别主任、大丰区青联常委的杨晓成，选择回乡创业带领父老乡亲发家致富，为乡村振兴作出了应有的贡献。二是聚焦产业特色和优势，大丰区农业资源丰富历史悠久，在农业产业链延伸和深加工增加附加值上下功夫，经济效益明显。三是非遗传承促进农村文化繁荣发展，建设农村文化基础设施，为非遗艺人创设良好条件，大丰瓷刻、麦秆画等明星项目带动了当地文旅发展。

当然，江苏全面推进乡村振兴过程中也存在不少问题。部分地区为追求眼前利益照搬其他地区的经验或发展"短平快"项目，出现同质化严重等现象，这样相对分散的经营模式既增加成本又难以形成产业集聚和品牌效应。科技弱、缺乏专业技术人才、科技政策扶持不足、主体带动作用不强等是导致上述问题的主要原因，从导致乡村产业在提升竞争力、抵御风险等方面力量薄弱，难以有效实现提高农民收入的作用，不利于乡村产业振兴。

五、全面推进乡村振兴的对策与建议

全面推进乡村振兴，通过科技赋能提升农业发展治理，增加农民收入，是实现江苏农业农村现代化的必由之路。江苏全面推进乡村振兴经验的重要意义在于体现了因地制宜的发展理念、促进了城乡融合发展、展示了政府主导与市场机制相结合的重要性及为全国提供了可复制的范例。这些经验对于推动我国乡村振兴工作具有深远的影响和实践价值。在实地调研基础上对江苏全面推进乡村振兴工作总结经验并提出政策建议，有利于江苏走在前、做示范，更好地形成示范作用。从调研中总结的经验来看，未来江苏持续推进乡村振兴可以从着重关注以下四个方面的问题。

（一）因地制宜规划乡村特色产业体系

各地乡村资源禀赋、发展状况存在差异，因地制宜规划乡村特色产业体系是实现乡村振兴的重要路径。乡村资源极不均衡，乡村产业存在业态杂的突出问题。乡村产业发展规划前期要做好调研工作，挖掘农村地区资源禀赋、工业基础、历史人文特色、人力资源条件等，并结合信息化、数字化、智能化的时代发展趋势，以科技创新引领现代化乡村产业体系建设，科学设计适应本地实际的乡村产业规划，形成以特色产业为支撑的乡村产业体系，促进一二三产业融合发展，形成全产业链的规模效应。

具体而言，可从五个方面逐步推进乡村特色产业体系构建。第一，必须明确乡村产业发展的定位和方向，根据当地的资源禀赋、产业基础和市场需求，鼓励各地发展具有地域特色和竞争优势的特色产业，在此基础上选择适应本地发展实际的乡村产业发展路径，避免产业雷同和同质化竞争。第二，产业布局向小而美模式靠拢，引导优势农产品向最适宜产区聚集，集中精力打造特色鲜明、优势聚集、产业融合、市场竞争力强的农产品优势区和产业带。第三，要重视开发乡土特色产品，依托乡村自然资源环境和人文资源禀赋，通过科技手段加强对传统工艺和文化的传承与创新，开发符合现代消费理念的个性化、多样化特色产品，提升乡土特色产品的文化内涵和附加值。第四，加强乡村产业品牌建设，要鼓励和支持农村产业主体注册商标、申请地理标志保护等，并利用电商平台、展销会等多种形式加强品牌宣传和营销，提升产品的知名度、美誉度和影响力。第五，推动农村一二三产业融合发展，促进农业与加工、旅游、文化等产业的深度融合，提升农村产业的组织化程度和市场竞争力。

总之，乡村特色产业体系必须因地制宜规划，通过明确产业发展定位、优化产业布局、开发乡土特色产品等策略则有助于实现农村产业的差异化发展，加快构建具有显著竞争力的乡村特色产业体系。

（二）发挥农业特色人才的主体性作用

激发、培养村党支部书记带领乡亲发家致富的积极性。调研发现，村党支部书记在全面推进乡村振兴的基层工作中发挥重要作用，村党支部书记的个人魅力、眼界及对工作的热情和投入，对改变农村面貌、带动致富具有积极的引领作用。无论是苏南、苏中还是苏北，不管是发展农业产业、改善人居环境还是乡村治理，江苏全面推进乡村振兴的典型案例都能发现村党支部书记的独特作用，如白马湖村蒋贵清书记、东南村兰红娟书记、永联村吴栋材和吴惠芳书记等。这些村党支部书记大多是本地出生，对当地农村情况极为熟悉且具有深厚的感情，他们积极投身乡村振兴工作更能有的放矢，充分利用农村各项资源取得突出成就。

发挥典型村党支部书记的先锋模范带头作用，在村集体形成以党组织为基础的服务模式，在整个农村地区形成鼓励村党支部书记赶帮超比的氛围。因此，在选人标准上，要以这些先进模范人物为蓝本制定。在用人标准上，鼓励村党支部书记勇于创新，探索建立适合本地发展的乡村治理模式。在村党支部书记的带领下，完善农村特色人才助力乡村产业发展。对农民的定位应与时俱进培养职业农民，加强新型职业农民的培训和教育，提升其科技素质、市场意识和经营能力。鼓励和支持大学生、返乡农民工等人才投身农村产业发展，为农村产业注入新的活力与动力。同时通过乡村企业家、返乡创业的精英能人自主创业等形式，鼓励乡贤带回技术、人力、科技、资金等发展乡村产业，同时发挥互联网销售、直播带货等方式打开销路，实现农民就业、增收等目的。

（三）吸收引进多种社会资本的支持

资金短缺是乡村振兴面临的重要问题。调研中，多地农业农村相关工作人员认为，全面推进乡村振兴的最大困难是资金不足。乡村振兴的资金来源包括财政保障、金融支农、社会资本三个方面，但乡村基层工作人员普遍认为保基本民生、保工资、保运转支出的"三保"工作压力大，地方财政对乡村振兴的支出很难增加。调研中发现，各地在吸收引进乡村振兴资金方面各显神通，如通过村集体经济的收入支持人居环境改善，政府补贴+个人付费支持老年食堂运营，企业家等主体回乡投资促进农业产业发展，村干部等拉来赞助和支持，等等，都取得了不错的成效。增加社会资本投入应成为持续推进乡村振兴的新思路，且金融支农、社会资本在乡村振兴进程中已取得一定成效。对这类资金的吸收引进不可能直接靠政策强制，但可以通过提供良好的政策条件予以支持。

鼓励支持科技赋能农业产业，加大人才引进、产业转型等方面的财政支持力度，营造宽松的农业农村发展环境。在财政资金保障的基础上，积极吸收引进社会资本对全面推进乡村振兴的支持。地方政府根据本地实际情况，制定相对宽松的乡村振兴引资政策，通过政策引导、税收优惠等方式，鼓励支持多种资本注入农村。还可以由政府牵头，建立社会资本与农业产业对接平台，促进双方交流与合作。如金湖地区的公私合作模式值得推广，在农村基础设施建设、公共服务等领域吸引社会资本参与投资建设和运营。此外，提升农村产业自身吸引力尤为重要，地方政府、农业产业相关方要从提高农业产业竞争力、完善产业链条、优化发展环境等方面不断提升农业产业的吸引力。

（四）大力发展农村文化旅游业提升竞争力

农村特色文旅资源丰富，在现有自然风光、文化资源的基础上开展文旅活动，有利于促进农村经济发展、促进城乡交流与融合、传承和弘扬优秀传统文化、提升乡村形象和品牌价值、满足多元化旅游需求，是全面推进乡村振兴的重要举措。江苏多地农村通过开展农家乐、农业采摘、非遗体验等农村特色旅游活动，旅游业成为部分农村的重要支柱产业，大量农民成为相关产业从业人员，既为当地带来人气和收入，还在一定程度上减少了劳动力外流现象。从地方形象提升上看，通过农文旅融合发展，可以打造具有地方特色和品牌价值的乡村旅游目的地。不仅可以提升当地乡村的形象和知名度，还可以吸引更多游客前来参观体验，推动当地旅游产业的繁荣发展。同时，这种融合还可以促进当地产业的多元化发展，形成产业集聚效应，提升乡村的整体竞争力。

农村文旅产业发展可从以下四个方面加大支持力度。一是深化农业与文旅的融合，结合当地特色农业资源和文化特色，开发具有地方特色的农业旅游产品。如金湖地区充分发挥本地的荷藕特色发展相关文旅产业，还有农村地区借助渔船、红色文化、非遗文化等开展了丰富多彩的文旅活动，而像江宁这类具有显著区位优势的农村地区可发展农家乐、农耕体验、智慧农业等，都取得了较好的效果。二是完善旅游配套设施，提升乡村旅游基础设施水平，包括交通、住宿、餐饮等方面，确保游客能够享受到便捷舒适的旅游体验。同时，要注重保护农村生态环境，实现可持续发展。三是打造特色品牌，挖掘和整合当地文化资源，形成独特的旅游品牌形象。农村地区往往是传统文化的守护者，要充分发挥本地非遗的作用赋能乡村振兴，加强非遗保护与传承，推动非遗与产业的深度融合，加强非遗宣传教育。通过加大宣传力度，提高乡村旅游的知名度和影响力，吸引更多游客前来游览。四是留住农村文旅特色人才，为农村特色手艺人提供场所、资金、技术支持等，营造良好的为农村旅游服务的氛围。农村特色文旅人才传承和弘扬优秀传统文化不仅有助于保护文化遗产，还可以增强农村居民的文化认同感和自豪感，进一步激发他们参与乡村振兴的积极性。

总之，全面推进乡村振兴是一项系统工程，应充分挖掘本地特色全面开花，推动乡村地区的经济、文化、社会、生态全面发展。

智慧农业发展存在的问题及其对策建议
——以江苏省为例

杨丽京　东南大学中国特色社会主义发展研究院、东南大学马克思主义学院

当今时代，以数字化、智能化为特征的新一轮工业革命蓬勃兴起，物联网、大数据、人工智能等新一代信息技术与农业农村加速渗透融合，推动我国农业迈向智慧农业时代。2019年，中共中央办公厅、国务院办公厅印发的《数字乡村发展战略纲要》，明确将数字乡村作为乡村振兴的战略方向，加快以数字化、信息化带动和提升农业农村现代化，强调了打造科技农业、智慧农业的战略部署。2023年和2024年中央一号文件都提出加快发展智慧农业的战略部署，提出"持续实施数字乡村发展行动，发展智慧农业"。智慧农业作为数字乡村建设的重要内容，是现代信息技术与农业生产经营深度融合而形成的农业形态。新发展格局下，利用数字技术大力发展智慧农业，通过构建农业新业态、发展农村新兴产业，不仅有利于缩小城乡数字和经济鸿沟，同时更孕育着巨大规模的农业数字经济发展潜力，对于推动农业现代化建设具有重要意义。江苏作为全国农业电子商务试点省、农业农村大数据建设试点省、信息进村入户整省推进示范省和国家农业物联网区域试验工程试点省，近年来积极推进智慧农业的发展，但也存在很多亟待解决的难题。在此背景下，调研队围绕江苏几个重点地区，考察江苏智慧农业发展的现状、存在的问题，并据此提出相应的对策建议。

一、智慧农业发展的国内外研究现状

智慧农业目前没有一个确切的概念,一般而言指的是现代信息技术与传统农业深度融合形成的数字化农业方式,是指利用物联网技术、"5S"技术、云计算技术和大数据等信息化技术实现"三农"产业的数字化、智能化、低碳化、生态化、集约化,实现生产过程的精准感知、智能控制、智慧管理,追求农业更高资源利用率、更高劳动生产率和更好从业体验感的农业形态。智慧农业不是新一代信息技术在农业的简单应用,而是具有更为丰富的内涵和外延,它既是农业数字化、网络化、智能化转型的具象化、系统化呈现,同时也是一种新业态、新产业,将重塑生产形态、供应链和产业链,在推动农业提质、增效、降本、绿色、安全发展等方面蕴含着巨大潜力。

西方发达国家较早并持续关注智慧农业的发展。近10年来,美国、英国、德国、加拿大、日本等农业发达国家高度关注智慧农业的发展,从国家层面进行战略部署,积极推进农业物联网、农业传感器、农业大数据、农业机器人、农业区块链等智慧农业关键技术的创新发展。2015年,加拿大联邦政府预测与策划组织发布了《MetaScan3:新兴技术与相关信息图》,指出土壤与作物感应器(传感器)、家畜生物识别技术、农业机器人在未来5~10年将颠覆传统农业生产方式。2015年,日本启动了"基于智能机械+智能IT的下一代农林水产业创造技术"项目,核心内容是"信息化技术+智能化装备"。2017年,欧洲农机工业学会提出了"农业4.0(Farming4.0)"计划,强调智慧农业是未来欧洲农业发展的方向。2018年,美国科学院、美国工程院和美国医学科学院联合发布《面向2030年的食品和农业科学突破》报告,重点突出了传感器、数据科学、人工智能、区块链等技术发展方向，积极推进农业与食品信息化。美国国家科学技术委员会在"国家人工智能研发战略计划"中，将农业作为人工智能优先应用发展的第10个领域，资助农业人工智能科技的中长期研发；美国农业部"2018—2022年战略规划"中，突出了农业人工智能、自动化与遥感技术的应用。目前，国际上以美国为代表的大田智慧农业、以德国为代表的智慧养殖业、以荷兰为代表的智能温室生产、以日本为代表的小型智能装备业及以以色列为代表的节水技术均取得巨大进步，形成了相对成熟的技术和产品，而且也形成了商业化的发展模式，为我国智慧农业提供了可借鉴的经验。

我国首次提出"智慧农业"概念是在2014年，而"智慧农业"第一次获得较大重视是在2016年被列入中央一号文件，至此之后中共中央每年都会出台新的政策规划来促进智慧农业的发展。近年来，我国政府对智慧农业发展给予高度重视。2017年中央一号文件提出"实施智慧农业工程"。2018—2020年，《中共中央 国务院关于实施乡村振兴战略的意见》《数字乡村发展战略纲要》《数字农业农村发展规划(2019—2025年)》等战略性纲领文件相继提出发展"智慧农业"、实施"智慧农业引领工程"。2022年2月11日发布的《国务院关于印发"十四五"推进农业农村现代化规划的通知》进一步将"建设智慧农业"作为"十四五"时期及面向2035年提高农业质量效益与竞争力的重要内容，为我国智慧农业的发展绘制出清晰的"路线图"。在政府政策导向、多元主体共同参与下，我国智慧农业在科技研发、国家项目、地方推动等层面获得了高度的发展。

江苏作为农业现代化的先行示范点，近年来响应国家号召，相继出台了《关于高质量推进数字乡村建设的实施意见》《关于"十四五"深入推进农业数字化建设的实施方案》《江苏省数字乡村建设指南》等政策性文件。各地结合实际,也纷纷出台相应政策文件,推动智慧农业的发展,主要表现在以下几个方面:第一,在农业智能化设施方面,江苏多地建立了智能温室大棚,通过传感器和控制系统实现对温度、湿度、光照等环境因素的精准控制,提高了作物的产量和品质。第二,在农业物联网应用上,利用物联网技术实现对农田环境和作物生长状况的实时监测,通过数据分析指导农业生产,有效预防和减少病虫害的发生。第三,在农业信息化服务方面,江苏省内多个农业信息服务平台相继建立,为农民提供市场信息、技术指导、农业保险等服务,帮助农民科学决策,降低生产风险。第四,在农业科技创新上,江苏省内多个农业科研机构和高校,致力于农业科技创新,研发适合当地实际的智慧农业技术和产品。第五,关于农业机械化与自动化,江苏在农业机械化方面不断取得进步,推广使用无人机、智能农机等设备,提高农业生产的自动化和精准化水平。第六,建立了农产品追溯体系,实现从田间到餐桌的全程可追溯,保障农产品质量安全,增强消费者信心。整体来看,江苏智慧农业的发展正逐步从传统农业向现代化、智能化转型,为农业可持续发展提供了有力支撑。但是在对江苏部分地区调研的过程中也存在一些问题和挑战。

二、江苏智慧农业发展存在的问题

(一)关键核心技术研发滞后

部分智慧农业技术,如农业大数据处理技术、农业传感器技术、智能农机装备的核心技术等,与国际先进水平相比仍有一定差距,自主创新能力不足,一些高端技术和设备依赖进口。同时,基础软件系统功能不全、模块分割，对智慧农业生产项目规模化落地的支持力不足。如在智慧农业的发展过程中，农业传感技术和数字共享机制是关键性的技术问题，但目前江苏的智慧农业缺乏统一的农业传感器技术标准和应用后台数据规范，传感器通用性差，物联网操作平台之间联网对接困难，升级整合成本高。我们所调研的南京江宁区的丰硕农场，建有智慧农业大数据平台，这一平台可以实时监测温室情况、产量分析、数据分析、告警记录等。但是管理人指出，这种大数据平台更多可以监测的是一些软件设施，如网络等，但对于硬件设施的监控仍然是一大困难。

（二）新技术应用推广力度不够

江苏农业资源类型多、农业科教资源优势明显，智慧农业应用场景丰富，智慧农业发展水平走在全国前列，但总体应用水平不高。具体而言，智慧农业更多是作为一种展示和教育的平台，技术的推广应用仍然难以实现。以江苏苏州张家港市的昆山陆家未来智慧田园 A+ 温室工场为例。昆山陆家未来智慧田园是以先进智慧农业为特色的综合性现代农业园区，布局了植物工厂、育苗工厂、自动化设备包装区等 8 个功能区，完成了单一品种从选种、育苗、生产设施、智能装备、过程管理到采后包装和营销的全产业链模式探索与示范。未来智慧田园将逐步集成现代设施园艺生产管理的全套规范、工艺、装备等体系，形成可复制可推广的模式，服务设施农业的提档升级。但是即使如此，目前未来智慧田园的技术仍然无法普及，无法实现大规模的应用和发展，更多是起到示范引领、青少年科普教育、创新培养、推广展示的功能。

（三）地区发展不均衡

江苏智慧农业的发展存在苏南和苏北的地区差异，这一差异为江苏智慧农业的发展形成了一个桎梏。智慧农业的发展是一个长期的数据积累过程，需要以长期的数据收集为支撑。如果苏南和苏北地区的差异较大，就无法形成完整的数据网，无法有效完成数据分析，也就难以对农村经济创新提供足够支持。苏南地区，包括苏州、无锡、常州等城市，经济发展水平较高，拥有较为完善的工业基础和科技资源。因此，苏南在智慧农业方面具有明显的优势。苏南地区的农业企业通常具有更强的研发能力和资金实力，能够更快地采纳和推广智慧农业技术，能够更好地利用先进的信息技术和自动化设备，如智能温室、无人机植保、农业物联网等。相比之下，苏北地区，包括徐州、连云港、淮安等城市，经济发展水平相对较低，农业现代化程度也相对滞后。如在对连云港的考察中，农业农村局的负责人表示无人农场正处于初步建设和试验的阶段，相比于南京、苏州等苏南地区的规模化和体系化而言差距仍然很大。

（四）土地承包期预期不稳

智慧农业的发展需要长期和持续的投入，稳定的土地承包期有利于土地流转市场的健康发展。较长的土地承包期能够让农业经营主体对土地的使用有更长期的预期，愿意投入更多资金用于智慧农业相关的基础设施建设、设备购置和技术研发。如何把农村农民的土地集中起来，发挥农村集体经济的优势，吸引资本、技术、劳动力等生产要素向农村农业投资，构成智慧农业发展的关键问题。目前智慧农业的发展所存在的很大问题是农业种植集约化程度不高，无法形成规模化农业生产。大多数地区的农业生产经营主要以单农户家庭为单位，不能形成集中管理、科学种植、按需生产，"靠天吃饭"的现象普遍存在。但智慧农业的发展首要的条件就是大规模集体农业的发展，要保障土地的租赁期足够长，这样才会有更多的企业愿意投入其中发展智慧农业。因此，如何深化土地所有制改革，在将农民土地集中起来的同时如何保障农民的合法权益，就构成智慧农业发展很重要的问题。

（五）支撑推广应用智慧农业的人才缺乏

随着智慧农业的快速发展，对既懂农业又懂信息技术、人工智能、大数据等技术的复合型人才需求急剧增加，但这类人才的培养数量远远跟不上产业发展的速度。虽然江苏全省县级农业农村信息化管理服务机构综合设置率已达91.1%，但基层信息服务人员大多未经过系统的信息化培训，信息服务人员队伍整体素质不高，且不稳定。同时，与其他行业相比，农业行业的整体收入水平较低，工作环境相对艰苦，社会认可度也不高。农村对各类人才吸引度不高，愿意长期留在农村努力工作、拼搏创业的年轻人越来越少。基层干部和农业一线从业人员老龄化现象比较突出，优秀后备干部不多，农技专业人才队伍活力不足。

三、江苏智慧农业发展的对策建议

（一）推动创新科技的广泛赋能和应用

智慧农业目前仍然主要是一种学习和展示平台，无法大规模应用，需要工业化的发展进一步拉动智慧农业的发展。

在科技创新上，要发挥农业科技创新的引领作用，补齐智慧农业技术短板。要更好统筹点与面，以点带面、重点突破，推动江苏农业科技创新水平实现整体提升。"点"上求突破，面向世界科技前沿，聚焦生物育种技术、现代农机技术、智慧农业技术、农产品精深加工技术等重点领域，加大投入力度，集中力量进行核心技术攻关，形成更多具有自主知识产权的农业科技成果。找准科技创新"突破口",聚焦种质种源、智能装备、绿色农业等方面的技术瓶颈,深入实施种业振兴行动,加快种质资源保存和创新中心提档升级,强化智能农机、园艺农机等装备研发,集中资源力量攻关。"面"上抓推广,立足现有的良田、良种、良机、良法,健全农业技术推广服务体系,以"科研+基地+农户+企业"等科技成果转化模式,打通科技进村入户的堵点卡点,使更多的农业科技成果转化为现实生产力和农民实际收益。强化科技成果应用,采取多种形式,引导科技与产业、专家与农户对接,打通科技进村入户"最后一公里",推动科研成果更好地转化为农业新质生产力。

(二)加大智慧农业科研投入

全面推进乡村振兴,加快建设农业强省,实现农业农村现代化,如果没有投入做保障,喊是喊不出来的,干也是干不出名堂的,必须坚持农业农村优先发展,引导更多资源要素向乡村集聚、向农业倾斜。要推动公共财政继续向"三农"倾斜。加快形成财政优先保障、金融重点倾斜、社会积极参与的多元投入格局,进一步创新投融资机制、拓宽资金筹集渠道。加大种粮补贴力度和对粮食生产的支持力度,省级统筹资金重点用于粮食生产,让种粮农民收益有保障、多挣钱,让产粮大市大县多打粮、不吃亏。

目前,有关智慧农业科学研究的水平在我国仍不高,各地和相关科研教学单位重视程度不同,我国各级政府、企业和相关科教单位在智慧农业方面的研究投入不足,严重制约着我国智慧农业的发展和应用。智慧农业科创项目包括农业机器人、自动化装备等硬件创新,也包括育种技术、养殖技术等生产技能技术创新。农业领域科技创新前期投入较大、项目风险较大,政府需展现主导作用,形成智慧农业规划方案,推动智慧农业生产、智慧农业物流、智慧农业服务等相关科技创新，打破技术困境。另外，地方政府在农技推广过程中，要引入智慧农业理念，推动智慧农业普及发展。如布置农业智能化装备，在数字化技术支持下，对农作物生长情况进行动态跟踪，及时了解土壤养分变化，第一时间处理病虫害隐患，并在数据平台上更新农作物生长、销售等信息。因此，为了提高智慧农业研究的水平和加大推广应用智慧农业成果，各级政府、相关企业和科教单位应加大智慧农业的宣传、加强有关智慧农业的技术研究和发明创造，加大科研经费投入和科技攻关力度，不断提高我国智慧农业的研发能力和基层应用水平，为我国实现农业现代化、数字化和智慧发展提供科学依据和技术支撑。

（三）深化农村基本制度改革

要聚焦处理好农民和土地的关系，扎实推进第二轮土地承包到期后再延长30年工作，积极发展农业适度规模经营，大力培育新型农业经营主体和服务主体。稳慎推进农村宅基地制度改革，探索宅基地"三权"分置有效实现形式，深化农村集体产权制度改革，在严格控制农村集体经营风险的前提下，促进新型农村集体经济健康发展，着力破除农业农村发展的体制机制障碍。

关于如何在土地集中的过程中保障农民的基本权益，苏州张家港市永联村的措施值得借鉴。2006年，永联村以每亩1300元的标准，将村民手中8000亩耕地的承包经营权统一流转到村集体，实行规模化、集约化发展，先后建成4000亩苗木基地、3000亩粮食基地、400亩花卉果蔬基地、100亩特种水产养殖基地。永联村之所以能够将村民的更低承包经营权统一流转到村集体，得益于其在1998年到2000年期间所实行的股份制改造。具体而言，永钢集团在1998年和2000年先后两次进行的股份制改造过程中，永联村党委坚持给永联村老百姓保留了25%的股权，75%由永钢集团经营管理层持股。由此，永联村在以土地为纽带的基础上，创新了以资本为纽带的共建共享实现形式，即把全村的集体资源和集体资产转化为集体资本，再把集体资本转化为企业的集体股份。虽然农民的土地被征用，性质改变了，土地换社保，农民的身份改变了，他们在永钢集团上班，劳作方式改变了。但是，永联村村民在这片土地上享受发展成果的权利没有变。这样，村与企业之间是25%的股权投资关系，永联村村民和永钢集团股民也形成了一个利益共同体，村民、股民和谐相处，共谋发展。

（四）加强农业科技创新人才培养

要充分发挥江苏农业科教"富矿"优势，加强农业科技创新人才培养，夯实高水平建设农业强省的人才支撑。

一要坚持立足全局服务发展。聚焦发展农业新质生产力，细分供求缺口，通过"三个一批"推进人才队伍建设，即培养一批具有原创精神、具备交叉学科素养、掌握前沿科技的农业科技领军人才队伍，培养一批能够在重大农业科技项目、创新平台建设、产业技术体系中挑大梁的青年科技人才队伍，培养一批推动乡村产业发展、服务农业农村的乡村振兴实用人才队伍，促进人才规模、质量和结构与"农业现代化走在前"相适应相协调。二要坚持综合施策推动发展。健全城乡、区域、校地校企间人才培养与交流合作机制，畅通智力、技术、管理下乡渠道，推动工程、项目、资金等要素与农业农村人才一体化配置，坚持本土培育与外来引进相结合，实现人才队伍共建共享共用，集聚发展合力。三要坚持守正创新引领发展，在落实中央明确的各项人才政策"规定动作"基础上，做好农业农村领域人才队伍建设的"自选动作"，加大人才发展体制机制改革创新力度，实行更加开放的人才政策，激发人才创新创造活力，加快形成人才引领发展的新局面。在这个方面，南京江宁区对于人才的培养有一定的借鉴意义。江宁区持续实施新型职业农民素质提升工程，依托省级农民培训田间学校、市级农民培训学校，开展订单式农业实用技术培训，组织农技人员学历提升，年均组织高素质农民培训2000人次。实施"智汇三农"人才工程，对青年大学生"新农人"予以学费补助，鼓励驻区高校大学生投身农业、奉献农村。每三年选拔一批"三带"名人、能手、新秀，给予最高1万元资助，引导各类人才在乡村振兴的大舞台上彰显价值、出力出彩。进一步加强与南京农业大学合作，强化国家农业科技示范展示基地、水稻科技小院、梨科技小院建设，指导8个省级现代农业产业技术体系示范基地编制实施方案。

退役军人参与乡村振兴的江苏实地调查

张　淼　东南大学中国特色社会主义发展研究院、东南大学马克思主义学院

习近平总书记和党中央高度重视乡村振兴，强调要"举全党全社会之力推动乡村振兴"[①]，指出"乡村振兴，人才是关键"[②]。退役军人是重要的人力人才资源，是社会主义现代化建设的重要力量。促进退役军人投身乡村振兴，既是响应国家号召、投身国家战略的具体体现，也是引导他们返乡干事创业、实现人生价值的重要途径，有助于推动农村基层社会治理现代化能力提升、推动农业农村经济社会更快更好发展、推动乡村国防动员能力进一步强化，促进军政军民关系更加团结。2021年2月，中共中央办公厅、国务院办公厅印发《关于加快推进乡村人才振兴的意见》，将退役军人作为乡村振兴人才的重要来源。8月，退役军人事务部等16部门联合印发《关于促进退役军人投身乡村振兴的指导意见》，积极促进退役军人投身乡村振兴，助推农业农村现代化建设。

江苏是经济大省、农业大省、兵源大省、驻军大省，也是优抚大省、安置大省，目前共有退役军人和其他优抚对象约300万人。近年来在习近平总书记的关怀、引领下，江苏乡村已呈现出农业强、农民富、乡村美、文明程度高的特色。江苏在率先实现社会主义现代化上走在前列，

---

① 习近平：《坚持把解决好"三农"问题作为全党工作重中之重 举全党全社会之力推动乡村振兴》，《求是》2022年第7期。

② 习近平：《切实把新发展理念落到实处 不断增强经济社会发展创新力》，《人民日报》2018年6月15日。

其中乡村实现社会主义现代化是重点和难点任务，农业强不强、农村美不美、农民富不富，决定着乡村振兴的成效和社会主义现代化的质量和进程。而乡村振兴的关键是人才，退役军人是宝贵的人力人才资源，如何让退役军人更好地在江苏农村大显身手，江苏应当在把《关于促进退役军人投身乡村振兴的指导意见》落到实处的基础上，寻找到更有效的、体现江苏特色的、在量和质上充分体现人才优势的"江苏退役军人参与乡村振兴"的模式，让退役军人在农村进得来、留得住。在实现"退役军人有舞台，农村振兴有抓手"的同时，也实现退役军人"在部队，保家卫国；到地方，为民造福"的社会价值。为了更清楚地了解江苏退役军人参与乡村振兴的情况，我们从苏北到苏南，走访了淮安金湖县、盐城大丰区、连云港赣榆区、南京江宁区、常州新北区、苏州张家港市、昆山市，深入18个村进行实地调查，根据目前的调研和初步思考，形成以下认识成果。

一、退役军人参与到乡村振兴中有着坚实的感情、政治、经济基础

乡村振兴与国防密切关联，我们党一路走来的历史表明，我们的军队与乡村有着天然的血脉渊源。我们的军队是人民的军队，我们的国防是全民国防，乡镇是国家安全保障体系的基础，乡村振兴也为国防后备力量建设积蓄了不竭动能。这意味着，国防动能的释放是乡村振兴的助推因素，农村是全面推进国防和军队建设最广泛最深厚的基础。早在革命战争年代，许多军队人才来源于农村，"打土豪、分田地"曾是中国共产党领导的中国工农红军在土地革命战争时期提出的主要口号。1929年的"九月来信"指出，"先有农村红军，后有城市政权，这是中

国革命的特征,这是中国经济基础的产物。"①进入和平建设时期,随着农村和农民教育培训整体迈上新台阶,不仅是人才,还有农民的发明也越来越多进入国防领域,军转民技术及军队人才对农村的帮扶也在新时代谱写军民鱼水情的赞歌。在新时代,农业强国是社会主义现代化强国的根基,推进农业现代化是实现高质量发展的必然要求,退役军人凭借过硬的政治素质和深厚的群众基础,必将是乡村振兴中的宝贵力量。

江苏省革命老区数量多且分布广泛,革命阵地呈现散点分布并在部分乡镇集聚,历史原因使江苏省的村民和军人之间的认同感强,退役军人参与乡村振兴有着天然而深厚的群众基础。在这次调研中,我们了解到一个在革命老区金湖地区群众中流传的"军民共建'连心路',携手并进共腾飞"的动人故事,展示了江苏军民在不同的历史条件下携手共建风采。20世纪70年代,某部决定将泗湾湖沼泽地开发成"泗湾湖部队农场"。要在湖中办农场就得修路。部队官兵与村民商量,修路先治淤。部队运来了化学剂,与附近村民一起,车推肩挑,筑起一条在湖中能走人的泥土路。2003年,这条泥土路成了部队和农村相关利益的"交叉点"。当时的共建还存在着要解决的问题,部队缺乏资金修路,地方修路要通过部队所属的地段。2007年,金湖县发扬革命老区的拥军传统,修建了镇村四级路连接线,紧密了泗湾湖部队农场与相邻镇村的联系;2008年9月,金湖在规划农村公路时,多次向省市有关部门汇报、协商、协调,在征得部队农场同意的情况下,将金湖县境内的泗湾湖部队农场作为一个"节点",把农村公路延伸至该农场,投资200万元,铺筑起一条全长6千米的四级水泥主干道,实现了县、镇与泗湾湖部队农场的道路循环。这条被称为"连心路"的水泥路,具有较强的政治、经济意义,

---

① 《周恩来与党内早期政治生活——"九月来信"的前前后后》,人民网,2016年11月7日。

受益人口超过2万人。它东接省道盐金线，西连吕良镇，是吕良与前锋两镇最捷径的通道，不仅方便农场官兵的生产、生活，有利于部队农场的生产物资、农副产品的运进运出，还起到了缩短吕良、前锋两镇距离的作用，让周边村的农民直接搭上盐金线这个快车道。①这种事例在江苏有很多，江苏军民的感情、政治、经济基础从时空范围来看，坚实稳固。因此，退役军人参与乡村振兴有得天独厚的优势。

二、退役军人的优秀品质有助于乡村振兴

退役军人经受过部队的锤炼，普遍具有政治坚定、甘于奉献、守纪如铁、敢想敢干等优秀品质。特别是农村籍的退役军人，本身就有着建设农村、改变家乡面貌的内在动力，更能够在乡村振兴中发挥主力军作用。

江苏省退役军人在乡村经济发展中展现出较强的模范带头作用。他们致富不忘初心，扶危济困有善心、带头致富有爱心、共同奔富有信心。金湖县塔集镇闵桥村的黄爱宏，在2009年从武警某部服役12年退伍返乡，走上了自主创业路，办过排烟道厂、卖过电梯、销售过肥料。一次偶然的机会，黄爱宏在朋友圈看到无人机喷药的小视频，深受启发。2017年，黄爱宏投资18万元购买了3台无人机，组建"兵哥飞防"植保团队，正式投身飞防植保的"新战场"。"兵哥飞防"专业合作社的服务宗旨是用军人精神打造军工品质，以卓越服务共建美丽乡村。此后的几年，他充分发扬一名退役军人的独特优势，积极与金湖及周边的农资经销商、江苏农垦宝应湖农场、复兴圩农场、中华保险等相关单位合作，业务量大增。如今，合作社已拥有15台植保无人机，仅2024

---

① 杜传洲：《"连心路"上共腾飞——革命老区金湖的拥军新风采》，《铁军》2014年11月。

年上半年的小麦季，团队飞机每架次作业面积就达1万亩。作为一名退役军人，黄爱宏不但个人勤劳创业，更不忘带动战友一起发展，为退役军人在乡村振兴中蹚出了一条就业创业的新路子。2019年，经金湖县退役军人事务局牵头，黄爱宏以"农资厂商＋兵哥飞防＋退役军人＋种植大户"的模式，组织退役军人开展飞控技能培训，实现了既服务农业，又能帮助退役军人就业创业，还能让大家享受"兵哥飞防"合作社的红利。

退役军人在乡村综合治理中体现出较好的担当作为。张家港市南丰镇永联村是全国经济总量排名前三、上缴税收排名前二、全面建设名列前茅的一个行政村，先后获得全国文明村、全国先进基层党组织、全国生态村、全国乡村治理示范村等30多项国家级、省级荣誉。这些荣誉离不开永联村党委书记、退役军人吴惠芳的付出，2005年吴惠芳选择自主择业回到家乡永联村，他勇于创新，探索建立适合城镇化乡村的治理模式，将过去村委会一元治理模式转变为多元、立体的乡村治理结构；提出新农村建设"六个化"标准和美丽乡村建设"四美"标准，发展旅游业带动致富。近年来，永联村还全面推进数字乡村建设，有序推进数字产业、数字治理、数字民生三个方面的改造工作，让村民跟上数字时代的发展，走在时代发展的前列。十几年前还是一个偏僻的小渔村的淮安市金湖县前锋镇白马湖村如今变成了"旅游旺地"，"兵书记"蒋贵清功不可没。2003年4月，蒋贵清在上级组织乡村书记外出观摩中发现，当地的农家乐生意很好。他觉得白马湖的风光更美、更有特色，完全可以搞渔家乐，搞乡村旅游。军人出身、行事干练、雷厉风行的蒋贵清，回到村里首先找到了王言山。王言山也是一名党员，在县城开过饭店，能烧一手地道美味的渔家菜，村里人对王言山也都很佩服。蒋贵清心里清楚，只要王言山支持他的想法，愿意带头一起干，这事就成功一半了。

说干就干，蒋贵清带着王言山等几名骨干到南京江心洲等地学习取经，还找到县交通局的领导，把白马湖渔家乐宣传单张贴到县城的每一辆公交车上。经过一番努力，渔村当年利润就超过10万元。如今，全村有12户渔民都开起了渔家乐，每户年收入超过20万元。2008年，蒋贵清又着手筹建农业合作社，发展规模经济，用他的话说，就是要"让党员在合作社里发光、让群众在合作社里发财"。白马村先后被评为全国生态文化村、全国十强文化村、全国农业旅游示范点、全国美德在农家示范点、全国一村一品示范村、江苏省最具魅力休闲乡村、江苏省十强电子商务示范村、江苏省文明村。

  在推进公共事务管理中体现出较强的组织感召力。以昆山周市镇市北村为例，市北村党委书记吴根平是一名退役军人，于1986年5月在部队入党，也曾是奋发图强的青年企业家，在人生重要的十字路口，却选择脚踩泥土、栉风沐雨，成为一名扎根基层20多年的村干部，带领全村党员群众，将市北村建设成为新农村建设示范村，实现了由穷到富、由丑到美、由后进到先进的华丽巨变。吴根平也先后获得江苏省劳动模范、吴仁宝式优秀村书记、江苏省农村基层党建工作突出贡献奖、江苏最美基层干部、江苏省首批"百名示范"村书记、苏州市民兵"双带双扶"先进个人、苏州市十佳村党组书记、苏州市优秀共产党员、苏州市最美退役军人、昆山市优秀共产党员、昆山市农村"双带"能人、昆山撤县设市30周年卓越贡献奖等50余项荣誉称号。在吴根平身上，我们看到了退役军人成为"兵支书"后，充分发挥了能吃苦、能打胜仗的军人作风，成了带领村民致富的"领头雁"、乡村振兴基层抓党建的重要力量。又如常州市新北区，在枫桥经验的实践中，主动参与村民纠纷调解、帮助宣传国家政策、加强网格化服务管理上有较好作为。区里的两新组织拥军优属协会，连续6年每年慰问100名全区范围内的困难退役军人，在促进社会和谐稳定、传承中华传统优秀文化上有较好担当。再如白马湖村的蒋贵清书记带领白马湖村走上致富路的同时，有着浓厚军旅情怀的他不忘回馈家乡老兵，担任了淮安市退役军人就业创业导师，多次走上培训课堂"传经送宝"。此外，金湖县金南镇福寿村党总支书记、退役军人刘俊云，为了贯彻落实中央乡村振兴战略，根据省委加快改善苏北地区农民群众住房条件、推进城乡融合发展的意见，刘俊云带领村两委一班人不分白天黑夜，一户一户做工作，一户一户宣传政策，持续推动农房风貌整治提升工作。针对全镇农户分散居住、基础设施配套不全的现状未雨绸缪，全力推进农房改善工作，在辖区内建成省级农房改善示范点幸福湾新型农村社区。幸福湾社区占地约450亩，配套建设党群服务中心、红色文化公园、人民兵工展示馆、菜地等设施，小区可安置农户820户。建成后的小区环境清新亮丽，环境干净整洁，配套设施完善，充分呈现出和谐美丽的新画卷，真正做到了生态宜居，不断提升着群众的幸福感和获得感。福寿村先后被评为江苏省特色田园乡村、淮安市生态宜居美丽示范村，2023年列入江苏省乡村振兴示范村创建名单，近期获评江苏省宜居宜业和美乡村。淮安市金湖县退役军人於如桂为镇里修桥、修路等累计捐款捐物100多万元，他先后与100余名困难学生结对，捐资助学200多万元。他被聘为淮安市退役军人就业创业导师，义务为退役军人就业创业提供指导和咨询，他还积极举办各类公益讲座上百场次，惠及上万人。多年来，於如桂已累计为公益事业捐款捐物2000多万元，为困难群体捐款超1000万元。先后荣获全国模范退役军人、江苏省道德模范、江苏好人、江苏省首届退役军人创业之星（社会贡献奖）、江苏省最美退役军人、江苏慈善楷模、CCTV中国影响力企业家、淮安市优秀共产党员等荣誉称号。

三、注重完善退役军人服务体系

2018年退役军人事务部等部门下发的《关于促进新时代退役军人就业创业工作的意见》为做好退役军人就业创业工作提供了指导，2021年8月退役军人事务部等16部门联合印发《关于促进退役军人投身乡村振兴的指导意见》，这两个文件对退役军人投身乡村振兴工作给予了指导，但如何实施还需结合当地情况制定实施细则。在我们调研走访的这些地方，均有相应完善的助力退役军人投身乡村的服务体系，在无微不至的同时各有特色。

例如盐城大丰区，在抓重点的同时，细节也不放过，从制度、平台搭建等方面着手，把退役军人投身乡村事业做深做实。大丰区坚持把退役军人就业工作摆在突出的位置，坚持政府促进和市场导向并重，精准施策、务求实效，促进退役军人高质量充分就业。区退役军人事务部门与以荷兰花海景区、联鑫钢铁有限公司、梦幻迷宫景区等为代表的企业合力带动更多退役军人就业，在区退役军人事务部门与企业的合力推动下，越来越多的企业在招聘时都会有醒目的几个字"退役军人优先招录"，甚至会为退役军人专门设置岗位。大丰区的经验可以总结为以下三个方面。

一是政企联动助力岗位开发。近年来，积极与本地企业、苏南企业对接，致力于为退役军人提供更多就业岗位。还与本地企业多次沟通协调，积极宣传退役军人再就业服务政策，大力推介退役军人，越来越多企业在优先招聘退役军人的同时，还专门为退役军人设置岗位，为区退役军人提供了更多选择。荷兰花海是国家AAAA级旅游景区，也是盐城市就业创业孵化基地，2021年荷兰花海的花市基地增加了"种球"培育项目，为花海周边的82户退役军人家庭提供了就业岗位。成立了盐阜老兵志愿服务点应急小分队，小分队现有9名退役军人三班轮值在岗，计划再招聘退役军人20名，承担起促进退役军人就业的重要责任。盐城市联鑫钢铁有限公司成立于2000年6月，是区退役军人就业创业示范基地，目前共有在职退役军人351人，占职工总人数的10.6%。针对退役军人，公司采取"定向专岗"方针，每年拿出一定比例的岗位定向招聘退役军人，并且按基本工资不低于5000元的标准执行。梦幻迷宫景区为国家AAAA级旅游景区，是盐城市退役军人就业创业基地，公司在招工用工中充分发挥主体作用，主动吸纳、优先录用退役军人和现役军人家属，先后吸纳近50多名退役军人，并妥善安置多名军人家属，此外还聘请了多名退役的优秀"四会"教练员为兼职教官，切实为退役军人提供更多就业岗位。还积极开展与苏南政、校、企的深度合作，分别与昆山市退役军人事务局、江苏科技大学张家港校区、苏州高博软件技术职业学院、海澜集团签订合作协议，努力为区退役军人提供更广阔的发展空间。

二是用基础数据搭牢就业平台。首先，建立供需台账。退役军人退役时，通过逐一面谈、就业创业系统信息采集等方式，逐人摸清当前退役军人学历专业、技能水平、就业意愿、岗位需求、薪资要求等信息，全面了解和准确掌握退役军人的困难、需求，建立退役军人就业台账，动态掌握就业情况。定期召开企业座谈会，与荷兰花海景区、联鑫钢铁有限公司及梦幻迷宫景区等优秀企业、用人单位面对面交流，详细了解基本情况、发展成果、用人需求等信息，建立企业单位用人需求台账。同时深入走访更多企业，大力宣传推介退役军人，拓展拥军企业"朋友圈"，收录更多企业招聘退役军人相关信息数据。其次，全力搭建就业平台。围绕"促进退役军人就业创业"开展服务活动，常态化组织退役军人"走进企业观摩岗位"，积极引导退役军人在退役军人就业创业示范基地针对性地选择实践场所，在实践中积累工作经验，为退役军人和用人单位搭建"双向选择"平台。每年2月、5月、9月和10月举办线上线下退役军人专场招聘会，吸引本区、盐城市等多家企业参加，3年来共提供22563个就业岗位，参加招聘活动的求职退役军人1011人，达成意向人数272人。最后，定期推送招聘信息。每周通过微信公众号及退役军人微信群，精准推送相关岗位信息及就业创业政策，助力退役军人就业创业；通过拥军企业微信群，定期推送退役军人求职需求，与区人社局建立合作关系，将人才市场的就业招聘信息引入退役军人服务中心大厅电子屏，实现信息同步共享。

　　三是精细服务构建长效机制。首先，提供专业服务。成立退役军人就业创业促进会，搭好政府与社会、军队与地方、退役军人与用人单位的桥梁纽带，为退役军人就业创业铺路搭桥、提供支持。2022年，牵头中国农业银行大丰支行、兴业银行大丰支行为盐城市联鑫钢铁有限公司送服务上门，举行战略合作恳谈会，签订《退役军人就业创业合作协议》《金融扶持企业发展合作协议》。2023年授予联鑫钢铁有限公司首家非行政领域"退役军人服务站"，为企业发展和退役军人发展提供更加坚实的有力保障。其次，注重能力培养。与企业建立"师徒式培训"学习模式，根据台账信息推荐退役军人进入企业跟班学习，将退役军人培养成为相关领域的专业人才、技术专家，为企业输送高质量人才。为确保招聘入职的退役军人尽快胜任岗位要求，梦幻迷宫景区着力开展新入职退役军人培训工作，通过岗前培训、岗位三大规程与标准作业培训、师带徒培训、技能工作室培训等方式，使新入职的退役军人尽快掌握岗位操作技能。最后，立足长远发展。一直以来，都把退役军人的不断提升和长远发展作为工作的出发点和落脚点。与荷兰花海景区共同商定，充分发挥荷兰花海郁金香种球花卉技术优势，加强退役军人技术技能培训，结合不同岗位实际，采用结对帮扶、多对一指导、专家授课等方式开展政策法规学习、职业技能练习、现场实训，进一步激发主观能动性，提高能力素质，为广大退役军人职工提供晋升渠道。梦幻迷宫景区大力推荐退役军人优秀代表担任公司重要岗位职务，目前景区核心岗位工作主要由退役军人承担，如绿化部长、工程部长、物资部长等。

南丰镇退役军人服务站站长匡亚军介绍，他们在体系建设、志愿服务等方面着手。在构建完善的退役军人服务体系方面，他们从多方争取，异地选址，将服务站从镇机关搬至更贴近民众的年丰新村门面房。加强硬件设施建设，按照标准化要求，打造温馨舒适、功能齐全的服务站。站内设有专门的服务大厅、咨询室、荣誉室、法律援助室、老兵活动室等，为退役军人提供"一站式"服务场所。同时，配备了现代化的办公设备，提高服务效率。对村社区服务站在人员配备上，选拔了一批政治素质高、业务能力强、对退役军人有深厚感情的工作人员。定期组织培训，提升他们的服务意识和专业水平，确保能够准确、高效地为退役军人解答政策咨询、办理相关业务。通过建立健全服务站的各项规章制度，明确工作职责和流程，实现了服务工作的规范化和制度化。在体系建设不断完善的过程中，镇永合社区服务站站长秦欢表现卓越，凭借其出色的领导能力和对退役军人服务工作的热忱，获评全国百名优秀服务站站长。把退役军人的权益保障和服务作为工作重点。积极落实各项优抚政策，按时足额发放优抚金、现役军人优待金、节日慰问金等，确保退役军人及其家属的生活得到保障。在就业创业扶持上，举办退役军人专场招聘会，为他们提供丰富的就业岗位信息。同时，开展就业技能培训课程。注重加强思想政治引领，通过组织退役军人参加主题教育活动、红色文化宣讲等，让他们退役不褪色，始终保持军人的优良作风和忠诚担当。成立了多个退役军人志愿服务团队。这些团队在社区服务、应急救援、文明创建等领域发挥了积极作用。在社区服务中，退役军人志愿者们为孤寡老人、困难家庭提供生活帮助，如维修家电、打扫卫生等。在应急救援方面，他们参与了多次自然灾害应急救援演练。在文明创建活动中，他们参与环境卫生整治、交通秩序维护等，展现了退役军人的风采。其中，南丰镇橄榄绿退役军人志愿服务队以其出色的组织协调能力和无私奉献精神，获评全国学雷锋志愿服务"四个100"先进典型"最佳志愿服务组织奖"。他们的行动不仅为社会作出了贡献，也为其他退役军人志愿服务团队树立了标杆，吸引了更多退役军人加入志愿服务行列中。

在常州新区，在做好退役军人登记、培训、推介的同时，还进行全覆盖式的建设退役军人服务站，目前新区的退役军人在17800人左右，处于就业线以下和就业线以上的各占50%左右。村、社区工作人员有250多人。镇、村、社区退役军人服务站实现了退役军人工作人员全覆盖。在赣榆地区，他们从制度构建、培训组织，培育"兵支书"，甚至细致到待遇方面都有相应的考虑和规定。

四、江苏退役军人参与乡村振兴存在的问题分析

江苏退役军人作为乡村振兴中的宝贵人才资源，在乡村振兴战略中发挥了重要作用，通过这次调研，我们发现，在基层的工作当中也存在一些问题，主要表现为：一是在退伍梯次建设中存在"断层"现象。目前在乡村振兴中挑大梁的多是退伍多年的军人，其中不乏能人：他们有的是先自己创业成功，再反哺家乡，回乡担任村委工作，或是通过成立公司、组织带动家乡发展；有的是退役后直接投入村委的工作当中，带领村民闯出富裕之路。他们的成功除了个人能力因素，还有时代背景的因素，或者是家族支持等因素，他们的成功经验放在新形势下，不具有

可复制性。我们了解到一些年轻退役军人不愿参加村里工作、年龄大的退役军人又没精力参加的现象仍然存在。二是退役军人自身能力与准备不足、"本领恐慌"导致返乡发展适应性弱。由于部队环境相对封闭、专业所限，再加上很多"90后""00后"的生活环境导致对农村生活了解较少，不少退役军人不能很好地满足乡村建设所需。三是资源难以"精准对接"，如何做好孵化扶植培育，让退役军人有渠道、有能力投入乡村振兴当中。四是激励保障措施有待进一步完善，需要组织、人社、农业农村、退役等多部门合力，制定激励措施和办法，解决"兵支书""兵委员"及有志于投身乡村振兴就业创业的退役军人人才选拔和职业发展后顾之忧。

五、关于江苏退役军人参与乡村振兴的两点建议

新形势下，要让退役军人更好地融入江苏乡村振兴战略、发挥人才的作用，让退役军人在乡村振兴战略中大放异彩，就要解决让他们能够"进得来，留得下，有出路"，并顺利"扎根、散叶"的问题。

用制度的方式建立健全退役军人进出乡村振兴的保障通道。通过多部门共同发力，出台支持退役军人进村培养的具体政策举措。通过综合考量退役军人个人能力和岗位需求，打通选拔优秀退役军人进村发展的渠道。同时科学制定考核评价机制，对考核优秀的"兵支书""兵委员"在职业晋升上予以重点关注和激励，让优秀退役军人下得去、留得住、上得来。

搭建好返乡干事创业的平台。首先，做好退伍前和退伍后的宣传工作，营造助力乡村振兴的良好氛围。深入挖掘和大力选拔、推介各类在乡村振兴一线事业有成的老兵模范典型，多种形式讲好退役军人的精彩

故事，在评选最美退役军人、优秀共产党员、劳动模范、先进个人中扩大比例，激励他们把个人理想价值观与实施乡村振兴战略紧密联系在一起，进一步营造支持老兵参与乡村振兴的社会氛围。其次，搭建好退役军人的交流学习平台，组织好退役军人的传帮带工作。最后，做好做实退伍前和退伍后的针对性培训工作，针对自身专业技能不适配、知识储备有限、缺乏竞争力等问题，要在教育与培训上多下功夫，尤其是要让有志投身乡村发展创业的退役军人能真正参与进来。同时还可以把"兵书记""兵委员"纳入各级党委组织部门干部教育培训项目，不断提高他们的履职能力，进一步夯实党在广大农村的执政基础。

完善驻村第一书记制度的思考和建议

徐广田　东南大学中国特色社会主义发展研究院、东南大学马克思主义学院

习近平总书记强调:"在接续推进乡村振兴中,要继续选派驻村第一书记,加强基层党组织建设,提高基层党组织的政治素质和战斗力。"[①]驻村第一书记是实施乡村振兴战略的重要主体,驻村第一书记兼具组织资源和乡村治理资源双重优势,为乡村振兴提供了干部人才支撑,在建强村党组织、推进强村富民、提升治理水平和为民办事服务等方面发挥了重要作用。如何充分发挥驻村第一书记制度的引领作用,以组织振兴推动乡村振兴,是基层党组织建设研究中的一项重要课题。

一、乡村振兴以来驻村第一书记制度实施的主要经验

在全面推进乡村振兴进程中,驻村第一书记制度继续完善,驻村第一书记继续发挥更加重要的作用,在实践中积累了重要经验。

(一)以基层需求为导向选派驻村第一书记

在全面推进乡村振兴过程中,各村发展的难点堵点不同,需要专业化的人才才能因地制宜助村发展。通过苏南、苏中、苏北等各地调

[①] 习近平:《论"三农"工作》,中央文献出版社2022年版,第229页。

研发现，江苏省坚持"缺什么派什么"，按照"先定村、再定人"的原则，以基层需求为出发点，提出专业类型、能力特长、年龄结构等人员选派需求。昆山市由区镇根据集体经济薄弱、房屋拆违难度大、农文旅融合产业升级难等不同类型发出需求"订单"，结合青蓝结对一线攻坚、名校优生基层锻炼等工作，先后从农业农村局、住建局、昆山文商旅集团等市级行业主管部门、本地龙头国企等，选派6批次90名精兵强将到乡村一线。针对乡村振兴任务重的软弱涣散村、经济薄弱村的现实需求，盐城大丰区从金融单位优先选派业务能力好、奉献精神强的金融干部到村任职，推动人员力量、专业理念、优势资源下沉一线。

（二）建立较为严格的驻村第一书记日常管理与考核制度

调查发现，各地在履职纪实、问计民生、党建品牌打造等方面细化要求、压实责任。加强跟踪管理，组织部会同派驻单位和镇党委"三方联动"，定期进村开展慰问走访，详细了解干部履职、考勤等具体情况。建立评价标准清单，紧扣组织建设、强村富民等重点工作，年终按照工作述职、个别谈话、实地查看、量化打分、综合评定等程序，对驻村第一书记履职情况进行考核，对年度考核优秀的给予表彰奖励，对群众不满意、工作表现差的，进行约谈教育和必要的调整处理。常州市新北区制定"五个一"工作责任清单，主要包括记好1本工作日志、完成1项党建项目、形成1篇专题调研报告、组织开展1次高质量主题党日活动、协调解决1批民生问题。此外，建立了驻村第一书记实施项目的追踪落实机制，填报工作项目申报表、每年底填写工作项目推进表、任期结束填写到村任职项目落实情况鉴定表。

（三）围绕宣传党的政策、建强村党组织、推进富民强村、提升治理水平、为民办事服务压实驻村第一书记岗位责任

根据全面推进乡村振兴、巩固拓展脱贫攻坚成果任务需要，驻村第一书记主要围绕基层党建创新、美丽乡村建设、集体经济增收、民生项目推进、和谐稳定发展等方面做了许多为民服务的好事实事。昆山提出"给钱给物，不如建设一个好支部"，驻村第一书记驻村期间帮助村两委总结提炼"党建绣花针"工作法。常州市新北区提出驻村第一书记要以强村富民为着力点，把"一村一品"作为重要抓手，深化集体经济规模化、标准化、品牌化和市场化建设，积极探索发展更高质量的生态旅游、文化创意等新业态，提升村民生活品质。金湖县要求驻村第一书记以项目为抓手，围绕"产业美、生态美、乡村美、生活美、形象美"，打造新时代和美乡村。盐城市大丰区鼓励驻村第一书记领办创办致富带富项目，发展包括物业公司、劳务公司、农业公司等经济实体。

二、乡村振兴中驻村第一书记制度面临的现实困境

驻村第一书记制度在全面推进乡村振兴中发挥重要作用的同时，也在选派、权责、项目、保障等方面暴露了一些矛盾和冲突，面临诸多现实风险。

（一）资源难以"精准对接"

调查发现，各村发展难点堵点不同，驻村第一书记自身专业特长、渠道优势、后方单位资源等也各不相同，"一对一"精准帮扶容易出现资源供需不平衡的问题。一是从供给端看，选派人员的针对性不强。驻

村第一书记的专业特长与村产业发展无法精准契合,派出干部农村经验匮乏问题较为明显,缺少大量的经营性干部人才助推乡村产业发展,未能有效按照专业类型、能力特长、年龄结构等人员择优统派。二是从需求端看,长远性的需求"订单"缺乏深入调查。绝大部分组织部门坚持"缺什么派什么",以基层需求为出发点,向各村发出需求"订单"。村庄需求什么,我们就给什么,这可能会对村庄发展形成误导,因为村委会和村民始终立足村庄发展的现实需要,把经费支持、政策优待、利益实惠等摆在基层需求的第一位,部分村庄短视需求致使其"等、靠、要"的思想仍然存在,缺少对村庄的长远性发展内生动力的深入思考。

(二)驻村第一书记与党支部书记的工作合力不足

与部分驻村第一书记和村党支部书记一起深入访谈发现,由于职责不明确、沟通不畅、工作目标和工作方法上的差异,驻村第一书记和村党支部书记双方容易发生权力博弈甚至不合作情形。一是驻村第一书记和村党支部书记工作焦点不齐,脚步不一致。受考核驱动,有的驻村第一书记倾向于完成上级交办的驻村事务,而村党支部书记更注重务实收益,容易形成各行其是的工作局面。二是文化、能力水平的差距,弱化了两者之间的认同感。目前选派大多是单位年富力强的业务骨干,处于职业发展的上升期,驻村第一书记能力较强,为民服务方面办了许多好事、实事,很有可能弱化民众对村党支部书记的工作认同和权威认同,或村党支部书记容易产生强烈的依赖的看客心理,驻村第一书记帮扶易变成一种单打独斗的"独角戏"。三是驻村第一书记带来的"处方"与村党支部书记的"土方"格格不入。驻村第一书记制度的运转更多都是依靠上级组织,并且绝大多数驻村第一书记都长期在机关部门工作,有的驻村第一书记存有自身的优越感和价值高位,把"帮扶"理解为"施惠",

把"第一书记"理解为"权力第一"的错误观念,基层工作经验缺乏,却把习惯单位的管理模式运用到村里,易引起两者分歧,产生矛盾。

(三)驻村第一书记的"处方"延续性不强

据深入调查发现,从脱贫攻坚到乡村振兴过渡阶段,不少地方、村民和驻村第一书记都存在对其角色转化的认知障碍,依然将驻村工作简单地理解为"就是带来资源与项目"。并且受考核驱动,容易形成驻村第一书记"单向度"的个人意愿与施与。一是驻村第一书记驻村仍存在脱离群众的"悬浮干部",短期业绩创造难以将为村民谋利益落到实处。在两年任期"一票否决"的考核压力下,有的驻村第一书记甚至重拾形式主义来应付"指标达标",不少驻村第一书记的主要时间和精力都用在跑资金跑项目上,对村庄了解有限,与村民关系较为疏远,或是群众工作能力有限,驻村第一书记驻村倾向于在短期内创造业绩,通常会优先考虑实施效果见效快、上级看得见的项目(如村庄基础设施建设的硬投入等),而无心无力从长远角度出发培育一些能够持续提升农村内生发展动力的事项,如社会组织培育、治理水平提升、人才培养和引进、文化建设等。二是新官不理旧账,前任驻村第一书记实施的项目政策进行持续性维护面临很大难度。与村两委成员、村民深度访谈发现,他们对驻村第一书记带来项目的最大担心和忧虑是驻村第一书记2年驻村服务结束后,好的做法、好的理念、好的政策能否持续延展实施,发挥其长远实效。据当前驻村第一书记的实施成效看,一旦前任撤离,已有的项目政策往往重新陷入碎片化的组织陷阱,无法实现长远的可持续发展。当前较短的任期,不仅导致村庄发展的长期性规划难以实现,同时缺乏跨届的驻村第一书记项目及治理工作的延续制度,出现了前任驻村第一书记离开后工作无法有效衔接,成为目前面临的重大难题。

（四）驻村第一书记面临多种角色困境

与省、市、县等多方派出的驻村第一书记深入交流发现，驻村第一书记在参与基层事务时往往面临着多重角色要求，当多维的角色期望同时发挥作用时，容易产生工作角色的冲突、家庭责任与基层驻村工作的角色冲突，在竞争性角色之间进行选择，可能产生角色紧张、工作满意度低甚至角色疏离的逃避行为。一是驻村第一书记面临原单位的工作任务与基层单位的驻村任务双重压力，两头难以有效兼顾。目前调查发现，各地各单位选派的驻村第一书记基本上是各单位的业务骨干，也正处于职业发展的上升期，驻村第一书记原单位工作上还有不少任务，在驻村期间，驻村第一书记需要常态化协调处理两方带来的双重任务，经常发生驻村第一书记在驻村任务不忙时跑回原单位完成业务工作的情形，难以严格按照驻村第一书记要在原单位脱产脱岗。二是当面临相关单位的考核评估时，驻村第一书记会转向考核评估应对者这个自我身份认同，弱化驻村第一书记的职责任务。据调查发现，各级政府都出台专门文件对驻村第一书记的职责任务作了明确规定，这些规定的角色大体可分为党建引领者、组织协调者和资源传输者三种类型。但驻村第一书记面临多种繁杂的考核评估任务时，驻村第一书记容易将自我的角色定位为考核评估的应对者，却对党建引领者、组织协调者和资源传输者的工作角色要求作出更消极的回应。三是驻村第一书记工作和家庭角色的兼容更加困难。驻村第一书记在家庭中需要扮演"子或女、夫或妻、父或母"等角色，同样承担相关的责任，但驻村第一书记为了工作远离家庭，绝大部分时间在乡村一线履职。驻村第一书记工作和家庭的两地化使其承担的家庭角色很难渗透到工作场域，其在工作场域中扮演的角色也很难渗透到家庭，导致工作和家庭角色的兼容也更加困难。工作与家庭之间存在失衡风险,并且有可能会带来诸如身心健康受损、工作满意度和生活满意度下降等一系列消极后果,严重影响驻村第一书记的工作积极性、主动性。

三、乡村振兴中完善驻村第一书记制度的政策建议

针对驻村第一书记制度实施中面临的现实风险,进一步完善驻村第一书记制度,充分发挥好驻村第一书记助推乡村振兴的重要作用。

(一)建立更加科学精准的干部选派制度

一是完善驻村第一书记备选人选驻村服务动机的精准识别机制,筛选有强烈驻村意愿的第一书记。确保选派有强烈驻村意愿的驻村第一书记过程更加科学、合理和有效,识别驻村第一书记备选人员的驻村服务动机,做到精准筛选,显得尤为重要。建立驻村第一书记备选人选驻村服务动机的精准识别机制,在选派前通过对备选人员的档案调阅、调查访谈,筛选出驻村服务动机相对高的、愿意到乡村工作、想做出较高绩效的驻村第一书记。

二是健全以涉农工作经验导向的甄选机制,选拔有涉农经验的驻村第一书记。针对驻村第一书记专业特长与乡村发展方向无法完全匹配,部分驻村第一书记能力特长未能充分发挥情况,需要加强对驻村第一书记选派人员的涉农条件选拔。要建立系统化的选人标准与甄选流程,以涉农工作相关经验为基本条件,注重选拔在农村产业发展、基层组织建设、乡村人才培养和美丽乡村建设等方面和驻村第一书记备选人员专业特长精准契合,让真正有农村工作相关经验者担任这一重要的职务。

三是建立"一村一事一议"的科学问脉机制,精准把脉村庄长远性

的"特色需求清单"。长远来看，梳理形成乡村长远发展的"特色需求清单"，是实现乡村振兴和可持续发展的关键。基层组织部门和农业农村局要规避"头痛医头、脚痛医脚"的短视性派驻，重点从自然环境、气候条件、土地资源、人力资源等方面充分调研派驻村情形，了解派驻村亟须解决的最重要现实问题，精准把脉派驻村的资源禀赋、历史文化、产业发展基础、品牌建设方向，从激发派驻村自身内生动力和长远发展规划视角全局制定派驻村的长远性"需求订单"，进而实现"靶向"施策，精准选派专业特长、单位优势与乡村发展相契合的驻村第一书记。

（二）完善驻村第一书记与村支书的合作共事机制

一是优化有效沟通机制，减少误解和分歧的产生。驻村第一书记应定期向村党支部书记汇报建强村党组织、推进强村富民、提升治理水平和为民办事服务等方面的工作进展，包括政策落实情况、项目推进情况等，以便村党支部书记及时了解并协调相关工作，就工作中遇到的问题进行及时反馈和讨论，共同寻找解决方案，双方分享彼此的经验，相互学习，共同提高。

二是完善权责分明的制度规定，保证双方边界清晰。明确村党支部书记和驻村第一书记职责分工。驻村第一书记需要发挥好辅助、协调和服务的作用，驻村第一书记注意调动村党支部书记的积极性、主动性和创造性，做到"帮办不代替，到位不越位"。村党支部书记支持驻村第一书记工作，不仅体现在对驻村第一书记个人的支持和关心上，更体现在通过发挥对本地资源的熟悉度和掌控力，为驻村第一书记提供资源信息、协助资源调配、化解矛盾纠纷，实现派驻村资源的优化配置和高效利用。建立相关责任追究机制，切实发挥村务监督委员会"最后一公里"的监督作用，加强对村党支部书记和驻村第一书记履职尽责执行情况的监督。

三是完善派驻村重大问题的协同发力机制，形成工作合力。健全驻村第一书记和村党支部书记的共同参与决策机制，在村级组织的决策过程中，共同分析遇到的问题和挑战，根据实际情况和村民意愿，能够民主协商、交换意见、共同决策。完善驻村第一书记和村党支部书记的功能互补机制，驻村第一书记利用派驻单位和共建单位的资源，争取政策支持，推动相关要素倾斜下沉，村党支部书记发挥对本地资源的熟悉和掌控优势，确保资源得到充分利用，以功能互补方式共同推动农村基层组织的工作发展、促进农村经济发展、乡村稳定和文明进步。健全派驻村发展规划的共同制定机制，结合本地资源和上级政策，明确发展方向和目标，确保派驻村的可持续发展。

（三）建立驻村第一书记项目连续性的长效机制

一是探索"组团式"帮带模式，提升驻村第一书记驻村工作的综合能力。破除年龄、行业、职务、身份等界限，筛选一批在党建业务、基层治理、产业振兴等领域经验丰富的镇（街道）包村干部、工作能力突出的村干部和各行业的致富能手，组建镇（街道）、村、行业三级导师"帮帮团"，围绕基层党建创新、美丽乡村建设、集体经济增收、民生项目推进、和谐稳定发展五个方面，对驻村第一书记进行"多对一"帮带。开展"书记讲给书记听"活动，邀请任职期满的驻村第一书记授课，将离任的驻村第一书记工作集锦汇编成册，传授经验方法，指派卸任优秀驻村第一书记担任新派驻村第一书记工作导师。组织驻村第一书记围绕自己专业特长进行授课，分问题类型建立数个攻坚小组，为派驻村的发展问题把脉会诊、出谋划策，变单个帮扶为合力帮扶，帮助其确定项目内容，使项目更加科学、更加贴近村情民意。

二是推进乡村全过程人民民主建设，不断探索村民自治新的实现形式。驻村第一书记要协助完善村党组织领导的村民自治制度，围绕激发乡村发展活力和化解农村社会矛盾，创新议事协商形式，拓宽议事协商范围，搭建多方主体参与平台。要深化村级议事协商创新实践，构建利益表达的公共空间，对有实际需要的地方，实行以村民小组或自然村为基本单元的村民自治，引导村民借助村民自治、议事会、恳谈会和村规民约等形式，全过程参与驻村第一书记项目的决策与治理。

三是建立同一派驻单位持续性包干驻村的长效机制。驻村，不仅是驻村第一书记的个人行为，更是派驻单位必须承担的共同责任，必须压实派驻单位的责任。派驻单位既需要加强资金、技术、信息及人员方面的资源供给，切切实实解决村庄发展中的各项资源难题，更需要派驻单位的领导定期和按需听取驻村第一书记的工作汇报，如有需要可现场共同办公，对其真实状态、成效和问题有全面的了解。此外，基于因人员变动而导致的项目中断或停滞、维持驻村工作的连续性和稳定性、村民对驻村工作队的信任和支持、确保驻村项目政策连续性及收效性等多维度考虑，建议同一派驻单位持续包干驻村，重点从长远激发内生动力、摸清派驻村的区位情况、特色优势、未来发展着力点入手，由同一派驻单位接续选派下一任驻村第一书记。在驻村第一书记更替时，应建立项目交接机制，确保新任驻村第一书记能够全面了解前任项目的实施情况；新任驻村第一书记应根据前任项目的实施情况和农村发展的实际需求，制订详细的工作计划，明确项目延续的目标和措施；新任驻村第一书记应加强与地方政府、社会各界及农村基层组织的沟通与协作，共同推动项目的延续和发展；在延续前任项目的基础上，新任驻村第一书记应注重创新和发展，探索适合当地实际情况的新项目和新模式。

（四）完善驻村第一书记工作和生活的强大支持体系

一是优化精细监管和有效激励的考核评价机制。要对驻村第一书记的委任过程、工作历程和实际效果进行全面建档管理，对其工作中的先进和不足之处都予以全面客观的分析总结，尤其要通过任职期间各项经济、产业与民生方面的数字变化对其工作成果进行客观评价，为日后的干部使用提供客观依据。驻村第一书记驻村工作的评价机制需要更多地体现群众视角，要更多关注农村社会组织培育、乡村治理水平提升、乡村人才培养和引进、乡村文化建设等农村内生发展动力的长远事项。

二是完善驻村第一书记全脱产式驻村的长效机制。全脱产式驻村的核心特点之一就是严格要求驻村第一书记要在原单位脱产脱岗，每月至少在村工作22天以上，完全专注于驻村帮扶工作。派驻单位要加强资金、技术、信息、人才等方面的资源供给，保障驻村第一书记深入了解派驻村的经济、社会、文化等各个方面的实际情况，为制订科学合理的帮扶计划提供有力支持。通过定期交流、加强培训、心理辅导等方式，增强对驻村第一书记的情感关照，帮助其更好地适应新环境，消解驻村初期的迷茫感和驻村中期的倦怠感。面向驻村第一书记家庭，增加家属福利待遇、健康医疗优惠、评先评优倾斜、设立更多时长的探亲假期等，对有困难的驻村第一书记家庭要给予多方面的关心与支持，激发驻村第一书记全脱产驻村的积极性与工作热情。

三是全面提升驻村第一书记荣誉感、获得感、使命感。强化社会关注度，定期展示驻村第一书记工作成果，让驻村第一书记有荣誉感。增加考核评优比例，优先职务职级晋升，推动评选表彰倾斜，加大对考核优秀的驻村第一书记进一步提拔使用的力度。出台经费扶持"政策套餐",根据地区经济发展水平,严格落实驻村第一书记专项工作经费,同时给予基层党建扶持经费,根据实际适当提高交通补贴费用。要选树优秀驻村第一书记典型,表彰和学习优秀驻村第一书记事迹,形成正确舆论导向,进而增强驻村第一书记的使命感。

推进乡村产业振兴的时代意义、实践困境和突破路径研究

李　林　东南大学中国特色社会主义发展研究院、东南大学马克思主义学院

产业振兴是乡村振兴的首要任务，既是解决农民共同富裕的前提，也是实际工作的切入点。习近平总书记曾强调，农业农村工作，说一千、道一万，增加农民收入是关键。要加快构建促进农民持续较快增收的长效政策机制，让广大农民都尽快富裕起来。王轶和刘蕾实证分析乡村产业振兴对农民共同富裕的影响，发现乡村产业振兴在从无到有的初级阶段对高收入群体的增收效果更强。[①]产业振兴一直是推进乡村五大振兴的首要环节，也是解决"三农"问题的难点所在。戴春认为必须审视一二三产业融合发展，厘清底层逻辑，从聚焦保供、聚焦效益、聚焦发展等方面优化产业发展策略。[②]2023年中央农村工作会议围绕"提升乡村产业发展水平"做出具体部署，指出"坚持产业兴农、质量兴农、绿色兴农，精准务实培育乡村产业"[③]。因此乡村产业振兴不仅是国家发展的重要课题，而且是学界重要的理论话题，没有农村地区的产业振兴，2035年基本实现农业现代化的目标便是空中楼阁，所以研究农村产业振兴的时代意义、面临的实践困境与未来的发展路径正当其时。

---

① 王轶、刘蕾：《从"效率"到"公平"：乡村产业振兴与农民共同富裕》，《中国农村观察》2023年第2期。

② 戴春：《农业强国建设中农村一二三产业融合发展的重新审视》，《青海社会科学》2023年第5期。

③ 《以加快农业农村现代化更好推进中国式现代化建设》，《人民日报》2023年12月21日。

一、新时代推进乡村产业振兴的时代意义

农业农村现代化是新四化的重要组成部分，而推进产业振兴、培育乡村特色产业是加速我国实现农业农村现代化的有效举措。面对新时代我国维护国家粮食安全的战略背景下，需要实现经济结构优化升级与促进社会公平正义的双重目标，而推动乡村产业振兴能实现二者的动态平衡。它既是建设农业强国的内在要求，又是推进城乡融合的有力抓手，也是实现农民共同富裕的重要支撑，三者共同构成推进乡村振兴战略，维护国家长治久安的坚实基础，具有深远的时代价值。

（一）乡村产业振兴是建设农业强国的内在要求

习近平总书记指出："强国必先强农，农强方能国强。没有农业强国就没有整个现代化强国；没有农业农村现代化，社会主义现代化就是不全面的。"[1] 全面推进乡村振兴是新时代建设农业强国的重要任务，而产业振兴是乡村振兴的重中之重，也是实际工作的切入点。建设农业强国既要通过构建现代粮食产业体系牢牢把控粮食安全的主动权，又要推动乡村产业全链条升级来增强农业综合竞争力。

产业振兴是持续保障我国粮食安全，建设中国式农业强国的必经之路。国无农不稳，民无粮不安，粮食安全始终事关"国之大者"。习近平总书记强调："保障粮食和重要农产品稳定安全供给始终是建设农业强国的头等大事。"[2] 改革开放以来，我国以产业振兴为重要抓手，凭借自

---

[1]《加快建设农业强国 推进农业农村现代化》，《人民日报》2023年3月16日。
[2] 饶爱民：《锚定建设农业强国目标 切实抓好农业农村工作》，《人民日报》2022年12月25日。

身全产业链体系的供应优势和全球最大工业国的规模优势，有效整合了合成氨工业、硫酸工业、化学矿开采工业、能源工业、机械工业、材料工业，为化肥农药生产和农业机械化奠定了坚实的基础，农业总产量稳居世界第一，农产品价格相对低廉。进入全面建设社会主义现代化强国新征程，我国人口增长由正转负，数量层面的绝对性粮食需求增长正在减缓，但经济社会发展带来的成长性需求、转变性需求、安全性需求还在增加，以推进农村产业振兴为重要手段，构建多元化食物供给体系实现保生存、保发展、保安全，满足粮食的消费需求和储备需求，持续保障我国的粮食安全。

产业振兴是增强农业综合竞争力，建设中国式农业强国的重要支撑。习近平总书记认为，建设农业强国必须"依靠自己力量端牢饭碗……增强农业产业链供应链韧性和稳定性"[1]。作为一个人口众多的发展中农业大国，我国拥有14亿多人口带来的庞大农产品消费需求，市场潜力巨大，但基于"大国小农"的基本国情，要实现农业大国向农业强国的转变，必须依赖农业生产各环节的效率提升和创新驱动。通过产业振兴可以延长产业链，提升价值链，保障供给链，完善利益链，形成较强的可持续发展能力，推动一二三产业融合发展，进而提高农业生产效率，以比较优势增强我国农业竞争力。一方面，乡村产业通过加强农业分工协作和农业规模经营以拓展农业增值空间，形成农业规模经济效益。另一方面，在国际市场价格的波动对我国农业产业链造成持续内压的背景下，乡村产业振兴可以提高农业抗自然与市场风险能力，确保农业产业链、供应链、价值链、利益链的安全性、可靠性、可持续性，为提高农业生产效率和综合竞争力、建设农业强国提供重要支撑。

---

[1] 习近平：《加快建设农业强国 推进农业农村现代化》，《求是》2023年第6期。

（二）乡村产业振兴是推动城乡融合发展的有力抓手

习近平总书记强调："畅通工农城乡循环，是畅通国内经济大循环、增强我国经济韧性和战略纵深的重要方面。"[①] 推进乡村产业振兴不仅是农村经济发展的需要，也是推进城乡融合发展的有力抓手。乡村产业是打破城乡分割的一个重要突破口，只有乡村产业发展起来，才能打破传统的城乡分割，吸引城市的工商资本下乡、人才资金技术下乡，同时乡村特色产品进城，全面提升农村经济发展水平，让各类要素在城乡之间双向流动，最终形成城乡融合发展的局面。

乡村产业振兴是城乡融合发展的经济基础，能够提升农村经济发展水平。乡村产业是农村经济的支柱，其振兴直接关系到农村经济发展的速度和质量。发展乡村特色产业，提升农业附加值，延伸产业链，可以促进农村经济的多元化发展，为城乡融合发展提供坚实的物质基础，实现资源互补、产业互动，形成良性循环的城乡经济体系。乡村产业振兴有助于提高农民收入和生活水平，农村产业结构的优化和升级，这不仅能够创造更多高质量就业岗位，还能提高农民的职业技能，增加农民收入，而农民收入持续提高，消费能力不断增强，将进一步促进城乡市场的繁荣，提升农村经济发展水平，为城乡融合发展创造良好的市场环境。

随着乡村产业的不断发展，城乡要素更加自由流动，资源配置更加优化，市场潜力逐渐被挖掘，城市资本、技术与人才流向农村。城市资本和技术的下乡，不仅为农村经济发展提供了动力，也促进了城乡要素的交流与融合。城市和农村之间的要素流动更加频繁，资源配置更加优化，社会生产效率得到整体提升，带动人力资源合理流动。乡村振兴离

[①] 习近平：《加快建设农业强国 推进农业农村现代化》，《求是》2023年第6期。

不开充裕且优质的劳动力，这不仅包括农村内部的人力资源，也包括城市人才的下乡。乡村产业的发展创造了更多就业岗位，吸引农村劳动力实现就地就业，同时也吸引了城市人才到农村创业和发展。这种人力资源的流动，促进了城乡之间的文化交流和知识传播，为优化城乡资源要素、促进城乡融合发展提供了人才支撑。

（三）乡村产业振兴是赋能农民持续增收的重要支撑

党的二十大报告强调要"发展乡村特色产业，拓宽农民增收致富渠道"。作为现代化经济体系的重要组成部分，乡村产业体系既是关乎民生福祉的关键领域，又是迈向更高水平共同富裕的基础条件，也是赋能农民持续增收的重要支撑。产业是发展的根基，产业兴旺，乡亲们的收入才能稳定且持续的增长。推动乡村产业振兴，要优化产业结构，实现资源变资产、资金变股金、农民变股东，转一时经济收入为长期造血功能，激发农村地区的内生发展动力，使产业红利落实到促进农民增收上来，为农民增收致富提供牵引支撑。

产业振兴能提高农业生产效率与附加值，构建农民收入增长新机制。根据发展经济学理论，产业结构的升级和效率的提升是经济增长的核心动力。乡村产业振兴通过优化农业生产方式、提高农业生产效率和附加值，构建起农民收入增长的新机制，实现农民收入的持续增长。随着智能农业、生物技术等现代农业技术的应用，农业生产效率得到显著提升，生产成本降低，农民产出收益得到提升。通过推广现代农业管理和经营模式，发展农产品加工业和品牌建设，提高农业的组织化程度和农产品的市场知名度和竞争力，增强农民的市场竞争力，提升产品附加值，实现农民收入的多元化。例如，将地理标志保护产品打造成为知名品牌，可以有效提升产品价格，以品牌的溢价效应增加农民收入。

产业振兴可以促进农村产业融合与就业结构升级，实现收入来源多样化。新古典经济学理论认为，产业融合是推动区域经济发展的关键。乡村产业振兴通过促进农村产业融合和就业结构升级，拓宽农民收入来源，实现收入来源的多样化，保障农民的持续增收。农村产业融合是乡村振兴的新动能，将农业与休闲旅游、文化体验、电子商务等产业相结合，不仅可以提高农业的附加值，还可以创造新模式、新业态，促进农村就业结构的优化。例如，发展乡村休闲旅游可以吸引城市游客，带动餐饮、住宿、文化体验等相关产业的发展，为农民提供新的收入渠道。随着乡村产业的发展，农民从传统的农业生产向非农产业转移，如进入制造业、服务业等领域，深度参与农村产业融合发展和分享产业融合带来的增值收益，农民收入水平将显著提升。同时，政府通过职业培训、技能提升等措施，让广大农民能够认识到产业融合发展的重要性和必然性，发挥农民的主体作用，提升其就业质量和收入水平。

二、新时代推进乡村产业振兴面临的实践困境

我国农村社会正处于深刻变化和调整时期，而产业振兴置于农业农村现代化的意义不言而喻，但城市对农村生产要素的虹吸效应尚未彻底扭转，产业兴旺落到实处依然受制于结构单一、政策机制不完善及人才结构不合理等方面的问题，导致乡村产业的国际竞争力被限制，实现乡村面貌质变的效果无法充分彰显，助力乡村产业全面振兴仍面临突出的现实困扰。

（一）乡村产业同质化严重，经济结构相对单一

党的十九大提出乡村振兴战略后，我国经济发达省份如火如荼地开

启了振兴乡村、发展乡村、推动乡村现代化发展的征程，发展乡村产业成为首选。但与此同时，在中西部农村，农业仍然是主导产业，同质化现象严重，经济结构相对单一，使农村经济发展极易受到自然灾害、市场需求波动、国家政策调整等外部因素的波及，限制了经济增长潜力，风险抵抗能力被削弱，资源配置效率进一步下降，不利于乡村产业结构的优化跃升。

乡村产业同质化倾向严重影响乡村产业持续发展。乡村振兴的各项政策落实依赖于我国的县级政府，而中西部脱贫县区由于缺少跨县域层面的统筹协调与总体规划，部分资源禀赋相近的地区并未遵循差异化发展与错位化经营的原则，倾向于选择短平快的产业项目，而相关的产业遴选、合理布局、差异化与可持续发展等方面则难以顾及，各地重点支持的产业项目极其相似，往往集中在水果、蔬菜、茶叶、药材等门类的劳动密集型产业，极易造成市场饱和，增加无效供给，导致大量农副产品降价与滞销，既浪费国家有限的政策资源，又极大地损害了小农户的积极性，影响产业振兴的总体成色。

乡村产业结构单一化限制了农村地区经济增长的动力和潜力，经济增长过分依赖于某一特定的产业或产品，削弱了抗风险能力。由于农业、工业和服务业之间的联动效应没有得到有效发挥，农业生产仍然停留在低附加值的层面，无法形成产业链的延伸和价值链的提升，土地、资本、技术、信息等要素资源分散在各个产业中，无法形成规模经济和集聚效应。农村经济易受到市场需求波动、自然灾害和价格变动的影响，无法形成多元化的风险应对方式，限制了农村经济的自我调整和恢复能力，难以激发农村经济的内在增长潜力，使农村在面临外部冲击时，容易陷入发展困境，很难从容应对自然灾害和市场竞争带来的风险挑战。

乡村经济结构单一与伴随而来的产业同质化现象导致资源配置效率

的低下，影响了产业资源的合理优化配置，阻碍农村的进一步整合。由于过分依赖单一产业，其他潜在的资源和优势未能得到充分开发和利用。例如，丰富的土地资源可能仅用于粮食作物种植，而未考虑更具经济价值的多种经营；只重视招商引资，忽视农村山水林田湖草等立体化的生态资源；开发农村文旅时只注重民宿餐饮农家乐，忽视多业态、多场景的特色开发等。这不仅导致了资源利用的不充分，也使农村难以形成产业间的良性互动和资源共享，进而影响了整个农村地区的经济与生态效益。

（二）支撑乡村产业发展的政策机制不完善，增加企业的制度型交易成本

产业政策在生产领域具有鲜明的导向性，配套且适宜的农村产业政策可以为城市下乡企业与乡镇企业改善创业环境和市场环境，帮助企业扩大规模、增强创新能力、提高竞争力。然而当前支撑乡村产业政策发展的政策机制尚不完善，政策供给滞后、政策执行异质、政策支持碎片化，导致企业的制度型交易成本较高，不仅影响乡村产业的效率和竞争力，也制约了乡村经济的整体发展质量。

政策供给滞后对乡村产业发展的影响表现为企业在面对新的市场环境和产业发展趋势时，缺乏相应的政策指引和支持。由于政策制定往往需要较长的周期，而乡村产业的发展速度可能会因市场需求、技术进步等因素而迅速变化，导致政策出台时已落后于实际需要。这种滞后性使企业在决策时面临不确定性，不得不投入额外的时间和资源来预测政策走向，从而增加了企业的搜寻成本和适应成本。例如，乡村旅游业的发展需要政策在规划、土地使用、税收优惠等方面给予支持，如果相关政策不能及时出台或更新，将直接影响企业的投资决策和运营效率。

政策执行异质性导致的不同地区政策效果差异。由于我国幅员辽阔，各地经济发展水平相差迥异，地方政府在贯彻执行中央一号文件时可能存在差异，乡村产业在不同地区所面临的政策环境和条件各不相同。东南沿海省份可能对乡村产业发展给予更多的资金政策扶持，而中西部地区则可能由于资源限制或优先培育城市的产业集群，导致乡镇企业难以享受同等的政策红利。这种异质性不仅导致企业需要根据不同地区的政策要求调整经营策略，增加了企业的调整成本，还可能导致企业面临不公平的竞争环境，增加了企业的合规成本。

政策支持碎片化导致的在乡投资企业难以获得系统性的支持。乡村产业发展涉及农业、工业、旅游、环保等多个部门，但不同部门之间的政策协调不足与沟通渠道稀缺，导致政策支持分散、效果有限。企业需要分别与不同部门进行沟通，不仅增加企业的沟通成本和协调成本，还可能因为政策支持的不连贯性，导致企业在某些方面得到过度支持，而在其他方面却面临政策空白，使企业在乡村产业发展中难以形成稳定的预期，增加了风险成本。

（三）专业人才短板凸显，智力支持较为薄弱

科技创新是推动农业现代化、实现产业振兴的重要动力，而人才又是科技创新的主体。长久以来，我国乡村受制于城市虹吸效应和自身发展的不平衡，教育基础薄弱、社会结构存在差异化、政策激励不完善，造成了"内生人才外溢"与"外生人才不足"的双重挑战，专业性人才相对匮乏，智力支持较为薄弱，成为制约农村产业振兴的瓶颈障碍。

城乡二元结构造成农村教育基础的薄弱是导致农村专业技术人才缺乏的根本原因。农村地区的基础教育资源分配存在明显的不均衡，尤其是高等教育和职业教育发展滞后，缺乏针对农业和农村产业的专业技能

培训，有知识、懂技术的乡村精英不断流失，农村劳动力难以适应现代日益多元化的农村产业结构发展的需要。这种教育资源的不平衡导致农村学生的升学率和技能培训率低于城市学生。由于缺乏必要的技术教育背景，农村青年很难获得进入高技能行业的机会，即使部分农村青年有意愿和能力接受更高层次的技术教育，往往也受到经济条件和地理位置的限制，无法获得与城市同龄人同等的学习机会，人才空心化越发严重。

社会结构和文化的差异，农村生活环境与设施落后是影响农村专业人才供给的深层次因素。农村地区的社会结构通常较为封闭，导致外部技术人才难以融入当地社区，人才流动被限制，甚至因自身存在的保守性和对外来技术的排斥心理，阻碍技术人才的成长和技术知识的传播。农村生活环境与设施落后，缺乏必要的公共服务和基础设施，信息化水平发展不充分，进一步造成农村吸引资本下乡和人才返乡依旧困难，即便依靠乡土情怀的文化吸引，也很难使人才长久"留下来"。

激励机制不完善也是专业人才不愿留下的重要考量。农村对评价人才的贡献机制相对缺乏，难以按照城市企业单位进行货币化衡量与反馈，激励机制无法充分彰显，愿意来、留的下、待得住的社会氛围不浓厚，限制了技术性人才的留存和发展，加之农村的医疗卫生和教育资源不足，难以满足各式人才的基本生活与发展需求，导致乡村产业人才不断流失。此外城市的就业机会和收入水平普遍高于农村，许多具有创新潜力的农村青壮年劳动力加速向城市流动，寻求更好的发展机会，城市对人才的虹吸效果更加突出，导致人才激励形成倒挂。

三、新时代推进乡村产业振兴的突破路径

面对纷繁复杂的国内外形势，以乡村产业振兴为契机加速农业强国

建设正当其时。通过建构农村全产业链体系弥补一二三产业融合的不足,制定适合农村地区的产业政策减少企业经营成本,营造愿意来、肯留下、扎下根的人才氛围,不断克服农业农村现代化过程中的各种复杂性和不确定性,走出一条中国特色的农业现代化之路,实现我国乡村产业的高质量发展。

(一)增加内生动力:坚持补链、延链、强链,构建农村一二三产业融合的全产业链体系

习近平总书记指出:"要抓住实施乡村振兴战略的重大机遇,坚持农业农村优先发展……深化农业供给侧结构性改革,加快发展绿色农业,推进农村三产融合。"[①]传统的乡村产业发展模式存在经营分散、增值较少、环保意识不强、产业组织稳定性差等问题,构建农村一二三产业融合的全产业链体系是克服传统经营模式弊端,破解乡村产业同质化和结构单一化的关键环节。

在农业全产业体系中,补链的关键在于完善从田间到餐桌的每一个环节。要加强对农业前端技术研发的投入,如生物育种、智能农业等,为农业生产提供技术支撑;完善农产品加工和包装环节,通过引进先进的加工技术和设备,提升农产品的附加值;构建农产品营销和物流体系,解决农产品销售和配送的"最后一公里"问题,减少流通环节的损耗,并且还需关注农业废弃物的资源化利用实现农业生产的绿色循环。

在农村现有产业链的基础上,向前延伸至原料供应和向后延伸至终端市场,加强粮食和重要农产品供给保障能力,形成更长的产业链。深入挖掘粮食主产区的土地增产潜力,引导各类生产要素向粮食生产功能

---

① 燕雁:《坚持新发展理念深入实施东北振兴战略 加快推动新时代吉林全面振兴全方位振兴》,《人民日报》2020年7月25日。

区倾斜，健全粮食主产区利益补偿机制，时刻牢记维护"粮食安全"的重大政治责任。要向上游延伸，发展种源保护、农业科研等环节，确保原材料的稳定供应品质保障。向下游延伸，发展农产品深加工、品牌塑造和销售网络建设，提高农产品的市场竞争力。通过跨行业融合，如与文化、旅游、教育等产业的结合，创造新的增长点，增强产业链的韧性和可持续发展能力。

在农业全产业体系中，通过提升产业链各个环节的效率和质量，打造具有竞争优势的产业链。优化产业链结构，通过技术创新和管理创新，提高产业链的自动化和智能化水平；加强产业链协同，通过信息化手段，实现产业链上下游的信息共享和业务协同，降低交易成本；提升产业链标准，通过制定和实施严格的农产品质量标准，提升产品的市场认可度和消费者的信任度。

坚持补链、延链、强链，构建农业全产业链体系是化解农村产业结构单一化的破局之策，坚持以补链确保产业链的完整性、以延链增强产业链的附加价值和抗风险能力、以强链提升产业链的效率和竞争力，强化内生驱动力，赋能农业强国建设。

（二）完善政策供给：制定适宜的乡村产业政策，多措并举降低企业的经营负担

在推进乡村产业振兴的过程中，政策机制不完善导致企业制度型交易成本居高不下已成为制约其发展的关键因素之一，必须制定适宜的乡村产业政策，构建统一的政策框架，减少政策执行的异质性，增强政策的系统连贯，进而降低乡村投资企业的经营成本，是发挥政府有形之手不断提升乡村产业链韧性的必然要求。

强化统筹，构建统一的政策框架，提升政策适应性。乡村产业涉及多个领域和环节，构建一个统一的政策框架对于提升政策的适应性至关重要。探索建立专门的工作小组或委员会，由不同部门的代表组成，共同研究和制定乡村产业政策，打破部门间的壁垒，促进信息的共享和资源的整合；利用现代技术手段，如大数据分析、情景模拟等，预测乡村产业发展的未来趋势，制定具有前瞻性的政策；建立政策评估，定期对政策效果进行评估，确保政策能够及时调整以适应新的发展环境。

坚持通向发力，实现政策执行的标准化，减少执行异质性。加强财政、货币、就业、产业、区域、科技、环保等政策协调配合，明确执行标准和流程，确保在规定的县域范围内得到统一执行。完善各级政府的监督与评估机制，确保乡村产业政策执行的一致性。对执行不力的地区或部门进行问责，提高政策执行的严肃性。公开政策执行的过程和结果，提高政策执行的透明度，让企业、社会组织和公众全方位监督乡村产业政策的执行效果。

增强政策支持的系统性和连贯性，降低交易成本。通过跨部门合作，整合各类政策资源，形成对乡村产业发展的合力支持；制定长期的政策规划，确保政策支持具有连贯性，避免因政策和领导者的频繁变动而导致企业成本增加；加强对政策的宣传和解读，确保在乡投资企业能够充分理解和有效利用政策，减少企业因误解政策而产生的额外成本。

构建统一的政策框架、实现政策执行的标准化、增强政策支持的系统性和连贯性，这些方式相互关联，共同构成了一个系统的解决方案，可以有效缓解乡村产业发展中政策机制不完善导致企业制度性交易成本较高的问题，为乡村产业的可持续发展提供坚实的政策基础和市场环境。

（三）强化人才保障：聚焦人力资源，打造支撑产业振兴的"强磁场"

习近平总书记强调："要推动乡村人才振兴，把人力资本开发放在首要位置，强化乡村振兴人才支撑……激励各类人才在农村广阔天地大施所能、大展才华、大显身手。"[①]当前我国乡村产业振兴面临的人才数量不足、质量不高等问题，必须破解城乡差距和城市化加速引起农民向非农产业转移的单向化流动导致的乡村人才匮乏问题，加强农村教育水平投入，进行职业转型、培育现代农民、完善人才激励机制，确保农村"一懂两爱"人才队伍实现迭代相传。

提升教育培训水平，增强人才素质，加大对农村基础教育和职业教育的投入，提升教育质量，确保农村学生能够接受良好的教育为培养有技能、有知识的"三农"人才打下坚实基础。针对农村产业发展需求，开展农业技术、经营管理、市场营销等方面的技能培训，提高农民的职业技能和创业能力。鼓励城市专业人才到农村开展技术指导和服务，同时组织农村人才到城市学习先进的农业技术和经营管理经验，通过城乡人才交流提升农村人才的素质和创新能力。

加强职业吸引力，培育中国特色现代农民。多渠道推广现代农业技术和管理模式，鼓励科研机构与企业合作，培育农业高新技术企业，提升农民的专业技能和创新能力，改善劳作促进农业机械化和智能化，发展农村新产业新业态，既减轻农民劳作压力又拓宽增值渠道，逐步实现农民收入和城市居民收入大致相等，强化政策扶持，营造公平竞争的市场环境，培养一批有技术、懂市场、善管理的新时代农民，为农村产业振兴注入新活力。

---

① 姚大伟：《习近平李克强王沪宁赵乐际韩正分别参加全国人大会议一些代表团审议》，《人民日报》2018年3月9日。

完善人才激励机制，吸引和留住"一懂两爱"人才常住农村。建立与"三农"发展相适应的人才评价体系，充分考虑农村特点和实际，公正评价人才贡献，为人才提供职业发展和职称晋升的通道。通过提供优惠政策、资金支持、职称评定、荣誉激励等方式，鼓励和支持农村人才创新创业，激发他们的积极性和创造性。加大对农村基础设施建设的投入，改善农村生活环境，提供优质的教育、医疗、文化等公共服务，不仅要拥有产业留人的事业平台，而且要营造温暖舒心的事业平台，全面增强农村对人才的吸引力。

乡村振兴，首要在人，人才振兴是乡村产业振兴的基础和重要内容。持续加大农村教育投入力度，加强新时代农民的职业吸引力，进一步完善人才激励机制，发挥我国人才红利，让更多有理想、能力强、品质高的青年才俊驰骋在广阔的农村大地，才能共同书写新时代乡村振兴的华丽篇章。

地方实践

关于推动淮安市生态文旅业高质量发展的调研报告

刘训杰　政协淮安市委员会第九届农业和农村委员会

绿水青山就是金山银山。淮安生态禀赋优越，发展生态经济具有得天独厚的优势。市第八次党代会确立了聚焦打造"绿色高地、枢纽新城"，全面建设长三角北部现代化中心城市的奋斗目标。为贯彻落实市第八次党代会精神，经市委同意，市政协将"发挥比较优势、发展生态经济"列为年度主席会议专题协商计划。课题组认为，立足淮安实际，发展高质量生态文旅业、推进生态经济发展，是建设美丽淮安的重要载体，是实现跨越赶超和城市复兴的突破路径，是将淮安市比较优势转换为发展胜势的可行途径，也是体现长三角北部现代化中心城市功能的重要支撑。2024年6月以来，课题组多次召开座谈会，先后赴淮安区、洪泽区和盱眙县调研，并赴湖州、绍兴、丽水、常州等地考察，充分听取意见建议、学习借鉴外地经验，形成专题调研报告。

一、淮安市发展生态文旅业的比较优势及现状

淮安具备发展高质量生态文旅业的自然优势、人文底蕴和区位优势。一是生态禀赋优越。淮安市是国家首批生态文明先行示范区试点城市、国家园林城市、国家环保模范城市，自古有"一山三水六分田"的

说法，主城区"四河穿城"，被称为"漂浮在水上的城市"。全市森林覆盖率19.48%，城市绿化率42.42%，湿地保有量占全省7.1%、自然湿地保护率56.3%，水域面积27%，均超全省平均水平，公众生态满意率全省排名第二，部分指标居全省前列（见附表）。此外，淮安市拥有127件农产品地理标志证明商标，居全国设区市第一。二是人文底蕴深厚。淮安市是国家历史文化名城，有着6000余年的深厚积淀。历史上是运河沿线的"四大都市"之一，有"中国运河之都"的美誉，大运河淮安段入选世界遗产名录，约占整个大运河世界遗产七分之一；明清鼎盛时期，淮安是漕运指挥中心、河道治理中心、漕船制造中心、漕粮储备中心、淮北盐集散中心，形成了独一无二的漕运文化；诞生了韩信、吴承恩、周恩来等名人伟人，造就了独具特色的西游文化、美食文化和红色文化。三是区位优势凸显。长三角一体化、长江经济带、大运河文化带、淮河生态经济带、南京都市圈等国家和省重大战略在淮安交汇叠加，淮安和合南北、连接东西的独特区位进一步彰显，"公铁水空"高效衔接的立体交通网已经构建，被明确为全国性综合交通枢纽，1小时车程内可辐射2000余万人口。

近年来，全市坚持以改革创新为动力，以提质增效为重点，聚焦文旅为民富民，加快文化旅游产业转型升级、提质增效和供给侧结构性改革，全力打造全域生态文游品牌。一是政策体系持续完善。印发《"十四五"文旅产业发展规划》《"十四五"文化产业发展行动纲要》《生态文旅产业发展行动方案》《关于促进淮安市文化产业高质量发展的八条意见（试行）》《市政府办关于支持旅行社参与政府采购服务业务的通知》等，在全省率先出台《关于支持旅行社参与政府采购服务业务的通知》，制定助企纾困"旅十条"，为全市124家旅行社退还质保金近1200万元，向16家文旅企业、209户经营者提供7.62亿元优惠贷款。二是产业项目形成支撑。2021年全市新引进文化产业项目108个，2022

年，编排并实施亿元以上生态文旅特色产业项目50个。西游乐园、方特乐园、苏北小延安等重点文旅项目相继开园运营，大运河"百里画廊"建设稳步推进，"四园两带六点"三维架构逐步构建，板闸遗址公园、水工科技馆等重大标志性项目相继开工，重点片区、特色小镇、历史文化街区关键节点功能品质提升工程扎实推进。三是文化影响逐步扩大。举办中国（淮安）大运河文化带城市非遗展和中国（淮安）大运河文化周等大型主题活动，承办"2019央视中秋晚会"、淮安国际马拉松赛事，摄制纪录片《水润淮安》、专题片《千年漕运》在央视播出，"运河三千里、醉美是淮安"的品牌逐步打响。"十三五"期间，淮安市旅游经济年均增长率在10%以上，2021年，成功入选国家文旅消费试点城市，荣登携程发布的全国"五一"增速最快的十大目的地城市、全国五大新晋红色旅游目的地，西游乐园上榜国庆出游华东地区十大热门景区。四是文旅融合态势良好。聚力打造白马湖、西游乐园、淮扬菜博物馆、龙宫大白鲸等文旅融合区域IP，融合打造洪泽龟山村"水产渔业+民俗节庆+民宿"、蒋坝镇"旅游+湖鲜+节庆"等特色文旅IP，创新打造文旅集聚场景，连续多年举办金湖荷花节、盱眙龙虾节、洪泽大闸蟹节、蒋坝螺蛳节等节庆活动，连续7年举办"智创淮安"文化创意设计大赛。全市共有11个景区入选省"运河百景"，3条线路入选省十三城红色经典旅游线路，里运河文化长廊入选省十佳夜景，淮印时光文创园、云沧海入选十佳夜市、十佳夜宿。

二、存在困难及不足

近年来淮安市生态文旅业发展取得一定成效，但总体还处在转型升级期和提质增效期，比较优势尚未全面凸显，还面临诸多制约高质量发展的矛盾问题。

（一）文化彰显不够充分

　　文化是文明城市生存发展的根和魂，特色优秀文化是城市区别的标志。现代文明发展之下，如果缺少历史文化支撑将导致千城一面的状况。从调研情况看，淮安市的文化发掘度和影响力与文化丰裕度不相匹配。一是文化解码不够。绍兴市围绕红色文化、阳明文化、诗路文化等，积极开展"文化基因解码工程"，全面发掘绍兴文化基因形成、发展、变革的历史脉络，已完成调查梳理文化元素3000余项，形成近130项重点文化元素清单，提升了城市的文化软实力和产业竞争力。而淮安市在对红色文化、运河文化、西游文化、名人文化、本地民俗文化等历史文化资源的解码上还度力不够，欠缺牵头协调机构，政府和社会层面文化研究力量缺乏整合，淮安好故事没有得到充分发掘，导致城市文化内核不够突出，城市标识不够鲜明，文化认知度和影响力还有一定差距。二是活化利用不够。绍兴市围绕徐渭故居、鲁迅故居、绍兴师爷馆等，保护并改建新建历史街区、艺术馆等，举办大型文化研究论坛，打造文旅融合新地标，让历史文化活起来，并激活、带动周边街区的发展。而淮安市在擦亮"四张名片"上还欠缺载体高度，缺少可承载城市历史印记的核心地标和软性活动，政府和平台公司斥巨资建成的好多项目由于缺乏文化注入和活动牵引长期闲置，在放大文化影响、带动周边发展上还有较大差距。三是数字转化不够。2022年6月27日，世界运河城市论坛在扬州开幕，发布了基于数字化、虚拟化、平视化、智能化的云端大运河国家文化公园，从历史文化传承的现实意义看，这不仅是技术平台，而是再造了一条文旅产业的数字大运河。相比之下，淮安市在历史文化数字化转化利用上相对滞后，文旅产业与数字技术融合度较低。

（二）思想解放不够有力

一是发展定位不高。生态文旅业是淮安市"333"主导产业（三大制造产业、三大服务产业、三大现代农业产业）的重要组成部分，对提升淮安城市辐射力和集聚度具有重要作用。但全市层面还欠缺专门的牵头协调机构，各县区及相关部门尚未在思想层面上把生态文旅业作为经济发展的重要增长极来看待，对文旅业发展重视程度不够，说得多做得少。二是宣传推介不够。绍兴市构建了"海外推广+国内新媒体宣传+地推"全矩阵宣推平台，文旅新媒体矩阵12次入选全国市级文化和旅游新媒体传播力指数TOP10榜单，晋升至第4位，1场次抖音网络直播互动宣推活动曝光2236.8万人次，线上OTA宣传营销活动曝光量超1亿次。相比之下，淮安市在宣传推介上满足于常规的规定动作，高规格、高层次、高平台的宣传活动不多，且缺乏个性化、特色化的措施，线上宣传转化效果也不够明显，新媒体平台点击量不高，旅游平台关联信息较少，携程网关于淮安的旅游攻略仅15条，飞猪旅游仅有4个，大都是单个景区粗浅攻略，食住行游娱购一体的综合攻略几乎没有，网络流量不足以带动实际销量。三是资本引导不活。丽水市创新实施集体经营主体"公司化"、国有企业"公司+基地+农户+市场"和社会资本"公司+农户"三种模式助力文旅业发展。相比之下，淮安市的投融资机制还不够健全，主体相对单一，文旅投资主要依赖地方政府和平台公司投入且规模不大，通过政策、资源及引导资金等方式，吸引社会化资本参与文旅项目建设的成果不够明显，导致生态文旅产业发展活力不足。

（三）统筹协调还需加强

一是发展规划不够全面。湖州市仅乡村旅游规划就多达7个，涵盖广泛、路径清晰、标准具体。而淮安市虽然制定了总体规划，但在配套规划上还有所欠缺，例如，县区"一县一特"发展仅仅提出了概念，在操作层面还没有形成具体规划，实现路径和具体办法还未明确。在重点文旅项目发展上，缺乏专项产业布局规划，导致资源集聚态势尚未形成，例如，随着西游乐园、方特乐园等大型主题乐园陆续开园，周边酒店宾馆、餐饮购物等配套设施短板日渐凸显。二是联动融合不够有力。在引导各县区生态文旅业发展的整体、全局、融合等方面缺乏统筹协调，县区之间抱团兴业意识不强，各景区缺乏有效互动，存在各自为政现象，未能将点散、线长、面广的景点有效串联整合形成市级层面各具特色的旅游线路，甚至还存在零和博弈、互相掣肘的问题。此外，与扬州、连云港等文化相近、资源相通的周边城市还缺乏深度协作，如旅游线路延伸、互相造势引流等方面还欠缺行之有效的实际动作。三是配套设施不够完善。近年来，淮安市虽然建成通达旅游景区的近200千米等级公路，但部分县区以二级公路居多，一些路段路况不佳，影响旅游体验；公共交通难以兼顾专线安排和经济效益，高铁站至白马湖公交旅游专线试运行期间基本没有客流，西游乐园晚上9点闭园后，回市区只有打车或自驾；主城区接待床位在1.2万张左右，县（区）大都在0.5万~0.8万张，且高品质的星级宾馆相对较少，不能满足大型活动需求，淮安国际马拉松赛事期间很多参赛选手无房可住，只能住在邻近城市。

（四）产品业态质效不佳

一是创新乏力。部分文旅项目处于较低产业层次，习惯拿来主义简单模仿外地网红项目，导致产品结构趋同，呈现出模板化迹象；且由于在业态培育、市场运营、创意策划、数字技术等方面缺乏具有实战经验和实操能力的专业人才和团队，导致发展方式仍然相对粗放，创新性不足，基于文化特色的高科技含量、高附加值新兴产业项目欠缺，在"参与感""沉浸感""创意感"等方面还存在差距，很难提高游客黏度。二是效益不显。旅游综合收入结构不够合理，门票经济占比较高，过夜经济、消费经济占比较低。散客以一日游为主，团队游以低价团、过境游居多，无法有效带动消费经济，综合旅游收入在全省排名靠后。2021年，全省实现旅游业总收入11672.72亿元，淮安市只有404.98亿元，仅占3.47%，位列全省第十，与淮安市本地常住人口相差无几的扬州市达812.49亿元，是淮安市两倍有余。2022年五一期间，全市25个开放的A级景区共接待游客41.12万人次，旅游综合收入696.84万元，人均消费还不到17元。三是服务不优。旅游行业从业人员素质参差不齐，规范化标准服务水平较低，难以提供与城市发展定位相匹配的服务体验。以导游队伍为例：全市持有电子导游证1823人，专职导游与兼职导游比例在1∶1.8左右，专职导游仅占1/3左右，且专职导游受收入影响跳槽率高，流入南京、苏州等旅游发达城市的居多，全市导游队伍还缺乏讲好淮安故事、传播淮安市优秀特色文化的能力。

三、推动生态文旅业高质量发展的建议

课题组建议，聚焦打造长三角乃至全国重要旅游目的地城市，坚持以文塑旅，以旅彰文，进一步拓宽视野、整合资源，在充分彰显比较优势中推进文旅产业发展取得新突破。

（一）坚持以文塑魂

一是整合力量。建议整合政府层面如市文旅局、市志办、大运河办、政协文化文史委、文旅集团等机构，社会层面如历史文化研究会等组织，

以及大中专院校专家教授、个人学者和民间收藏家甚至国家级研究机构、专家等多方文化研究力量，明确牵头协调单位，集智聚力共同做好淮安文化的发掘、考证及融合发展研究等工作。二是深入解码。建议策应中华文明探源工程，结合淮安实际开展淮安历史文化探源解码工程。依托整合后的历史文化研究力量，参照绍兴市相关做法，以运河文化为重点，突出红色文化、名人文化、西游文化、民俗文化等板块，区分研究方向以课题组形式，委托开展文化解码工作，切实形成清晰的文化起源、发展、变革历史脉络，持续举办富有淮安本土文化特色的主题论坛，如名人文化论坛、西游记文化论坛等，形成淮安特有的文化标签，不断提升文化软实力和产业竞争力。三是促进融合。将文化基因、文化元素和文化IP作为打造优秀文旅项目和产品的种子，积极推进实现"四个融合"即与宣传推介相融合、与文旅业态相融合、与旅游线路相融合、与现有项目相融合，切实以文化为纽带，高效整合全市旅游资源，有效串联各相关景区，规划形成富含文化韵味、具有历史厚重感、反映本地特色的旅游线路，同时借力信息技术，通过VR实景、大型表演、大型演艺等多种方式予以呈现。

（二）提高战略定位

建议将生态文旅业发展作为淮安市实现弯道超车甚至换道超车的重要增长极，提格列入全市的总体发展战略。一是设立专门协调机构。建议借鉴浙江省湖州市做法，在全市层面设立生态文旅业发展委员会，市县区两级各明确四套班子中一名领导挂帅主抓，发改委、文旅局、农业农村局、资规局、交通局等政府组成部门及文旅集团、西游集团参加，吸纳驻淮金融机构、大型旅行社、旅游协会等企业和民间组织，并建立健全定期联席会议、重大问题会商会办等机制，统筹推进全市生态文旅业的规划布局、联动发展、考核奖惩等工作，切实形成全市"一盘棋"和发展共同体的态势。二是构建复合人才矩阵。区分政府业务人员、企业专业人员及社会从业人员三个层次，通过外引内培，切实构建起覆盖生态文旅业的人才矩阵。政府业务人员层面，建议通过公务员招录、二次选岗、选调生和遴选等方式，将懂文化懂旅游的专业性人才放到合适的岗位，提高政府部门谋发展抓落实的针对性和实效性；企业专业人员方面，建议将文旅运营管理、创意策划等专业人才和团队纳入全市"333"人才计划范畴，给予政策支持和资金奖补，同时，将福利待遇与项目运营收益挂钩，激励一线人才创新作为；社会从业人员方面，建议充分发挥旅游行业协会作用，制定涵盖各旅游业态的服务规范细则，定期组织导游队伍、服务人员轮训，开展金牌导游、优秀服务人员等评选，切实培养一批能讲好淮安好故事、代表文明城市形象的服务团队。三是优化目标考核指标。建议区分市直部门、县区和国企三个层面，坚持以效益为导向，结合淮安实际，在全市高质量跨越发展考核中，进一步优化生态文旅业发展相关考核指标，既注重项目建设、经济效益等硬指标，也重视文化影响、联动协作、公益服务等软指标，切实通过考核指挥棒促进生态文旅业高质量发展。

（三）重视规划引领

建议发挥市级统揽作用，进一步整合全市文旅资源，统筹制定文旅产业、景点建设、旅游线路等规划，以规划引导资源集聚，以规划指导项目开发利用，以规划做靓淮安文旅品牌。一是做优产业规划。建议着眼全市文旅产业"十四五"期间乃至更长远时期发展，积极与国内乃至国际知名文旅规划设计机构建立合作，邀请来淮开展深度体验和深入调研，在市级总体文旅产业发展规划基础上，突出围绕淮安本地特色和比较优势，就生态文旅全产业布局，制定涵盖各县区的高规格专项长期规划，并指导各县区结合实际制定"一县一特"发展规划，切实明晰符合实际、特色鲜明、措施具体、路径清晰的发展方向。二是做大景区（点）规划。建议围绕推动景点变景区、景区变产业园的发展思路，突出培优扶强，以重点文旅项目为依托，制定具体实在的专项规划，引导各类资源集聚，做大做强重点文旅项目，打造成涵盖上下游元素的全产业链集群，构建起历史人文－主题乐园－自然景观"三合一"的全方位旅游景区。例如，以西游主题乐园为主体，精准规划上下游产业布局，超前调整建设用地指标，围绕美食、住宿、文创、文化体验、节庆活动、影视创作等元素，开展精准招商引资，打造全产业链的西游产业园，并适时择机成立专门机构，指导申创国家AAAAA级旅游景区。三是做细线路规划。积极协调国内大型旅行社来淮设立分公司，引导旅行社把淮安作为文旅目的地来安排旅游行程，发挥旅行社在线路规划、客源组织、运输保障和市场对接等方面的优势作用，区分市内市外，整合特色资源规划多条能引得来人、留得住人的旅游线路。在市域内，打破行政区域限制，依托旅行社根据市场反应和需求，围绕运河画廊游、特色小镇游、休闲度假游、主题娱乐游、乡村特色游、红色教育游、名人故里游等规划一日或多日的精品旅游线路，将优势资源、闲置资源等串点成线；在市域外，围绕西游文化、美食文化、运河文化等，加强与连云港、扬州等周边城市合作，共同规划打造西游主题旅游线路、运河历史游、淮扬美食游等文旅线路，通过深度合作，将西游IP、运河IP、淮扬菜IP做大做强做出声势。

（四）突出项目拉动

一是制定项目图谱。深化历史文化探源解码工程成果运用，参照运河百里画廊建设规划，着眼涵盖文旅食宿行游购娱六大要素，分板块制定文化活化转化项目图谱，把淮安生态文旅产业规划、大景区（点）规划、线路规划物化为一批批、一个个项目，将"建什么、怎么建、谁来建、怎么运营"逐项逐条梳理出来，通过实实在在的项目充分展现文化底蕴，赋予城市文化韵味。例如，名人故里提档升级，可借鉴绍兴市的做法，在挖掘考证的基础上，修建博物馆、文化馆，并衍生开发旅游和文创产品。二是注重招强引特。坚持项目为王理念，针对项目图谱上节点企业，成立文旅招商专业团队或将任务分解到各专业招商局，按图索骥，有针对性地以国内大型国企和民企为突破口，加强对接沟通，着力提高项目招引精准度，实现以资源换资本，纵深推进生态文旅重特大项目攻坚，不断丰富具有淮安本地文化特质内核的文旅产品供给。例如，农文旅项目上，可纳入乡村振兴"三级先导"工程规划，结合国土空间整治和农村公共空间治理，大力实施"消极空间"整理收储，进一步盘活闲置或效益不明显的土地资源，深度打造一批特色田园、传统村落、生态宜居美丽乡村如洪泽龟山村、马头镇太山村、车桥镇卢滩村等为特色旅游度假小镇，带动农文旅业态发展，打造乡村振兴的淮安现实模板。三是积极向上争取。主动加强与江苏省文化和旅游厅、国家文化和旅游部等上级主管部门的有效对接，及时掌握工作动向，切实拉平上下信息差，强化现有文旅项目的包装储备，积极争取专项项目资金在淮落地。同时，尽快把文旅行业领域的支持政策争取到位，推动市本级助企纾困政策落实，把"真金白银"送到中小文旅企业手中，帮助他们提振信心、恢复市场，为行业发展注入新动能。

（五）完善服务配套

站在需求角度考虑服务供给，运用"游客视角"改善服务配套。一是强化硬件配套。加快全域交通、餐饮、住宿、购物等基础设施建设，重点解决车位、餐位、床位、厕位"四位"问题；积极推进西游乐园、方特乐园周边配套设施建设完善，视情开通夜间班车，吸引主题酒店进驻，鼓励支持民营资本开办青年旅社和特色民宿等；有计划、分阶段推动市内主干道升级改造，特别是盱眙境内主干道"二级"升"一级"，同步推进运河、古淮河、洪泽湖、白马湖等沿线旅游风景道和环洪泽湖旅游大道建设，构建"快进慢游"的多元交通体系。二是优化软件服务。对照即将出台的《旅游景区智慧化建设指南》，以"淮安智慧文旅"建设为牵引，建设旅游大数据中心，依托信息系统构建全市数字化旅游导图，整合各县区智慧旅游平台，接入"i淮安"，实现数据实时、无缝衔接，同步推动免费Wi-Fi、电子地图、自助语音讲解等在A级景区全覆盖，真正实现"一个App游淮安"。同时，通过持续不断的活动策划、运营服务来提高游客和智慧旅游的黏度和活跃度。三是打造文明环境。持续深化文明城市建设，大力整治"脏乱差"等城市管理顽疾；重拳整治价格欺诈、虚假宣传及"黑车、黑导、黑社、黄牛党"等景区乱象；落实常态巡逻、安全督导，强化职能部门监管责任和旅游企业安全主体责任，健全应急处置机制和预案，严防涉旅安全事故发生。

（六）加强宣传推介

一方面，对内营造氛围。在城区主干道、公共交通、公共场所悬挂富含文化和旅游元素的宣传图片，播放文旅宣传片，在机场、高铁及交通道口统一规划增设旅游导视标识系统，让"四张名片"在全市上下深入人心，激发市民文化自信和城市自信，大力营造淮安文旅城市浓烈的社会氛围。同时，持续开展文化惠民工作，扩大淮安旅游年卡覆盖范围，探索实行西游乐园和方特乐园"一票通"，并根据市场反应和需求及时开通两园直通的交通专线，持续释放消费潜力。另一方面，对外扩大影响。定制涵盖长三角区域和南京都市圈主要城市的淮安文旅主题高铁，推动淮扬美食加入高铁、航空食品供给链条，定向发放旅游体验券和消费券；加强与主流媒体深度合作，在央视、长三角地区主要城市卫视定点投放淮安文旅宣传片，合作摄制播放体现淮安元素特质的综艺节目；在"两微一端"、学习强国、抖音、快手等网络平台密集开展网络宣传，在全国范围聘请旅游体验官，邀请淮安籍优质流量博主为家乡代言，以粉丝经济带动文旅消费经济；借鉴湖州民宿学院对外复制模式及迪士尼、方特等品牌运营模式，加强与西游取经沿线主要节点城市的沟通对接，结合国家"一带一路"倡议，探索西游主题乐园品牌输出，以品牌换资源，以运营换知名度，彰显淮安名片，传播中国文化，在更大范围内提升淮安文化影响力。

附表：

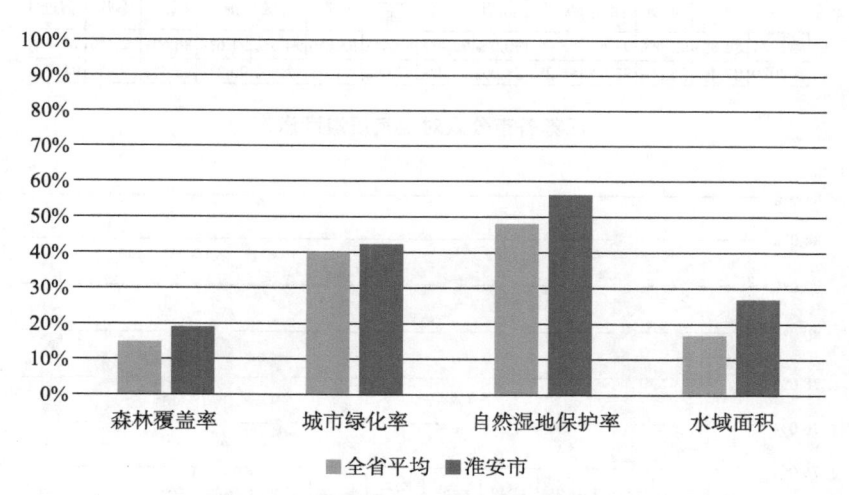

淮安市部分生态指标与全省平均数值对比

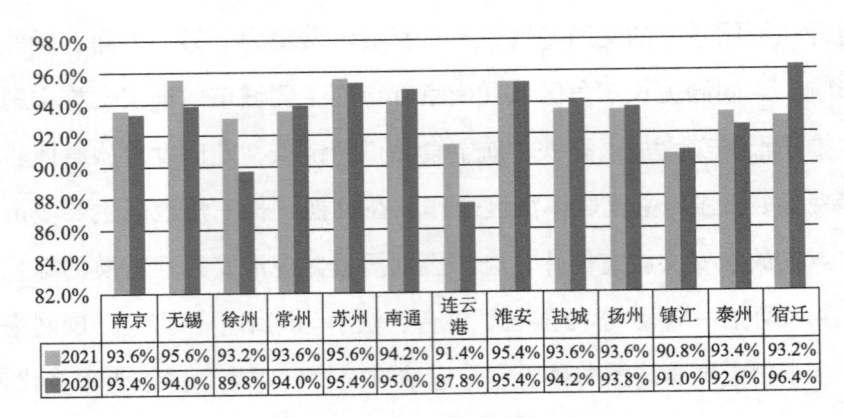

	南京	无锡	徐州	常州	苏州	南通	连云港	淮安	盐城	扬州	镇江	泰州	宿迁
2021	93.6%	95.6%	93.2%	93.6%	95.6%	94.2%	91.4%	95.4%	93.6%	93.6%	90.8%	93.4%	93.2%
2020	93.4%	94.0%	89.8%	94.0%	95.4%	95.0%	87.8%	95.4%	94.2%	93.8%	91.0%	92.6%	96.4%

江苏各市公众总体生态环境满意率

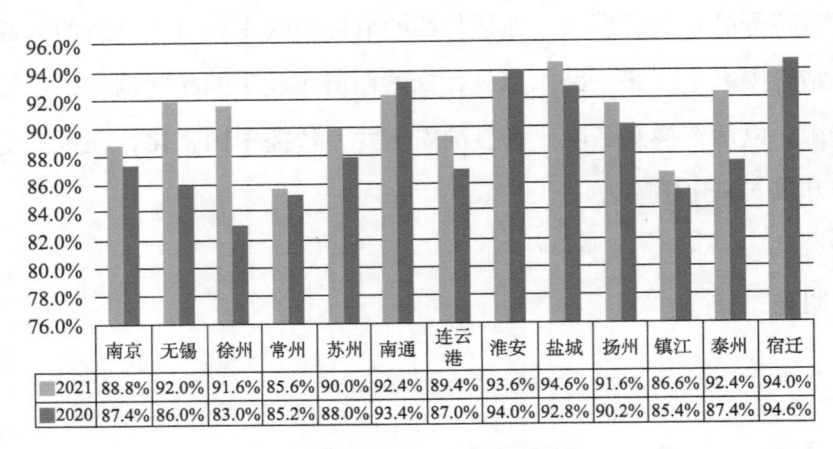

	南京	无锡	徐州	常州	苏州	南通	连云港	淮安	盐城	扬州	镇江	泰州	宿迁
2021	88.8%	92.0%	91.6%	85.6%	90.0%	92.4%	89.4%	93.6%	94.6%	91.6%	86.6%	92.4%	94.0%
2020	87.4%	86.0%	83.0%	85.2%	88.0%	93.4%	87.0%	94.0%	92.8%	90.2%	85.4%	87.4%	94.6%

江苏各市公众对空气质量满意率

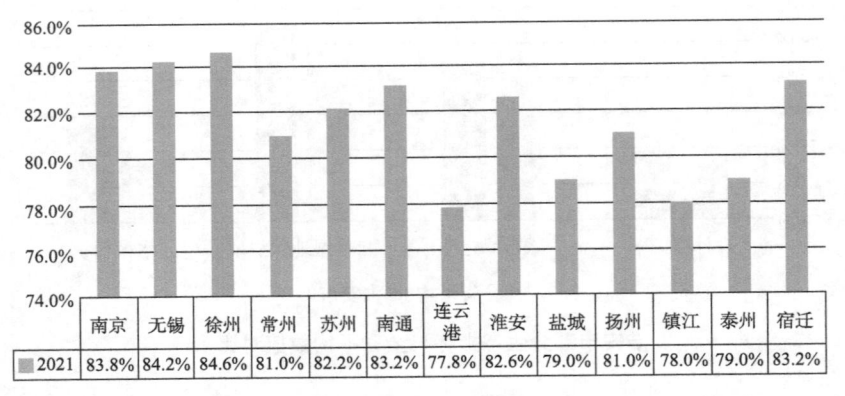

	南京	无锡	徐州	常州	苏州	南通	连云港	淮安	盐城	扬州	镇江	泰州	宿迁
2021	83.8%	84.2%	84.6%	81.0%	82.2%	83.2%	77.8%	82.6%	79.0%	81.0%	78.0%	79.0%	83.2%

江苏各市公众对所在地区河流、湖泊或附近海域环境状况满意率

建设宜居宜业和美永联的实践探索

吴惠芳　苏州市张家港市南丰镇永联村

2024年全国两会期间,习近平总书记参加十四届全国人大二次会议江苏代表团审议,张家港市南丰镇永联村党支部书记吴惠芳面对面向总书记汇报了永联村里的新变化和村民的幸福生活。听了他的汇报,总书记笑着说:"走共同富裕的乡村振兴道路,你们是先行者,要把这个路子蹚出来。要继续推进共同富裕,走中国式现代化道路。"[①]这是对永联发展的充分肯定,更是对永联走共同富裕的乡村振兴道路的嘱托和期望。

永联村位于江苏省苏州市张家港市南丰镇,1970年在长江边上围垦建村时,仅有254户人家、800多人、700多亩地,直到1978年仍然是当时沙洲县最小最穷的村。改革开放特别是党的十八大以来,永联村发生了巨大变化,现在的永联村,产业兴旺,2023年实现工农业销售收入1616亿元;生态宜居,农民生活在小镇水乡、绿色工厂、现代农庄环抱之中;乡风文明,连续6届被评为全国文明村;治理有效,村企产权清晰,社区平安和谐,居民自觉自治;生活富裕,农民人人有工作,家家有产权房,人均纯收入达7.3万元。

这些年来,永联村深入贯彻习近平总书记关于"三农"工作重要论述和在江苏考察时的重要讲话精神,全面落实乡村振兴总要求,认真学习浙江"千万工程"经验,突出"产业美、生活美、生态美、素质美",

---

① 《走进共富路上的特色村》,新华社,2024年3月12日。

全面推进乡村振兴的江苏实践

全面推进宜居宜业和美乡村建设。

永联村从脱贫致富到全面小康,进而基本实现农业农村现代化,在建设宜居宜业和美乡村方面有五点体会和启示。

一、产业兴旺,是建设宜居宜业和美乡村的首要前提

习近平总书记强调:"乡村振兴,关键是产业要振兴。"[①]作为一个村庄,基础、条件、资源都很有限,发展经济的起点、基础、难度各不相同,既需要因地制宜有所取舍,更需要解放思想、开阔思路,大干快上。几十年来,永联村坚持走工业化、产业化发展道路,持续推进集体经济发展壮大,以产业兴旺保障安居乐业。

(一)咬定青山,发展支柱产业

发展产业不能四下扑,盲目干。但对于认准的项目,干成的产业,必须抓紧抓牢,并根据宏观形势和市场的发展变化,不断调整策略,谋求发展。1978年,吴栋材被上级党委派到永联村以后,面对地势低洼、老百姓生活困难的现状,突破以粮为纲的禁锢,带领农民挖塘养鱼,随后开始创办社队企业。从1979年到1983年,永联村集聚村内能工巧匠,陆续创办了枕套厂、花砖厂、玉石厂等7家小厂,掘得工业发展的"第一桶金",一举甩掉了贫穷落后的帽子。1984年,"楼上楼下,电灯电话"在苏南农村变为现实,农民盖楼房需要大量钢材,永联村抢抓这一机遇,克服"无米之炊、不予办理"等困难,筹资30万元创办了"沙洲县永联轧钢厂",干出了"农民办钢厂"的创举,点燃了永联崛起的"星

---

① 李学仁、谢环驰:《以更高站位更宽视野推进改革开放 真抓实干加快建设美好新海南》,《人民日报》2018年4月14日。

星之火"，从此走上了轧钢富村、炼钢强村的发展之路。1994年，永钢集团组建成立，实现从村办企业到现代企业的成功转型，并在短短3年后成长为全国黑色金属加工企业前三名。2002年，亚洲金融危机后期，市场价格倒挂，企业处在生死存亡边缘，永钢集团自筹资金10多亿元，克服困难办炼钢项目，仅用341天时间就建成了百万吨炼钢项目。2008年，国际金融危机爆发，永钢集团抢抓国家加大基础设施投资建设契机，喊出"一年一个样，三年再建一个新永钢"的响亮口号，随后产能从400万吨提升到900万吨，创造了冶金行业史上的乡村传奇，助力永联村集体经济又上了一个新台阶。2012年党的十八大以后，中央提出"三去一降一补"，永联村响应党的号召，确定了"普转优、优转特、特转精"的发展战略，在做精钢铁主业的同时，积极开拓"以钢为主、多元发展"的新格局，大力发展非钢产业，形成了建筑、物流、重工、金融、贸易等产业互补的发展格局。2024年是永钢集团建厂40周年，40年来，永钢集团立足钢铁支柱产业，初心不改，创业不止，不偏不倚，实现了指数级的迭代发展，钢材年产量达到1000万吨，员工11000余人，年营业收入达1600余亿元。

（二）不忘根本，发展农业

随着工业的蓬勃发展，在是否发展农业方面，永联村一度出现了"农业是个辛苦活，靠钢厂也够吃的了"的片面思想。永联村虽然靠工业发家，但村党委始终没有忘记农业这个根本，坚持推进工业反哺农业，推动一二三产业融合发展。2006年以后，村民实现集中居住，生产方式、生活方式、就业方式发生了根本改变，这为发展现代农业创造了条件。为此，村里成立了股份土地合作社，对农户承包土地按照每亩每年1300元的标准，在村民自愿的前提下，将土地集中流转到村集体，建设了4000亩苗木基地、3000亩粮食基地、400亩蔬菜基地、100亩特种水产养殖基地，实现了规模化、集约化经营管理。例如，整合粮食基地、农业公司，成立了永联米业，实现了由生产型结构，向集生产、加工、服务于一体的综合型经营、服务实体公司转变。在发展现代农业的过程中，充分发挥工业反哺农业这一得天独厚的优势。例如，为弥补农村人才招聘困难，将工业企业人才中的管理人才和科技人才输送到村里。工厂车间里曾有一名技术员，毕业于云南昆明理工大学，具有农学和自动化两个专业背景，就把他输送到农业基地，后来这名技术员成长为了基地负责人。充分发挥企业资源优势，将钢铁生产过程中产生的蒸汽，通过管道输送给永联村，用于农业种养殖和粮食烘干，极大降低了农业生产成本。近年来，在发展现代农业的大潮中，以天天鲜生鲜配送公司为龙头，以市场化机制为纽带，通过建加工厂、办中央厨房、开设生鲜门店、发展合作基地等，由此将作为农村一产的种养殖，二产的食品加工，三产的旅游、餐饮、配送等充分融合，形成了完整的农业产业链，实现了种植养殖基地化、加工制作工业化、销售配送网络化、餐饮美食特色化。2023年初，注册成立了永联实业集团，业务涵盖生鲜配送、食品加工、农业科技、文化旅游等产业板块，共有员工1700余名，涉农产业实现销售收入达4亿元。

（三）挖掘资源，发展乡村旅游

2009年前后，各级政府提出"加速发展旅游休闲消费""把旅游业作为消费的龙头"的号召。"巧妇难为无米之炊"，永联村没有悠久历史，没有显赫古迹，没有俊美山水，也没有独特人文景观，发展旅游先天不足。但是经过一段时间的研究学习和充分调研之后，永联村统一了思想。永联城镇化、工业化以后，隔断了祖祖辈辈与土地的联系，为了给后人留一个念想和乡愁，发展乡村农耕文化游可以实现这个愿望。同时，钢厂离永联小镇就2千米，如何不让工业继续向小镇挺进，有必要在钢厂与小镇之间建设一个农民公园作为缓冲区。更重要的是，永联小镇的发展需要人气，发展旅游，可以让小镇上的3条商业街、近300家门店生意火起来，既促进村集体资产增值保值，又能为村民提供就业创业平台，可以说是一举多得。经过比较，永联村发展旅游还是有优势的。永联村位于长三角腹地，紧邻上海这个国家中心城市，周边有苏州、无锡、南通、常州4个地级市，1小时通勤圈方便游客来往。永联村有钢铁文化、农耕文明、特色美食，有城里人向往的田园风光，有创新创业的传奇故事。经过多年的积累，永联村有雄厚的物质基础，发展旅游有投资，有耐心赢得回报。基于以上因素，永联村在深度挖掘传统江南农耕文化的基础上，按照"缩小比例的江南水乡、功能丰富的休闲农庄，农耕主题的文化走廊"的建设理念，建成了占地500亩独具特色的江南农耕文化园，配套建设了永联议事厅、永联展示馆、金手指广场、永联爱心互助街、永联花海、永联菜园等游览点位，通过举办各类节庆活动，为游客打造农业观光游、农耕文化游、美食游、体验研学游等特色旅游产品，永联村的旅游业实现了从无到有、由小到大的跨越式发展。永联村先后荣获中国乡村旅游模范村、全国乡村旅游重点村、国家AAAA级旅游景区等，年均接待游客达100万人次。现在，又提出了"来永联住几天，给心灵放个假"深度体验游的口号，围绕江南美食、田间农事、农耕文明、钢铁文化、时尚生活等特色，深度开发定制化产品。

（四）发挥优势，培育新产业

近年来，永联村积极顺应需求，努力把管理优势、治理优势转化为新的产业优势，在培育新产业上下功夫。例如，永联小镇建好后，对保洁、保绿、保安等服务就提出了新需求，为此，把原来隶属企业里的后勤管理职能剥离出来，由村经济合作社承接后，组建了物业公司、安保公司，目前，业务范围已经从永联小镇走向了张家港和苏州市，年营业收入超过1亿元。在整合物业公司、安保公司资源的基础上，2022年，又注册成立了社区服务公司，以公司化运营承接政府安置社区的治理服务，把永联小镇治理中的智能化网格管理、数字化垃圾分类、信息化文明家庭奖评比、人性化的养老服务等先进做法，整体系统地嫁接植入其他社区。近期，第一个示范项目即将落地南丰镇泗兴社区，将为着力构建"以社区为平台、社会组织为载体、深耕服务为导向"的社区服务发展新模式，携手其他社区实现共同富裕发挥示范效应。又如，永钢永联需要运营网站、微信公众号、报纸等，专业的人做专业的事，于是成立传媒公司，统筹协调永联区域媒体宣传工作，同时，积极对外承接视频摄制、广告设计、活动策划等业务，年营业收入已达1000万元。2022年建成永联融媒体中心，软硬件综合实力达到县级融媒水平，公司产出的作品荣获市级、国家级荣誉，未来的目标是成为一家综合文化服务传媒公司。还有永联文体公司，把村里的文体文化资源整合起来，通过公司化、专业化、市场化的形式，承接永联村党委、永合社区党委、永卓控股党委三个党委托管的文化文艺体育建设工作，全面推进区域文化、艺术、体育事业发展，浓厚区域群众性文化、艺术、体育氛围。

二、生态宜居，是建设宜居宜业和美乡村的必要条件

生态美是农村的基本特征，空气清新、鱼翔浅底、鸟语花香理应是美丽乡村的写照。

（一）科学空间规划

随着工业经济的发展，在钢厂附近逐渐形成了一个商品交易市场，

永联村因势利导，强化管理，加大投入，将自发的小市场建设成为现代农村的新型集镇。据统计，从1985年起，到20世纪90年代初，永联村平均每年投入100多万元用于道路建设，新筑和修复公路总计30多千米，道路硬化率100%，绿化覆盖率达35%。随着村民生活水平日益提高，对城镇化的生活环境和条件越来越向往，吴栋材老书记提出"城里人有的，永联村也要有"。1993年初，永联村专门聘请清华大学对永联村域进行了工业生产区、商业贸易区、文卫教育区、村民住宅区、生活娱乐区和特种养殖场等"五区一场"规划设计。之后，学校、医院、宾馆、影剧院、集贸市场等先后建了起来，仅仅两年多时间，"五区一场"就已初见雏形。随着工业化的快速推进，永联村域面积由0.54平方千米扩大到了10.5平方千米，村民由800多人变成了11000多人。苏南人多地少，对土地空间的利用也有了更高的要求，土地规模化经营是方向。为此，2006年，永联村抓住国土资源部在张家港市进行"城乡建设用地增减指标挂钩试点"的机会，投资10多亿元，高起点规划、高标准建设，不到3年时间，具有21世纪时代特征和富有江南水乡特色的永联小镇拔地而起，散布在田间地头的3600多户人家陆续入住。2015年米兰世博会，永联村作为中国农村城镇化的成功案例，向世界进行了展示亮相。

（二）治理生态环境

永联村积极践行习近平生态文明思想，累计投入70多亿元推进工业企业节能减排改造，共实施了200多个环保项目，如率先实施雨污分流回收系统，污水处理后梯级循环利用，水重复利用率达99%以上；生产污水、生活污水、船舶污水全部收集处理，实现污水零排放；做到冶金尘泥不落地、产耗100%平衡。永钢集团因此成为全国钢铁行业首家同时获评工信部绿色工厂和绿色供应链管理示范企业。2019年，永联村投资1000多万元正式开启垃圾分类智能化时代，智能化垃圾分类箱进入村民的生活，垃圾分类全过程都能在数字永联平台监管，实现垃圾投放有源可溯。2021年，投资5000万元，对永联小镇的6000余套居民房屋、200余家商户、7家单位庭院的雨污水进行改造提升，有效解决了雨污分流、污水直排问题。2023年，投资5000万元，对全村56条河道在清淤拓宽的基础上，进行湿地化改造，河道内设置了水质监测点，每周更新一次数据，力争做到鱼翔浅底，让游客坐着船，绕永联小镇观光。

（三）完善生活设施

永联村以景区创建为抓手，努力打造搬不走的"幸福不动产"。2014年前后，永联村着手争创国家AAAA级旅游景区。把景区提档升级，与改善村民生活设施一体规划，同步实施。例如，在道路交通方面，对连接永联小镇的所有路网进行了改造提升，便利了居民更快地通行。为了确保出行安全便捷，特别是靠近学校的地方方便让家长安全接送孩子，建设了全市首个农村地下人行通道，开辟学校和居住小区之间的"放心通道"。投资近400万元，对9座公厕进行革命，新建了2座公厕，厕纸、烘干机、搁物板、扶手、儿童洗手池等人性化设施一应俱全，全部达到星级标准。按照主客共享要求，升级改造了永联爱心互助一条街，永联议事厅、永联图书馆、儿童益智区、老年活动室、为民服务中心、无障碍设施等从景区延伸到了社区。2017年前后，江苏省提出要创建一批特色小镇。江南水乡、田园风光是永联的特色，为了让村民工作生活在景区的环抱之中，实现小镇社区环境生态化、花园化提升，打造具有江南田园风情浓郁的社区，把创建范围由永联小镇和农耕园景区，拓展到周边的村庄和田园。例如，为让居民和游客更好地欣赏江南水乡生态美，把景观河沿岸道路与周边村庄的田园道路全线贯通，打造了一条全长4.7

千米的健康漫步道，与河岸线紧紧相依，一路蜿蜒向前。经过创建，以永联小镇为核心，辐射周边5平方千米，乡村休闲、农耕体验、养生度假，统筹景区、街区、社区，处处呈现出一派江南田园风情，永联小镇由此也顺利成为江苏省首批13家旅游风情小镇创建单位之一。近年来，永联村坚持跟着需求走，把老百姓的需求当作任务来完成。建设永联小镇时，有157个楼道是多层公寓，2022年，投入近5000万元加装电梯，帮助村民实现了电梯梦。为了满足村民游客的消费习惯和对消费环境的新需求，升级改造商业街，不断引入新业态。

（四）丰富优质服务供给

针对村里老年人比例越来越高的实际情况，永联村积极实施适老化改造项目，建设了占地2000多平方米的爱心互助街，打造集日间照料、健康训练、文体娱乐、养老服务于一体的养老服务中心。建立了完善的医保、社保、"福村宝"等医疗健康保障体系，经常邀请医疗专家定期坐诊，卫生服务中心CT核磁共振仪、胃肠镜等设备与市中医院联网，健康小屋配备了各种自助健康检测设施，村民的医疗条件大大改善。作为国家首批数字乡村试点，2021年7月永联村率先成为5G基站无缝隙、千兆光缆全覆盖的村庄。在此基础上，建设了网格化综合管理平台、永联家庭信用平台、海豚急救自助系统、数字健康小屋等，让永联的村民提前享受到了数字化带来的便利。例如，医疗互助系统，针对小镇居民，以家庭为单位，个人付50元，村集体对应每人付100元，共同形成一个医疗互助基金，用于补贴医保之外的医疗费用。老年人可以在系统内上传医疗凭证，报销一键生成，24小时内核实后直接将补贴汇至个人账户。此外，还在电视机端开设"永联频道"，设置永联播报、永联课堂，让老年人居家就能了解大情小事，学习各类新知识。

三、乡风文明，是建设宜居宜业和美乡村的内在要求

建设宜居宜业和美乡村，既要见物也要见人，既要塑形也要铸魂，实现乡村由表及里、形神兼备的全面提升。

（一）实施文明家庭创建

随着市场经济的不断深入，村民们的自我意识、利益意识增强，价值取向多元复杂，削弱了村对农民的约束力。为加强对农民的管理治理，从2004年起，永联村发挥村集体经济厚实的优势，设立文明家庭奖，把精神文明创建与物质利益挂钩，把社会公德、家庭美德、职业道德、个人品德等要求制定成百分制考核条款，以家庭为单位进行年度考核，按每人每年1000元的标准，对村民们进行文明行为的考核，把扣分情况作为文明家庭奖的折扣率，用市场的杠杆、激励的机制来撬动村民文明素质的提升，永联村也成了首批全国文明村。但是，随着村民们经济收入的增加，这1000元的拉动作用在减弱，文明家庭奖仅仅依靠物质奖励难以继续。从2019年起，制定了新的"文明家庭"评比实施办法，由形式单一、福利分配式发放文明奖，转变为评优标榜先进典型。新的文明家庭奖分为标兵、金质、银质和铜质四种，分别授予相应的奖牌。小小奖牌成为家家户户最闪亮的"招牌"，也是必须争取的"面子"，村里只要有号召，村民就会自觉响应，文明家庭奖又变得很有效。为了跟上数字时代步伐，2022年8月，将"文明家庭考评体系"升级到3.0版本，打造全国首个村域数字乡村信用体系平台，构建个人信用模型，对永联区域的2万多名居民、职工实施信用评级，根据信用评级，与金融机构、周边商户合作，向居民、职工提供对应的商品折扣、文体活动、医疗服务

等福利，以及信贷优惠等金融支持，让守信者享受源源不断的"信用红利"，实现好人可以量化，好人处处有好报。

（二）广泛激励志愿服务

志愿服务是乡风文明的重要体现，有利于村民心与心的交流和碰撞。为此永联村发起成立了永联村爱心互助志愿者联合会、社会文明建设联合会等组织，引导激励村民积极投身志愿服务。如今，志愿服务已经成为永联一道亮丽的风景线。现有注册志愿者2800人，常态化开展30多个志愿服务项目，打造了爱心便当、爱心蔬菜、关爱困难人群、欢乐假期等志愿服务品牌。2023年志愿服务总时长超过8万小时，市里表彰的81名终身志愿者中，永联村占到一半以上。永联村还把社区党建的主题党日打造成有色彩有温度的重要阵地，要求每个支部从服务群众的目的出发，每年固定开展一个为民服务项目，并与志愿服务相结合，与社区帮扶相结合，把主题党日活动办成群众得实惠的节日。一个村子，先后有2人获得全国道德模范和全国道德模范提名奖，有2人成功捐献造血干细胞，有多个家庭签订捐遗意向，每年都会涌现许多见义勇为的好人好事。

（三）推动移风易俗

文明乡风，移风易俗是关键。习近平总书记指出，要"推进农村移风易俗，革除高价彩礼、人情攀比、厚葬薄养、铺张浪费等陈规陋习"[①]。这些年来，我们积极响应，2006年前后，市民政部门发出移风易俗号召，为了解决散落在田间地头的坟头和方便祭奠逝者，永联村建设了静安园，

---

① 习近平：《坚持把解决好"三农"问题作为全党工作重中之重 举全党全社会之力推动乡村振兴》，《求是》2022年第7期。

实行骨灰集中安放。安放初期，对于原来土葬的逝者，继续土葬，但很快发现这样不利于土地节约，于是马上实施逝者骨灰盒上楼，按区按格存放。刚开始，有的村民不理解，永联村就组织村民代表到市民政局管理的类似场所参观，通过参观和教育引导，不到半年时间，全部搬迁到位。2007年之前，还有部分村民分散居住，当有村民去世时，一般在各自的院子里搭灵堂。上楼后，如果继续延续这样的方式，就会带来阻碍交通、噪声扰民、消防安全等一系列问题，于是，又统一规划建设了敬孝堂，用于集中办丧。解决了这个问题，使用军乐队、高音喇叭，甚至请哭丧的现象一时并没有消除，2018年初，又召集熟悉丧葬文化的老人、村民组长、楼道长、村民代表等不同群体召开村民议事会，发挥红白理事会、道德评议会的作用，商讨形成新的殡葬文明规范：治丧时间改5天为3天，保持庄严肃穆的氛围，禁止使用军乐队、高音喇叭、功放等扩音设备；禁止在房屋内出现明火，引导使用电子蜡烛、电子香。同时，将"文明殡葬"的要求写入村规民约，纳入文明家庭奖考核评比。自制度出台以来，没有一家违反规定。2023年，再次进行丧葬风俗改革。例如，对披麻戴孝的习俗。倡导逝者子女臂戴印白色"孝"字、贴有"麻布"的黑袖套替代过去头披白布麻片、腰系稻草绳、脚穿白鞋等。

四、治理有效，是建设宜居宜业和美乡村的重要保障

工业化、城镇化后，永联区域人口结构、社会形态、农民的生活方式、精神诉求、农业的环境条件、生产方式发生的深刻变化，永联与时俱进，积极探索创新乡村治理的好办法。

（一）明晰产权，理顺村企关系

村企合一，这在集体经济发展壮大的初期，有利于统一使用人才、资金、土地，实施统一领导和管理，曾是集体经济迅速发展壮大的重要法宝。但是，随着市场经济的不断深入，由村企合一引发的矛盾问题也变得突出起来。例如，企业经营决策机制与村民自治制度之间的矛盾，村民分配愿望与企业分配原则之间的矛盾，企业薪酬激励要求与集体所有制规定之间的矛盾，这些矛盾问题成了村与企业发展的障碍。为此，永联村先后两次对永钢集团清资核产，把永钢集团从永联村的集体资产中剥离出来，进行股份制改造，永联村股份经济合作社持有永钢集团25%的股权，永钢集团中高层管理人员持有75%的股权，永联村成了永钢集团的投资人。同时，把村里的干部和财务从永钢集团中剥离出来，建立独立的运行体系和机制。从此，永钢集团按现代企业制度自我运行，永联村依法按自治章程实行群众自治。村企关系理顺后，永钢集团进入了发展的快车道，永联村经济合作社依靠25%的股权收益，集体资产也得到了快速增长。

（二）政经分离，厘清权责边界

行政村一般具有两大属性，一是发展集体经济，二是实施社会治理。发展集体经济的职能由经济合作社这个集体经济组织承担，实施社会治理的职能由村委会负责。长期以来，一些集体经济不太强的村庄，通常村委会一手抓集体经济，一手抓乡村治理，"两块牌子、一套班子"，实行的是政经合一的模式。但是，像永联村这样集体经济比较发达的村，处在政经合一状态的村委会，对集体资产经营管理的任务越来越重。同时，随着永联城镇化的快速发展，村委会面临的社会治理任务也越来复杂。这时，村委会管资产能力不足、抓治理精力不够的问题越来越突出。为此，永联村从2012年开始，着手实施村社分离，把集体资产经营管理职能从村委会中剥离出来，充分发挥村经济合作社的经营管理功能。用了一年半时间研究制定了《经济合作社社员资格确权办法》，确定了10676名经济合作社社员，选举产生了239名社员代表。研究制定了《经济合作社章程》，召开了社员代表大会，选举产生了理事会成员和理事长，监事会成员和监事长。组建了经济合作社管理机构，聘任了经济合作社社长、副社长、部门经理等。从此，集体经济的经营管理职能从村委会中剥离了出来，由经济合作社公司化运行，村委会集中精力履行社会治理的职能。

（三）调整体制，实现充分自治

随着永联小镇建设的逐步到位，永联村民全部安置入住了小镇。同时，永钢集团的快速扩张，使小镇的外来人口急剧上升。永联村委会，虽然职能任务比较单一，精力也比较集中，但是，村民自治的体制方式与城镇化的社区治理要求明显不相适应。为此，永联村在2013年的基层两委换届选举中，经过上级审批同意，永联村不再举行村委会选举，全体村民参加永合社区选举，产生永合社区居委会。从此，永联村的社会治理由村委会体制下的村民自治转变为居委会体制下的居民自治。永联村村民的身份转化为永合社区居民和永联村经济合作社社员。为了让民主看得见、摸得着，建设了村民议事厅，建立了适合永联的自治模式，可以总结为四句话："代表大会议大事、议事团体议难事、楼道小组议琐事、媒体平台议冒尖事。"一是代表大会议大事。"代表大会"有2个，一个是经济合作社社员代表大会，主要研究分配、安置等跟经济有关的重大问题。另一个是社区居民代表大会，主要研究社区日常管理中发生的一系列重大问题。二是议事团体议难事。由居民代表大会选举产生议事团，集中审议发展建设中的难事，如拆迁安置的历年老账，社员和合作社之间发生的一些矛盾。三是楼道小组议琐事。在每个楼道内组建一支楼道小组议事委员会，一般由3~5名居民组成。针对每栋楼楼道中存在的问题，不定期召开楼道议事会，如统一意见加装电梯等。四是媒体平台议冒尖事。充分发挥媒体平台对两头事的曝光宣传作用。对于好事，通过永联村内部报纸、微信公众号、电子大屏、永联播报等媒体进行宣传；对于不文明等现象，不定期曝光，加强社会监督。

（四）职责法定，实现公共服务均等

城乡之间，事实上存在着三个层次的差距：城乡居民在经济收入上的差距、在公共服务上的差距、在就业能力上的差距。过去，永联村吴栋材老书记经常说，城里人有的我们也要有。2006年永联村建设永联小镇时，按照现代化标准建设了农贸市场、小学、医院、商业街等配套设施，实现了物质层面的城镇化。但这些城镇化设施也给治理带来了挑战，如农贸市场的农药残留谁来检测，社区流动摊贩谁来治理，道路卡口谁来执勤，这一系列问题都让大家感觉到，只有城镇化的设施远远不够，更要有城镇化的管理和服务，才能实现人的城镇化。更重要的是小村庄办社会，既没有执法权，缺少合法性，还会造成负担过重，形成"谁有钱谁管，谁想管谁管"的局面，缺少公平性。于是，永联村向市、镇两级党委政府主动反映情况，积极争取支持，在上级政府的大力支持下，很快在村里设立了社会事务管理协调领导小组，一名副镇长任组长，把公安、交警、工商、卫生、城管、消防等公共管理机构和人员派驻到永联村。治安、交通、村容、消防管理、监控技防、民事调解、新市民服务七项管理职能，农贸市场、道路、路灯、卡口、医院、学校等公共配套设施全部移交了出去，永联小镇变得秩序井然，永联村也走出了小村庄办社会的困境，率先实现了公共管理、公共服务在城乡之间的均等化。

五、生活富裕，是建设宜居宜业和美乡村的根本目的

习近平总书记要求我们，既要做大"蛋糕"，也要分好"蛋糕"。永联村改革开放以来，40多年的建设发展，走的就是一条共建共享、共同富裕之路。

（一）坚持公平共享

20世纪80年代，通过"奖农补副"，让工业利润公平地增加家家户户农副业生产上的收入。1995年，积极响应"先富带后富"的号召，进行"扩队并村"，但在合并过程中，新老村民之间产生了矛盾，老村民认为自己有存量资产历史贡献，让新村民享受同等待遇不公平，新村民认为自己带来了土地为永联村发展提供了空间，也应该享受同等待遇。针对这样一种矛盾冲突，吴栋材老书记经过村党委研究，决定给予老永联村民每人1万元补贴，并通过村民代表大会向村民承诺3年之内兑现。从此以后永联村不分新老，"进了永联门就是永联人，凡是永联人待遇都均等"，实现共同致富。1998年、2000年永钢集团两次转制，给村集体留下25%的股份，正因为有这25%的股权，永联村民虽然土地被征用，但是享受这片土地上的发展成果的权利没有改变，也让持股村民和企业始终保持利益联系、协力共谋发展。进入新世纪，小镇建设是推进共同富裕，缩小贫富差距的一次重要的举措和机会，其本质是把货币形态的集体资产，通过分配的调节，公平地转化为家家户户的实物房产。

为实现共建共享，永联村没有采用常规的动迁安置方式，而是制定了"拆归拆、分归分"的办法。"拆归拆"，就是拆的时候按市场价格一次性货币化补偿到位，尊重和维护农民家庭的存量资产。"分归分"，就是安置的时候按一户一套，每套145平方米，进行分配，退休老人可申请入住老年公寓，做到不论收入多寡、钱多钱少，家家有房住、品质皆相同。村民刚刚入住小镇后，考虑到村民生活成本提高了，村里决定给村民每人每月发放200元的菜金补贴。2023年，为了确保分配方式的公平和效率，永联村对以往项目化的分配方式进行了多次改革，按照农龄进行分配，调整社员经济分配办法后，实行"基本分配"（600元/人·月）加"社龄分配"（18周岁社龄每增长一年，增加300元/人·年）的二次分配办法，社员分配从2022年的1.1亿元提高到了1.7亿元，人均年分配约1.7万元；二次分配以外，社员还可以获得3500元的征地基金分红或每亩1500元的土地流转金收入。

（二）鼓励勤劳致富

就业是最大的民生，也是实现共同富裕最有效的手段。土地集中流转后，为了实现农民离土不离乡，就地就业，永联村充分发挥工业企业规模大、产业链长的优势，对符合条件的村民同等条件下优先录用，近年来，有2000多名永联人进入永钢工作，分布在职能部门及分、子公司管理的各类岗位上。针对许多因为学历低、年龄大、身体弱，被挡在了企业大门外的村民，永联村成立了劳务公司、保安物业公司，与工业企业签订保洁、保绿、保安服务协议，为那些低技能劳动力提供就业岗位。集体经济壮大之后，共享创业平台是效率最高的共同致富方式。永联村投资建设了农民创业园共8幢楼，村里把水、电、气通到厂房门口，并按每年每平方米43元的价格，租赁给有能力创业的村民。2006年开始在永联小镇上建了3条街，近300个门店，这些门店的产权在村里，由经济合作社统一经营开发，出租时同等条件下永联人优先。现在，3条街上生意红火，共有211家商户开店经营。

（三）做好慈善关爱

为了统筹永联区域内的捐赠和救助，永联村成立了为民基金会，专门用于养老、助学、扶贫、助残、教育等公益项目，每年召开一次慈善大会，向永卓、村经济合作社、爱心单位和个人等募集慈善资金，每年募资超2000万元，由为民基金会统一开展救助，努力做到致富路上不让一个人掉队。例如，"福村宝"是永联村为民基金会设立的互助医疗基金项目，于2019年1月1日开始正式实施，旨在解决因病致贫、因病返贫问题。每人缴纳50元，基金会补贴150元，以国家发布的病种名录为准，只要单次住院发票金额超过3000元，即可申请补助金。最多的能补助近8万元，大大减轻了因病致贫家庭的压力。同时，针对残疾人无法就业的问题，设立助残金，根据残疾级别给予每人每年1000~2000元不等的补助；设置助老金，根据年龄层次，每年补助1000~10000元；设置奖学金，学生毕业之后给予5000~10000元奖励；设置老年人养老金，每人每月发放1000元。

（四）突出文化赋能

习近平总书记强调，要"把发展成果不断转化为生活品质"[1]。文化赋能则是实现品质生活的有效载体。这些年来，永联村持续强化文化熏陶，帮助村民共享高品质生活。组织万人游世博，带着村民代表上北京、下杭州，开眼界、长见识。每年拿出100万元补贴，聘请不同的专业剧

---

[1] 习近平：《开创我国高质量发展新局面》，《求是》2024年第12期。

团，实现小戏楼天天演；引入幸福蓝海电影院，让村民在村里就可以同步看到大片；改造了近8000平方米的文体馆，游泳、球类、体操等健身设施一应俱全，让村民享受羽毛球馆、健身房、乒乓球馆等现代化运动设施；建设了暨阳书画社、永联美术馆，通过常态化开展培训、举办主题展览，让更多的村民共享文化滋养，共享时代精神熏陶。同时，依托暨阳书画社、美术馆、文体馆等一系列阵地，成立了包括永联体协、文联、拔河、锣鼓、龙狮、门球等23个群众性文艺团体，通过文艺队伍，来组织引导并提高村民对文化、文艺、体育的兴趣，以此来丰富业余生活，享受品质生活。

　　幸福是奋斗出来的。回顾永联村白手起家的创业历程，从喊出"农是一碗饭，副是一桌菜，工业致富来得快"，实现由农转工的精彩蝶变；到提出"农村没有耕地，那还叫什么农村"，彰显"以工哺农"的朴素情怀；再到明确"一家人不能吃两碗饭"，实现共同富裕的重要使命，永联村在党的路线方针政策的指引下率先探索，一步一个脚印走出了一条宜居宜业和美乡村的致富路、共富路。但是，也清醒地认识到，前进路上，还有许多新情况新问题需要破解克服。永联村将牢记习近平总书记谆谆嘱托，感恩奋进、真抓实干，为蹚出共同富裕的乡村振兴道路，先行探路、作出示范。

以宅基地改革助力乡村振兴的沛县实践与思考

秦 玮 东南大学中国特色社会主义发展研究院、中共徐州市委研究室

党的二十届三中全会通过《中共中央关于进一步全面深化改革 推进中国式现代化的决定》明确提出,"允许农户合法拥有的住房通过出租、入股、合作等方式盘活利用",这为农村宅基地制度改革提供了基本遵循。作为新一轮全国农村宅基地制度改革试点县,徐州沛县立足实际、先行先试,稳慎有序推进农村宅基地改革试点工作,以宅基地改革助力乡村振兴,全省首宗集体经营性建设用地在沛县入市,苏北首例闲置宅基地和农房使用权顺利流转,全省农村宅基地试点交流会在沛县召开,宅基地使用权流转"三审五书"创新实践,为全省乃至全国农村宅基地改革打开新思路、探索新路径。

一、主要做法

(一)系统谋划,找准宅基地改革"切入点"

坚持以农村宅基地试点为切入点,严格按照"一手抓管理、一手抓改革"的工作思路,大力推进房地一体宅基地确权登记,统筹推进宅基地"三权分置"不动产确权登记颁证工作。一是明晰底数。共享国土权籍调查数据,在已有四至空间数据的基础上,对335个村宅基地权属和

利用状况进行补充调查，对规模布局进行验证调查，全面摸清宅基地规模、布局和利用情况，为宅基地管理和盘活利用提供准确信息，全县宅基地25.9万宗，农户24.9万户，宅基地面积10.5万亩，户均281平方米，闲置宅基地2.98万宗，闲置率11.5%。二是清晰归属。扎实推进宅基地使用权确权登记颁证工作，制定农村宅基地管理村民理事会指导意见和农村集体经济组织宅基地管理细则，规范行使宅基地规划、分配、调整等方面的权利，全县农村宅基地确权登记宗地调查23万宗，符合发证数量16万宗，现登记率达到99.8%。三是充分赋权。出台《农村宅基地资格权认定管理办法（试行）》，对辖区内宅基地的规划布局、用地管理、申请、审批、使用、流转、退出和监督管理等进行具体规定，维护宅基地农户资格权和农民房屋财产权，全省首家全面完成宅基地资格权认定，全县共认定资格权户26.2万户、资格权人96.5万人，并全部纳入宅基地管理信息系统。

（二）精准施策，抓好宅基地改革"发力点"

宅基地流转是改革过程中难啃的"硬骨头"，沛县坚持将标准化、规范化贯穿宅基地和农房使用权流转交易始终，创设了"三审五书"沛县模式，入选农业农村部典型案例。一是完善三级审核程序。采取村级审核、镇级初审、县级复审三级审核办法，对交易申请资料严格把关。村集体重点审查"一证一房一书"，镇(街道)产权交易分理处重点审核交易信息真实性、交易前置条件符合度和流转用途合规性，县产权交易中心全面复核材料的完整性、合理性、合法性。三级审核机制为农户闲置宅基地和农房使用权流转交易扣上了"安全锁"，确保市场信息公开透明、产权真实有效。二是制作五类示范文本。制作《承诺书》《交易委托书》《交易鉴证书》《成交确认书》《农村闲置宅基地和农房使用权租赁合同》五类文本，交易前由拟流转闲置宅基地的农户签订承诺书和交易委托书，成交后交易双方签订成交确认书和标准合同书，农村产权交易中心出具产权交易鉴证书。五类文本充分考虑了转让方、受让方的正当合理诉求，对将来可能出现的法律风险处置进行明确约定，厘清了交易双方的权责关系，大幅减少了交易矛盾纠纷。三是优化有偿退出方式。对5亩以下零星单宗宅基地，按照区片综合地价有偿退出后，优先保障集体成员合理建房需求和村产业发展用地；对5亩以上集中连片宅基地，按照建设用地增减挂钩专项政策实施，退出宅基地优先复垦为耕地。

（三）务实高效，做强宅基地改革"支撑点"

在完善宅基地改革组织领导体系、优化审批流程和监督管理上下功夫，不断提高工作效率和服务水平，为群众提供更加便捷高效的服务。一是完善宅基地改革组织体系。由县主要领导联系农村宅基地制度改革试点工作，统筹推进相关工作，进一步细化改革任务、压实工作责任。分管领导定期召开宅基地改革联席会议，县委农办与县资规局、住建局等部门紧密配合，挂图作战、压茬推进，推动各项改革政策落地见效。二是完善宅基地改革审批机制。出台《关于加强和规范农村宅基地管理工作的意见》等系列文件6个，建立宅基地镇街审批、县级备案机制，在镇级为民服务中心设立宅基地审批窗口，实行一个窗口受理、联审联办的工作机制，统一实施用地审批和规划许可，共审批宅基地和建房（翻建）521宗、130.2亩。三是健全宅基地改革监管机制。将农村宅基地审批、占用耕地建房、违法建房处置等纳入对督查考核体系，加大责任追究力度，对监督管理不到位、非法占用土地建设住宅行为处置不力的乡镇进行通报批评，对新增违法建设和违规审批的相关责任人依规依法严肃追责。全省第一家将宅基地执法权依法转移至镇政府，各村依托网格建立宅基地协管巡查队伍，形成县指导、镇主抓、村协管的宅基地监管机制，沛县宅基地行政处罚权试点工作方案全省推广。四是打造改革政策体系。沛县以1个试点实施方案为统筹，探索农户宅基地资格权保障、使用权流转和抵押、自愿有偿退出和有偿使用等制度，先后出台《沛县农村宅基地资格权认定办法》《沛县农村闲置宅基地和农房流转交易办法》等系列配套改革文件，形成了1个试点实施方案为统筹、"五探索、两完善、两健全"9个方面制度性改革为支撑、32个配套改革政策文件为工作流程规范的"1+9+N"的宅基地改革政策制度体系，形成宅基地确权、登记、流转、交易全过程"政策网"。

二、取得成效

沛县通过建制度、畅路径、优服务等多措并举推动宅基地盘活利用，有力保障农民宅基地基本权益，有效唤醒"沉睡"资源资产，充分释放农业农村创新活力，为构建新型生产关系、发展农业新质生产力提供了支撑，"乡村美、社会稳、产业兴、民风淳"的深度融合集聚效应不断显现。

（一）住有所居，擦亮村民幸福底色

沛县通过实施宅基地资格权认定、规范宅基地管理、优化宅基地和农房退出机制等方式，保护乡村景观、改善村容风貌、引导集中安置等提供空间支持。宅改以来，累计提供农宅建设用地2632亩，其中专项申请新增建设用地848亩。整合这些土地指标，统筹建设集中居住区，通过集中统建、多户联建等方式多途径保障农民住房需求，改善农户居住条件2.1万户。

（二）品质宜居，打造绿色生态家园

沛县把宅改试点与学习贯彻"千万工程"、推进人居环境整治等工作有机结合，加速政策集成、资金整合、要素集聚、空间重构、体系重塑，大力推进美丽乡村建设，全县建成美丽宜居村庄268个、省级宜居宜业和美乡村17个、省级特色田园乡村12个，探索零星宅基地退出发展民宿和乡村旅游的安庄社区获评中国美丽休闲乡村，沿微山湖特色田园乡村示范区作为苏北唯一一家成功入选省级培育试点名单。

（三）户有富居，激活集体经济活力

沛县支持农村宅基地有偿使用，允许宅基地通过作价入股、出租等方式进行流转并获取收益，有效解决因历史原因造成宅基地超标准占用、闲置、低效利用等问题。全县以出租、转让方式流转累计成交1376宗，成交总金额1264万元，成交面积15.8万平方米，实现区域全覆盖。试点以来，通过增减挂钩、复垦、集体建设用地入市等，共有偿退出宅基地4127宗，经复垦增加耕地2500亩，村集体经济增收1.2亿元。

（四）幸福安居，共享美好和谐生活

沛县通过规范农村宅基地建房、理顺宅基地流转程序等，进一步保障农民住房用益物权，村民吃下"定心丸"，有效促进农村社会和谐稳定。沛县建立宅基地县乡村纠纷调解体系，小事不出村、大事不出镇、纠纷解决不出县，全县妥善解决涉及宅基地纠纷80余次，五段镇后六段村获评全国乡村治理示范村，河口镇获第三批全国乡村治理示范镇。

三、存在的困难

宅基地制度改革是农村"三块地"改革之中头绪最多、涉及面最广但也是最能释放改革红利的一项，具有较强的系统性、联动性和复杂性，沛县宅基地改革推进过程中也存在一些困难。

（一）宅基地用地指标相对不足

乡村振兴战略不断推进，农村人居环境、基础设施、公共服务水平显著改善，村民返乡、市民下乡体验农事、度假养老、创新创业越来越多，宅基地需求不断增加。但是，近年来城镇建设用地计划指标量较少，加上重点工程、重点项目较多，用于安排农村宅基地的指标出现缺口，有些村甚至十多年未安排过宅基地，导致宅基地建"新"难、规划难、资金筹措难。

（二）宅基地产权交易缺乏统一标准

农村产权交易市场缺乏统一交易标准，不同交易品种资产属性、特点各异，农村宅基地经过历届村委会租赁发包，产权性质、价格体系、使用年限等都十分混乱复杂。农村产权交易形式单一，多以户户交易为主，难以实现资产资源效益最大化。

（三）宅基地使用权流转法规存在冲突

我国有关宅基地使用权流转的法律制度散见于物权法、民法通则、土地管理法等法律法规及相关政策中，缺乏统一性。以至于禁止宅基地使用权超出本集体经济组织范围转让与未限制宅基地上的房产转让范围之间有冲突，农民房屋抵押制度与宅基地抵押制度之间有矛盾。

（四）宅基地隐形交易导致产权纠纷增长

农民具有根深蒂固的"土地情结"，农民对于宅基地的情感附加值和未来发展期许过高，但地方宅基地补偿标准偏低，宅基地流转机制不完善，宅基地价格评估机制、登记制度等不健全，政府监管相对薄弱，宅基地隐形交易时有发生，宅基地产权纠纷呈增长态势，这些都考验着改革试点地区的智慧与担当。

四、几点建议

宅基地改革需坚持需求导向和问题导向，在"三权分置"的前提下适度放活宅基地和农民房屋使用权，打破长期以来宅基地不能流转的政策障碍，促进资源要素优化配置，缓解宅基地粗放利用与产业发展用地保障难的矛盾。

（一）完善相关法律法规破解产权之困

现行法律法规宅基地流转限制过多、退出机制缺失，已成为破除城乡二元社会结构、推进城镇化进程的重要障碍。必须强化顶层设计，破除法律法规之间的掣肘。建议国家层面进一步健全宅基地抵押权相关法律法规，从立法层面详细规定宅基地使用权的概念内涵、取得方式、流转、消灭、法律责任等条款。同时，在总结各地改革经验的基础上，制定和出台宅基地管理条例，进一步明确宅基地产权、宅基地流转、收益分配及宅基地登记管理等制度，确保宅基地流转、抵押有法可依。

（二）规范宅基地和农房流转交易

进一步完善线上交易平台和信息系统，采用实景照片、VR技术等对闲置宅基地和农房构造及周边环境进行直观立体展示，完善"信息发布—意向合作—合同签订—动态监管"的全过程闭环交易流程，推动系统之间、部门之间、功能之间高效协作，规范交易合同文本，提高宅基地数字化平台利用率，提升审批效率和监管实效。适时推广农村闲置宅基地和农房流转示范，总结一批可复制、可推广的经验模式，以点带面、有序推开。

（三）健全宅基地盘活利用机制

引导集体经济组织、农民个体、企业和社会组织有序参与闲置宅基地和农房盘活利用，发展"宅基地＋电商""宅基地＋旅游"等新产业新业态，鼓励农产品冷链、初加工、仓储等一二三产业融合发展项目。进一步探索宅基地有偿使用办法和多元化的宅基地退出模式，经集体经济组织成员代表会议研究确定具体的分配比例和分配方式，合理分享闲置宅基地和农房盘活利用的收益。用足用好城乡建设用地增减挂钩、集体经营性建设用地入市等政策，研究发行地方政府专项债券支持农村闲置宅基地盘活利用项目，为全面乡村振兴蓄势赋能。

（四）创新宅基地矛盾纠纷解决方式

充分发挥基层矛盾纠纷调处化解工作站的作用，推广"党支部＋网格员"模式，常态查事、当面说事、集体议事、组团调事，最大限度把农民宅基地确权登记流转过程中的矛盾纠纷解决在初始、化解在源头。完善民主决策机制，积极征询农民意见，多措并举、多管齐下，让农民群众有权利更加灵活地处置闲置资源，深切感受到宅基地改革带来的实实在在的好处，形成人人拥护改革、支持改革、推进改革的良好氛围。

"六个方面"先行示范，蹚出一条共同富裕的农业农村现代化道路

苏州市张家港市农业农村局

近年来，张家港市深入学习贯彻习近平总书记关于"三农"工作的重要论述和对江苏、苏州工作重要讲话重要指示精神，紧紧围绕中央、省、苏州各项决策部署，深入学习浙江"千万工程"经验，严格落实"四个优先"，统筹推进"五大振兴"，有力推动了农业全面升级、农村全面进步、农民全面发展。连续4年位列全省推进乡村振兴战略实绩考核县（市、涉农区）综合排名第一等次。

张家港市在推进乡村振兴战略实施、探索率先基本实现农业农村现代化工作中做到了以下五个方面。

一、牢记国之大者，推动乡村产业发展

（一）提升现代农业发展水平

全市粮食播种面积47.22万亩、粮食产量4.46亿斤，实现面积、单产、总产"三增"良好局面。全市主要农作物耕种收综合机械化水平99.65%，建成省级产业园区1个，苏州市级农业园区9个。成功创建全国首批农产品质量安全县、全国首批主要农作物生产全程机械化示范县等。"凤凰水蜜桃"获国家农产品地理标志认证。

（二）推进一二三产业深度融合

深入挖掘乡村文化内涵，梳理整合田园风光、长江文化、非遗传承等现有资源，编制《张家港市农文旅融合高质量发展规划与三年行动计划》。全市现有各级农业龙头企业78家，其中国家级2家、省级9家、苏州市级26家，建成共享农庄11家。入选全国首批农村创业创新典型县，永联村获评首批全国乡村旅游重点村，善港村荣获全国"一村一品"示范村镇。

（三）构建产村互促发展格局

在全国创新打造以乡村工业化、村办企业为载体的"苏南模式"，村集体收入不断提高，村民致富水平有效提升。2023年全市村均集体经营性收入达1708万元，其中收入超千万元村数达103个，形成了江苏县域最大的强村群体。29家股份经济合作社上榜江苏首届"百强股份经济合作社"名单，占比全省第一。

二、聚焦生态宜居，加快乡村建设行动

（一）推动人居环境持续向好

全域推进农村人居环境整治提升，全市农村生活垃圾分类处理率、农村无害化卫生户厕普及率、农村生活污水处理设施行政村覆盖率均达100%，率先通过省农村人居环境整治三年行动目标任务验收销号，累计创成省生态宜居美丽示范镇1个、示范村11个。创新发布季度"晴雨榜"，搭建"张家港美丽乡村管理平台"，累计发现录入问题8.7万条，整改率99.9%。

（二）推动生态底色更加亮丽

完成农业农村部耕地质量提升与化肥减量增效示范县建设，入选全国农作物病虫害"绿色防控示范县"，获评全省首批生态循环农业示范市。全市秸秆综合利用率、畜禽粪污资源化利用率均保持在99%以上。高效推进农业生态产品价值实现机制国家级试点工作，探索实施"规范化采集、精细化核算、多元化增值、市场化应用"四个方面的农业生态产品价值实现路径。实施长江"十年禁渔"，确保长江干流张家港段整体禁捕秩序稳定向好。

（三）推动乡村颜值不断提升

统筹谋划"一带两山三线"（长江经济带，凤凰山、香山，锡通高速沿线、沪武高速沿线、沪苏通铁路沿线）特色康居示范区，打造展现长江沿线生态风光的美丽村庄标杆样板，累计建成苏州市特色康居示范区23个、特色康居乡村654个，培育省级特色田园乡村11个、特色精品乡村16个，凤凰镇恬庄、肖家巷，塘桥镇金村成功创建江苏省传统村落。坚持"片区化推进乡村振兴""组团式开展乡村建设"思路，全面开展"长江之境"乡村振兴"4+N"示范片区建设，目前全市乡村振兴片区重点项目267个，总投资额127亿元。

三、围绕乡风文明，提升农民精神风貌

（一）深化文明创建

深入推进文明村镇、文明社区、文明家庭、乡风文明志愿岗等群众性精神文明创建活动。深化拓展新时代文明实践中心建设工作，实现新时代文明实践所、站全域覆盖。作为唯一实现全国文明城市"六连冠"的县级市，拥有全国文明镇4个、全国文明村5个，形成了同类城市最大国字号文明村镇群体。

（二）优化文化供给

每年开展"我们的节日""村村演"等紧跟时代、贴近民生的群众文化活动超1.5万场，丰富农民精神生活。结合历史文化传承，总结推广暨阳家风、金村耕读传家等一批优秀乡贤文化，成功创建中国民间文化艺术之乡、中国宝卷之乡、中国吴地山歌传承保护基地等，凤凰镇《河阳山下唱新风》成功入选全国第三届"县乡长说唱移风易俗"优秀节目展演。

（三）强化移风易俗

深入实施移风易俗行动，充分发挥村规民约、家教家风作用，常态化开展邻里互助和道德评议活动，有效净化大操大办、铺张浪费等不良风气。在各村（社区）设立红白理事会，推进丧事简办、喜事新办。创新制定张家港市"白事通"，全市平均办丧时间大幅缩短。李巷村村规民约入选全国百个优秀村规民约案例，"爱载暨阳"婚俗改革项目获中国文明网宣传推广。

四、坚持党建引领，完善乡村治理体系

（一）建强基层堡垒

高标准推进全国党建引领乡村治理试点，省委组织部《组工研究》

专题刊发张家港市"探索党建引领基层治理'双引双融'新路径"做法。创新实施"新时代美美乡村新接力"农村党建专项提升计划，推动村党组织全面进步全面过硬。深化行动支部工作法，围绕环境整治、拆迁安置等重点难点开展专项攻坚。

（二）织密组织体系

整合各条线服务资源，实行"一方所有、多方共享、综合管理"模式，建成"香邻客厅""党群睦邻坊"等先锋驿站，形成乡村"5分钟服务圈"。推广"清单制""积分制"在乡村治理中的应用，有效调动村民参与自治的积极性，覆盖率均达100%。金港街道长江村入选第三批全国乡村治理示范村。推进数字乡村建设，成功创建全国首批数字乡村试点县市，建成覆盖市、镇、村三级的一体化公共服务事项办理平台，实现高频公共服务事项"一网通办"。

（三）汇聚资源力量

扎实推进《新时代加强村（社区）党组织书记队伍建设五年行动计划》，搭建村级中青班、书记讲给书记听、履职资格认证等立体式培养平台。组建乡村治理先锋合伙人队伍，从机关单位、金融机构、退出领导岗位干部中选派优秀人才，到农村担任兴村特岗书记、金融特派委员、兴村顾问。实施"民生微实事"项目，开展四点半学校、红色快递等服务，将实事办到群众心坎上，每年解决基层"小急难"问题300余个。

五、紧扣城乡融合，绘就共同富裕画卷

（一）加强基础设施建设

加快农村基础设施和公共设施提档升级，不断建立健全政府主导、多方参与、市场运作的农村公共基础设施管护体制机制，实现城乡基础设施统一规划、统一建设、统一管护。全面推行"路长制"，积极推进"四好农村路"建设，实施乡村电气化提升、燃气进村入户、"光网乡村"等工程，培育"5G+智慧乡村"应用示范。

（二）完善公共服务体系

全面完善统筹城乡、覆盖全民的社会保障体系，五大保险参保率均保持在99%以上。全市乡村全科医生拥有量达标率、养老服务设施覆盖率、综合性文化服务中心标准化覆盖率均达100%，全域开展农村公益医疗互助典型案例全省推广并作为全国农村公共服务建设优秀成果展播。城乡低保标准提高至1115元/月，困难群众服务保障覆盖率达100%、保持全省第一。

（三）促进农民农村共同富裕

开展集体经济相对一般村挂钩帮扶，富民强村帮促行动接续推进乡村全面振兴获省级督查激励表彰。全市农村居民人均可支配收入47032元，城乡收入比缩小至1.78：1。高质量完成一批国家级改革试验任务，全面完成土地确权、股权固化、政经分开等改革任务，深入开展省级农村宅基地改革"两项试点"。率先启动省级农村集体经营性建设用地入

市试点，累计办理用地出让36宗，面积57.26公顷。加强农村创新创业人员培育，引导扶持更多青年返乡涉农创业，培育了一批"田秀才""土专家""乡创客"。

虽然张家港市在推进乡村振兴战略实施、探索率先基本实现农业农村现代化工作中取得了较好成绩，但还存在着一些不足和薄弱环节。一是现代农业竞争力还有待提高，高标准农田建成率偏低，农业农村重大项目数量不多，农产品精深加工比例不高，在智慧农业发展上没有领头优势。二是村级经济转型发展中面临村级载体招商选资难、集体用地化零为整难等困难，传统的资源依赖型、投资驱动型发展道路面临新挑战。村级集体经济发展不平衡问题依然突出。三是农民对农村人居环境整治与垃圾分类工作参与度不足，村级资金投入和日常压力较大，容易出现问题反弹。乡村振兴片区化建设基础薄弱，在苏州没有领先优势。四是农村对各类人才吸引度不高，愿意长留农村努力工作、拼搏创业的年轻人越来越少。基层干部和农业一线从业人员老龄化现象比较突出，优秀后备干部不多，农技专业人才队伍活力不足。五是省、苏州考核中存在部分短板指标，张家港市的农业农村重大项目、农房条件改善、绿色优质农产品比重、新型职业农民获证情况等考核指标依然处于相对劣势。

未来，张家港将以习近平新时代中国特色社会主义思想为指导，深入贯彻落实习近平总书记参加十四届全国人大二次会议江苏代表团审议时的重要讲话精神，坚定信心、鼓足干劲、勇挑大梁，努力在"产业振兴、强村富民、精神文明、人居环境、基层治理、公共服务"六个方面先行示范，率先蹚出一条具有张家港特色的共同富裕的农业农村现代化道路。

一、率先蹚出产业高质高效的路子

（一）提升稳产保供水平

落实最严格的耕地保护制度，全市粮食播种面积不低于47.2万亩，粮食产量稳定在4.46亿斤左右。到2026年，粮食单产力争达到480公斤左右，蔬菜产量稳定在26万吨左右，生猪存栏稳定在3万头左右，出栏稳定在3.5万头左右，年产水产品稳定在9000吨以上。

（二）推动产业多元发展

做精做优"张家港大米""凤凰水蜜桃""鹿苑鸡""神园葡萄"等核心品牌，形成一批具有地域特征和文化底蕴的农业品牌。到2026年，农产品加工业与农业总产值比达15.6∶1，培育百亿级农业龙头企业1家、50亿级农业龙头企业2家，推动农业与旅游、文化、教育、康养等产业深度融合。

（三）强化科技改革赋能

巩固和扩大国家数字乡村试点成果，加强地方特色种质资源保护与利用，农业生产全程全面机械化水平保持全省领先。鼓励和引导农业科技型企业持续开展研究开发和技术成果转化。到2026年，农业信息化覆盖率达76%，农业科技进步贡献率达76%。

二、率先蹚出生活富裕富足的路子

（一）壮大农村集体经济

积极拓宽集体经济发展路径，重点推进超千万元村集体经营性建设项目，推进农村集体经营性建设用地入市省级试点建设。到2026年，实现全市村均集体经营性收入超2000万元，村级集体经营性收入超1000万元的行政村占比超75%，打造全国县域最大强村群体。

（二）开展重点帮促行动

推动市场优势资源向重点帮促村倾斜，对发展成效明显的村予以正向激励。到2026年，实现重点帮促村村均集体经营性收入超800万元，经营性收入年均增幅高于全市村均增幅，基本消除经营性收入低于500万元的村。

（三）拓宽农民增收渠道

鼓励有创业愿望的人员到乡村自主创业，每年扶持农民创业350人左右。大力培育新型农业经营主体，形成有效的联农带农机制。推动农民较大幅度提升社保水平，完善低收入群体帮扶机制和最低生活保障制度。到2026年，全市农村居民人均可支配收入达5.7万元。

三、率先蹚出精神自信自强的路子

（一）赓续乡村文脉传承

实施张家港市"千村故事传承工程"，编撰出版《苏州千村故事（张家港卷）》系列丛书。稳步实施黄泗浦考古遗址公园、东山村遗址保护与展示设施建设。广泛开展"非遗进乡村"活动，培育形成一批带动强、辐射广的非遗文化创意产业集群。

（二）推进乡风文明建设

促进城乡精神文明建设融合发展，拓展新时代文明实践中心建设，推动社会主义核心价值观融入农村发展和农民生活，持续深化农村移风易俗。到2026年，力争全国文明镇占比达50%，确保省级文明镇占比保持100%，全市县级以上文明村（社区）超95%。

（三）丰富群众文化生活

统筹用好农村公共文化服务空间场馆资源，"人均接受文化场馆服务次数"水平指数保持苏州第一。探索试行乡村文化主理人项目，拓展社会力量兴办公共文化服务有效途径。持续开展"村村演""周周演""天天说""千场优秀电影进社区"等群众性文化活动，举办村晚、村歌比赛、戏曲下乡、美术书法进农村等乡土特色文化活动。

四、率先蹚出环境宜居宜业的路子

（一）完善农村基础设施

建立健全政府主导、多方参与、市场运作的农村公共基础设施管护体制机制。全力创建"四好农村路"全国示范县，实施乡村电气化提升、燃气进村入户等工程。在有条件的地方推进农房原地组团翻建或探索开展自然村抱团集中翻建。到2026年，累计实现农房翻建3000户以上。

（二）塑造乡村主体风貌

常态化开展农村人居环境整治，健全长效管护机制，推动费用降本增效，到2025年，户均农村人居环境长效管护支出稳定在1000元左右。统筹推进宜居宜业和美乡村建设，到2026年，累计创建江苏省特色田园乡村15个以上，培育特色康居示范区25个，长江沿线村庄全面建成特色康居乡村，省宜居宜业和美乡村建成率达30%以上。

（三）加快示范片区建设

优化完善镇村布局规划，稳步推进"长江之境"乡村振兴"4+N"示范片区建设，打造一批可观可感的串联路线，发展一批农村新型经济业态。探索融入"澄张虞"一体化示范区建设，推动乡村振兴协同发展。

五、率先蹚出社会和谐和睦的路子

（一）深化党建引领基层治理

深入推进全国党建引领乡村治理试点建设，深化自治、法治、德治、智治"四治融合"的乡村治理机制。深化"海棠花红"先锋阵地融合赋能行动，在自然村中构建群众5分钟可达，具有10项功能的"510"党群服务圈，打造50个示范党群服务中心（点）。

（二）推动公共安全提档升级

深入推进治安重点地区和突出问题排查整治，常态化推进扫黑除恶斗争，群众安全感始终保持在99.5%以上。深化乡村雪亮技防工程建设，乡村地区可防性案件每年下降9%以上。坚定不移推进长江十年禁渔，全面完成"三无"船舶清零目标，长江非法捕捞发案数下降50%以上。

（三）推动社会治理联动集成

深化"精网微格"工程建设，实现城乡微网格全市域覆盖、常态化运行，网格员服务管理满意率保持全省领先。加强镇村两级矛调中心规范化建设，推动"融诉驿站"在镇级矛调中心全覆盖。健全村级组织职责和事务清单，实现基层减负工作常态长效。到2026年，村级议事协商目录制定覆盖率100%。

六、率先蹚出服务普及普惠的路子

（一）优化公共服务供给

实施基础教育扩优提质行动，稳步缩小城乡义务教育学校校际差异。加快紧密型县域医共体建设，重点人群家庭医生签约覆盖率达到75%以上。健全农村养老服务网络，到2026年，农村区域性养老服务中心达到二级以上养老机构标准占比超80%。

（二）强化民生兜底保障

稳步实施社保扩面，每年新增参保5万人。推进职业伤害保险参保扩面，每年完成职业伤害保险扩面1.5万人次。加强农村低收入人口监测，防止因病致贫、因病返贫。鼓励慈善组织、志愿者等参与社会救助工作，促进残疾人就业增收，提高残疾人福利待遇水平。

（三）完善基层法治服务

开展乡村"援法议事"活动，建立村（社区）"党建＋援法议事＋两员一顾问"法治工作模式。开展法治薄弱村（社区）排查整治，实现"法官村官双向交流"工作机制村（社区）全覆盖。实施公民法治素养提升行动，开展"送法进乡村""送法进社区""送法进家庭"系列普法活动。

"先富"带"后富" 小村庄实现大改变

王 斌 苏州市张家港市经济技术开发区（杨舍镇）善港村

善港村位于张家港经济技术开发区（杨舍镇）西大门，2012年4月由原善港村、五新村、杨港村、严家埭村"四村合一"，村域面积9.07平方千米，辖36个自然村、59个村民小组，常住人口8200余人，外来流动人口2万余人。善港村在新时代发展潮流中，放弃家家点火、村村冒烟的工业"快经济"，搭上了"与自然为善"的生态农业绿色经济发展"善港号"列车，凭着10年的坚守和付出，闯出了一条以生态农业为特色、农文旅融合发展的乡村振兴之路，不仅实现了景美人和、村强民富，还带领五省六村共同致富。先后被评为全国脱贫攻坚先进集体、第二批全国乡村治理示范村、第八批全国民主法治示范村、第十批全国一村一品示范村。

一、破困局，荒芜土地长出"金疙瘩"

天蓝水清，绿树成荫，高标准温室大棚在开阔道路两旁的一字排开，葡萄树、甜柿树、红美人橘子树、无籽石榴树挂上了红红黄黄绿绿的果实，成了一道诱人的风景线。谁能想到，虽身处"鱼米之乡"，满眼望去阡陌纵横的农田，曾经一片荒芜，善港村也曾是一个发展落后的经济薄弱村。

贫困寒冰，一朝难破，但"善港故事"书写传奇。2012年，善港村与周边相邻三个村合并，面积大了，村民多了，人均财力反而降了。一道道难关摆在眼前，面对乡亲们的热切期待，年轻的村党委书记葛剑锋决心带领大家换一条路闯一闯。看着铺展在眼前的一片片农田，具有企业家头脑的葛剑锋，觉得要是自己村里办个现代化有机农场一定有前途。可是，一没技术、二没资金，怎么办？

葛剑锋带着村两委班子成员风风火火赶往镇江，拜请全国农业专家赵亚夫，前来村里担任发展有机、生态农业的首席顾问，指导善港走上"农业致富"之路。直到葛剑锋"三顾茅庐"时，赵老先生才对他说：如果你们的土地都连片平整、沟渠都四通八达，发展有机、生态农业，还是很有希望的。

有希望就有出路。那时正值隆冬，而且已入三九，村党委号召村党员干部群众加入平整土地中来，7天完成了25.6千米灌溉河渠的疏浚，10天完成了276亩抛荒地的翻土复耕，30天完成了2562亩土地流转。只用了一个月就达到赵亚夫的要求，原本不连片的土地平整了，基本不通的沟渠开挖得畅通无阻。如今，善港村党员干部群众把新合并的善港村建设得更加美丽。脚踩煤渣路的穷苦日子一去不复返了，3500多亩连片的土地全年种植各类农产品超过200个品种，成了省内外知名的有机、生态农业基地。2023年全村经营性收入达到4250万元，农民人均年收入5.8万元。

二、富集体，带领百姓一起"富口袋"

"自己也想把土地交给村集体经营，然后到农场务工挣一份工资。"不少村民提出了这样的想法，但仍然有小部分村民持"观望"心态，舍不得自家种菜的土地。为了让全村百姓一起共享生态农业的甜美果实，善港村党员干部凭借"撞倒南墙也不回头"的执着，挨家挨户讲政策、做工作，推行"村流转、村经营"的农业模式。之后，善港村推动成立土地股份专业合作社、农民专业合作社，培育建立生态农业科技公司，农民以土地承包经营权入股，变农户"提篮小卖"为集约化、基地化、市场化的集体经营，有效提升经济效益。目前，已实现村级土地规模经营面积达98%，土地股份入股面积达100%。

"如今善港村的生态农业发展的红红火火，既实现了农业强村，老百姓也得到了真的实惠。"善港村党委书记葛剑锋介绍说。围绕构建生态有机农产品供应链，善港村在本村打造有机蔬菜、有机水稻、高架草莓、无花果等八大基地，并远赴陕西延安和新疆和田成立有机苹果和红枣种植基地，同时开辟了"互联网+"销售渠道，探索"公司+合作社+基地+农户（贫困户）"产业化经营模式，实现了"市场牵龙头、龙头带基地、基地带农户"的良性互动，有约300个闲散劳动力能在家门口就业，"善港"品牌越走越远。

"善港村以前是周边比较差的村，现在不仅赶了上来，还比他们快了一大步。"善港村村民议事会理事长邵国芳高兴地说。善港村每年合作社分红超过千万元，每逢春节、端午、夏至、中秋、重阳等重要节气节日，全村2400多名60岁以上老年人就能收到善港村自产的大米、金瓜、红枣、苹果等"善"字牌系列绿色福利。"以前总觉得有机食品离我们老年人很远很远，没想到现在不仅种到了村里，还发到了我们手里"，村民徐阿婆兴奋地表示，"我们真是吃在嘴里，甜在心里啊！"

三、融产业，小村庄迎来农文旅新机遇

"我们草莓，采用的是高架种植方式，同时以基质代替了泥土，游客采摘方便，也不脏手，很受大家的欢迎。"善港村农业党支部书记、农业公司负责人张兴洪介绍说，虽然种植面积不大，但经济效益比传统草莓种植高出许多，既传递了新农业理念，效益又好。除了高架草莓园，善港村的葡萄园采用独特的栽培方式，一亩地只种植6棵葡萄树，既便于游客观赏采摘，同时品质好、卖得贵。

在发展生态农业的同时，善港村注重"农文旅"融合发展，把农业产业放到产业衔接中考虑。2017年以来，善港村集中精力打造了特色田园项目，以"乐植有机、知善乡村"为理念，依托"水、林、田、村"等本地资源，成功创建了江苏省特色田园乡村、苏州市精品特色乡村，"农文旅"的氛围感在善港逐步形成。

"我们村庄里有果园、花园、公园，还有书园，生活在这里我们感到非常开心。"村民黄文虎开心地说。走在船坞里特色田园村庄内，俨然是一个"生态圈"。"生态圈"内春有花开放，夏有荫乘凉，秋有果收获，冬有青观赏。流水潺潺，鸟鸣啾啾，绿树成荫，鲜花掩映。"善见花海"项目占地面积有240亩，全年种植各种花卉达到120种，一年四季皆可享受极佳的游览体验，同时开发花卉种子培育和食药用花卉的延伸加工，既满足花卉观赏性、经济性，又满足游客的体验性、趣味性，配合打造田畔毗邻、临水探幽、果香花荫等田园景观节点，开发有机文化熏陶、果园劳作体验、菜园农舍休闲体验、稻田观光等文旅活动，致力于成为集游览观光、科技展示、休闲娱乐于一体的田园综合体。

四、一村富，拉上全国农村一起富

并村当年，善港村就响应党中央号召，在自身脱贫致富道路上阔步前行之时，走上了跨地区携手发展之路。10年来，分别在陕西方塔村和侯沟门村、江西沃壤村、贵州高峰村、湖北杨柳沟村、江苏二坝村五省六村实施整村帮扶。方塔村的苹果长得好，但卖不出去，善港村帮着找销路、提技术，原本每斤8元的苹果卖到了每斤20元；杨柳沟村的辣椒鲜爽，但烂在地里的多，善港村帮着建起了辣椒加工厂，"善杨"牌辣椒油卖到了全国各地；二坝村的集体经济几乎为零，善港村出点子、拉项目，帮着建起了农文旅一条街，带动集体经济发展。

"我们信善港村，他们是真心实意来帮我们的。"高峰村82岁的罗来凤老人在家乡义务扶贫10年，打心眼里敬佩善港村。善港村积极在高峰村探索资源、融合资源、用活资源，帮助高峰村形成了"一水两园三业"发展规划，打破了高峰村几十年的农业发展瓶颈，可满足高峰村至少10年以上的发展需求。

"我到善港村学习，亲身体验了发达地区的先进水平，我们也想像他们一样致富。"高峰村党支部书记罗文武介绍说，借鉴善港村发展生态农业的先进理念和做法，两村产业发展共建，建成了有机产业园、生态茶园和生态养殖基地，善港村为高峰村的产业建设和产品销售等提供各方面支持。在产业园的孵化和带动下，高峰村民可以边学边干，每月有近2000元的收入，"不等不靠、自食其力、自给自足"这些贫困群众一直期盼的事真正成为了现实。2019年，高峰村人均收入超过9000元，比2017年增加3400元，贫困发生率从34.1%降低至0，比预期提前1年顺利脱贫。

帮扶了全国6个村后，善港村发现许多村想要学善港，但又没时间和机会一个一个村跑。经过一番调研和思考，善港村决定将6个村的帮扶经验总结起来，探索可复制可推广的精准帮扶经验，让更多贫困地区学习、推广。

2018年，善港村成立善港农村干部学院，获批设立国务院扶贫办全国贫困村创业致富带头人（善港）培训基地，挂牌江苏省党支部书记学院农村分院，培育出能引领、能致富、能传承的致富带头人，到2023年底，已经有来自甘肃、西藏、贵州等地的4.5万余名学员学成归乡，学员创业成功率达83.5%，带领更多的农民过上好日子。

"社会主义是干出来的，新时代是奋斗出来的"，"劳动是一切幸福的源泉"。这些年善港村发展生态农业的艰辛历程，让善港村的党员干部群众更加明白：敢闯才能有出路，肯干才能结实果。看到了锦绣前程的全村父老乡亲，心里都热乎乎的。

发挥基层党组织"领头雁"作用

中共昆山市委组织部

村（社区）基层党组织书记是带头人、主心骨、领头雁，是全面做好农村、社区基层党建工作、发挥基层党组织领导核心作用的关键，是党的路线方针政策和各项工作任务在基层得以落实的基本保障。近年来，昆山通过实施"昆玉头雁"典型培塑计划，系统推进科学遴选、日常管理、联系指导、培养锻炼、鼓励激励等举措，优化结构、提升能力、激发热情，促进全市村（社区）党组织书记队伍建设，为实施乡村振兴战略、加快推进基层社会治理现代化提供坚强有力的人才保障。

一、背景

近年来，中央到地方各级都高度重视基层党组织带头人队伍建设，中组部首次举办全国村党组织书记和村委会主任视频培训班，昆山对加强基层党组织书记队伍建设历来十分重视，针对村（社区）领域党建新老典型青黄不接、基层党组织带头人能力不强等问题，近年来，昆山创新实施"昆玉头雁"典型培塑计划，市委主要领导亲自领衔推进，并作为乡村振兴"书记项目"，在村（社区）领域分别培育选树20名党组织书记典型，重点打造30个示范党组织，力争培养一批在苏州、全省乃至全国范围内具有示范引领作用的基层党组织带头人。

二、主要做法

（一）坚持抓源头、求长远，系统谋篇布局

一是注重高位谋划。始终把村（社区）带头人队伍建设作为基层党建的"关键工程"、城乡发展的"动力工程"、基层治理的"牵引工程"，实施基层党组织带头人"昆玉头雁"典型培塑计划，推出"分类建库""导师帮带""实训互学"等八大举措，系统建立科学遴选、日常管理、联系指导、培养锻炼、鼓励激励等机制。二是抓好源头管理。深化"县乡共管"，明确选任标准、条件、范围、程序等，在全省率先建立"两委"信息联审平台，系统梳理分析全市村（社区）书记配备现状和潜力，统筹近期选配和远期储备，对队伍年龄结构、学历层次变化进行指导性预审。近两年，实施专项预审70次，否决不适宜担任人选3名，确保全市村（社区）书记队伍实现年轻干部比例、学历层次、综合业绩三个"只升不降"。三是全面走访遴选。结合"千村万企、千家万户"大走访、"村村到、户户进、人人访"等要求，市镇两级对全市村（社区）党组织开展常态化走访调研，择优遴选发现"好苗子"60余个。探索推行"三察一回访"机制，察责任落实、短板弱项、特色成效，定期回访复查，累计推动问题整改900余个，推广"绣花针工作法""一提二定三出"议事机制等特色做法20项。相关经验获中组部《组工信息》刊发宣介。

（二）坚持传帮带、重实践，锻造过硬本领

一是建立"必修+进修"培训体系。每年开展村（社区）书记集中

轮训，市委主要领导给村（社区）书记上党课，统筹安排政治能力、群众工作、应急处突、纪律规矩等课程，帮助村（社区）书记提升综合能力。持续优化培训资源供给，近两年组织村（社区）书记参加昆山市级以上培训超1200人次，人均受训超13个工作日，其中，陆家镇邹家角社区党委书记江玉琴作为苏州唯一代表赴北京主课堂参加全国村党组织书记和村委会主任视频培训班。实施村（社区）干部学历提升"8060"计划，以书记、"两委"班子成员本科率分别达到80%、60%为目标，近两年组织129人参加在职学历教育。目前，全市村（社区）书记大专及以上学历占比达到97.7%，位居全省前列。二是推行"导师+项目"帮带机制。举办"昆玉头雁·书记开讲"活动8期，邀请常德盛、郁霞秋、赵建军等全国基层党建重大典型来昆授课、传授方法。实施"青蓝结对"助力成长行动，组织汤仁青、吴根平、瞿桃林等一批老书记，通过担任第一书记、开设工作室、"书记讲给书记听"等方式，帮带年轻书记接续传承弘扬"老支书精神"。全面开展城乡、村企、村社共建，依托"大党委"、党建联盟等机制载体，向村（社区）下沉乡村企业、农旅融合、专业服务等共建联建项目400余个，为村（社区）实现差异发展、打造特色品牌提供靶向支撑。三是搭建"研讨+竞赛"共促平台。每月举办村（社区）书记先锋训练营，聚焦乡村振兴、基层治理等重点难点，创新情景课堂、实战演练等方式，小班制开展业务研讨，推动相互启发、互学互鉴。定期举办"头雁竞飞"汇报讲演活动，围绕党建书记项目、品牌建设等主题，组织重点培育对象轮流上讲台，同台竞技、相互切磋，激励比学赶超、争先创优。

（三）坚持强激励、优保障，激发队伍活力

一是提高待遇增强获得感。健全村党组织书记"专业五级"和社区党组织书记"三岗十八级"管理体系，通过提高基数、专项补贴等方式，提高村（社区）党组织书记薪酬待遇。目前，全市在职村（社区）党组织书记全口径人均年收入20.4万元，位居全省前列。创新实施积分制管理，不仅看"年限"、更要看"贡献"，每年开展村（社区）党组织书记年度考核，结果与当年度绩效报酬、选拔任用、调整降级使用等激励惩戒措施挂钩，对符合条件的退休人员参照事业人员、四级主任科员落实相关待遇。二是畅通渠道增强成就感。打破职业发展空间，对实绩突出、群众拥护的优秀村（社区）党组织书记，优先推荐为各级"两代表一委员"人选、参加公务员定向招录和提拔进入区镇领导班子，全市现有28名村（社区）党组织书记担任昆山市级及以上"两代表一委员"，近3年有8人被提拔为乡镇领导干部职务，4人享受乡镇科级干部待遇，3人通过定向招录进入公务员队伍。三是典型引路增强荣誉感。持续开展"学习身边榜样"活动，充分借助《党的生活》《新华日报》《苏州日报》等媒体资源，组织开展全市基层党建典型全媒体行动，汇编《"昆玉头雁"——优秀村（社区）书记风采录》，制拍陆家镇邹家角社区《社区党建"最佳角"工作法》、张浦镇金华村《农村党建"五彩"工作法》、周市镇市北村《"草帽间"工作法》等系列专题片，让村（社区）书记有"里子"、又有"位子"、更有"面子"，激发干事创业热情。

三、工作成效

自实施"昆玉头雁"典型培塑计划以来，村（社区）党组织书记队伍建设整体水平得到有效提升。

（一）队伍结构不断优化

通过加强选育管用，严把源头管理，推动基层党组织书记不断"充电""蓄电""放电"，队伍结构、能力素质得到有效提升。目前，全市村（社区）党组织书记共356名，平均年龄42.4岁，35岁以下占比10.7%，36~40岁占比28.7%，41~45岁占比31.5%；大学以上学历占比66%，本科占比64.9%，研究生占比1.1%，年龄结构、学历水平等方面处于较优水平。

（二）作用发挥不断增强

通过定职定级、积分管理、奖惩结合等精细化管理，既传递了工作压力、又激发了工作动力，引导村（社区）党组织书记带好头、发挥"领头雁"的作用，真正带动全体基层干部履职担当，在岗干事。张浦镇金华村"五彩金华"、周市镇市北村"七星市北"、陆家镇邹家角社区"党那里"等一批老品牌历久弥新、出新出彩，昆山开发区绣衣社区"党建'绣花针'"、昆山高新区朝阳新村社区"朝夕相伴"、花桥经济开发区横墅江社区"横墅江·横竖+"、陆家镇邵村社区"香樟树下"等一批新品牌不断涌现。

（三）示范引领不断凸显

优秀村（社区）党组织书记的先锋引领作用不断增强，示范带动队伍整体建设再上新台阶。2023年，全市村（社区）获评国家级、省级荣誉57项，巴城镇正仪村党总支书记邢龙获评全国农业农村劳动模范，入选第三批全省"百名示范"书记，全省"千名领先"村（社区）书记新入选14名，全省"百名示范""千名领先"书记分别达到4名、37名，位居苏州市前列。

四、经验启示

（一）抓好村（社区）党组织书记队伍建设，必须高点定位

新形势下，对村（社区）党组织书记的履职能力提出了更高要求，但这个岗位操心受累、待遇偏低，"人难选、心难留"等问题一直困扰着组织部门。昆山通过科学遴选、日常管理、联系指导、培养锻炼、鼓励激励等措施，建立起一整套成熟的闭环工作机制，同时想方设法提升村（社区）党组织书记获得感、成就感、荣誉感，保证他们有精力、有能力、有动力投身基层工作，用"专业化管理""差异化激励"换来了"全身心干事"。

（二）抓好村（社区）党组织书记队伍建设，必须上下联动

村（社区）涉及党建、经济发展、社会稳定等基层各方面的事务，村（社区）党组织书记队伍建设，也需要组织、政法、农业、民政、乡镇党委等部门相互配合。只有上下联动，各司其职，各负其责，形成上下合力，集中整合财力、人力、物力等方面资源，全面抓实村（社区）党组织书记队伍管理，才能培养一支综合素质高、带动能力强、基层治理水平一流的村（社区）党组织书记队伍。

（三）抓好村（社区）党组织书记队伍建设，必须务实创新

村（社区）党组织书记队伍建设，重点在人才，关键在创新，落脚在务实。具体实践中，应突出特色定位，顺应新时代发展需求，针对不同基层党组织发展情况及村情社情，制定务实可行的村（社区）党组织书记培养模式，不搞千篇一律。因人而异、因村而异，更加注重精细化、点菜式的培养机制的建立，精准施策，精准发力，精准突破，采取更加有效的措施，培养更加有用的人才，能积极带动乡村振兴、基层治理工作不断迈上新台阶。

改善农村居住条件、推进五优农居建设的基层调研

常州市新北区西夏墅镇梅林村

改善农村住房条件、推进农房集聚改造，是实施乡村振兴战略的成功实践，是保障农民合法居住权、优化农村人居环境的必要手段，也是节约集约用地、美化村民居住环境的有益探索。为了进一步提升村民居住环境，西夏墅镇梅林村根据《常州市新北区农村农房改造试点建设管理办法（试行）》的有关要求，试点开展农村住房集聚建设工作，努力在农村住房集聚改造领域形成可复制可推广的"梅林经验"。

一、西夏墅镇梅林村项目推进情况

西夏墅镇梅林村村域面积9.17平方千米，辖35个自然村、60个村民小组、2245户，常住人口约7800人。近年来，梅林村深入学习贯彻中央和省区市镇关于深入推进乡村振兴战略的有关要求，积极开展美丽乡村建设，奋力描绘"村强民富、景美人和"的秀美乡村画卷。自2015年以来，相继获得了全国文明村、中国美丽休闲乡村、全国美丽宜居村庄等荣誉称号，2021年村民人均纯收入达33000余元。为了让更多的村民共享美丽乡村建设成果，梅林村在镇党委政府及上级部门的支持帮助指导下，于2021年下半年启动了梅林村"现代化宜居农房项目"建设工作

（也称"五优农居项目"），该项目位于梅林村委长巷里村，计划总用地面积53.4亩，项目总建筑面积约2.61万平方米，规划建设民居96套。

（一）强化组织领导、健全推进机制

第一时间建立了梅林村长巷里"现代化宜居农房项目"建设工作专班，由镇主要领导牵头抓总，下设由镇相关部门负责人担任组长的综合协调、用地协调、规划建设指导、资金统筹四个工作组，具体负责工作的协调、督导、检查和落实，实行统一领导、统一调度、集中攻坚。建立周例会、周通报和定期汇报制度，每周通报农房建设工作推进情况，对实施过程中遇到的问题，集中讨论解决，确保项目建设工作稳步推进。

（二）广泛开展调研、集聚民意民智

项目前期，梅林村组织开展多轮居民意愿统计，广纳良策、汇聚民智，形成了集建点村民维持原有的集体经济组织关系享受村民福利、集聚点日常管理将按照农村长效管理的有关要求实施等一批得到群众支持的措施办法，为项目后续推进奠定良好基础。同时带领设计团队前往武进区、钟楼区、经开区等地开展实地考察调研，确保户型设计符合群众居住习惯，做到动静分区，宜居舒适。2024年2月，96套现代化宜居农房完成验收，村民通过抽签方式分到了新房。

（三）加速地块整理、促进集约利用

2021年下半年，西夏墅镇邀请常州市规划设计院对梅林村编制了村庄规划，将该项目所属地块从一般农用地变更为集体建设用地，规划已于2022年1月获批。据统计，报名户现有宅基地面积（含房前屋后）约

20.25亩，搬至集聚点后实际占用的宅基地面积为16.62亩，实际结余约3.63亩，提升土地利用效率，同时结余土地可用于配套用房建设，增加村集体经济收入的同时为深化美丽乡村展示和运营提供有利载体。

（四）完善基础配套，优化居住环境

在项目内将政府将配套建设污水处理设施，确保污水接管率100%，同时将新建村民活动广场、生态停车场、体育健身器材等公共服务设施一应俱全，自来水、电力、通信、燃气、亮化等基础设施均按标准建设到位，尽最大程度为村民提供便利，减少生活开支。在项目推进过程中，梅林村发现部分村民有改善家庭住房的需求，但是由于经济条件、住房位置等因素限制无法参与项目，同时也影响到相邻的有改造意愿的村民。经专班商议后，拟根据实际需求在下一步规划中适当建设一批村民公寓，对此类人群予以宅基地置换补贴，切实改善群众居住条件。

二、存在问题分析

在"现代化宜居农房项目"推进过程中，虽然取得了一定效果，但还存在一些问题。

（一）建设成本超出预期

在前期工程测算中，预估建设成本为每平方米2000元左右，随着建材、人工成本的不断上涨，加之因设计因素，集聚点住房建设工期较普通住宅工期要延长不少，导致招标价格与测算价格差距较大，部分村民对照投标价格不满意，村民自建房理事会无法达成一致意见，导致项目无法开工。同时上级对集聚点按照户数补贴公建配套费用，在测算道路、

管道、绿化、停车场等公共配套设施建造费用后，上级补贴稍显不足，后期维护等费用对乡镇财政压力较大。

（二）后期管理难度较大

集聚点建成后，涉及22个自然村的村民混住，但是依然维持原有的集体经济组织关系，由原村民小组进行管理，这既浪费了管理资源，也降低了治理效率。同时原来农民长期居住在同一村落，相互之间或具有沾亲带故的社会关系，或具有共同的价值理念，形成了以血缘、亲缘、地域为纽带的传统村居治理格局，能够在矛盾纠纷化解等方面实现自我治理，而不同村的农民共同入住集聚点后，乡土关系被弱化，村庄共同体的凝聚力被削弱，这就对管理者提出了更高的要求。

（三）环境管护费用较高

随着集聚点项目建设完成，村民基础设施等硬环境得到极大改善，但就目前农村长效管理中存在的问题来看，部分入住的村民可能依然存在垃圾丢弃、杂物随意堆放等问题。一方面，因集聚点户数不多，若由村委会直接参与管理，且无法收取相应管护费用，则会进一步增加村集体长效管理费用支出。另一方面，在目前环境整治及长效管护进程中，环卫单位依然是实施主体，调动村民参与的手段不多，村民参与意愿不强，而居民集聚点却对人居环境有更高的要求，管养难度较大，存在管护不到位的风险。

三、工作建议

推动"现代化宜居农房项目"建设，需要坚持以问题为导向，重点立足当前面临的公共服务、环境整治、公共配套等问题，大力提升集聚点管理和服务水平，不断总结经验，使集聚点试点成果惠及更广大农村居民。

（一）提升议事会协商与自治能力

加强议事会骨干培养力度，完善集聚点村民议事协调机制，推动及时有效解决环境治理、矛盾调解等问题。深入推进自治、法治、德治"三治"融合，用好"初心茶社""19点议事厅"等协商议事载体，定期召开村民会议、村民代表会议等，协助建立村民议事会、村民理事会、民情恳谈会等议事协商制度，推进集聚点居民协商经常化、规范化、制度化。依法制定集聚点自治章程、村民公约，健全备案和履行机制，确保符合法律法规和公序良俗，不断提升基层社会治理水平。

（二）建立健全集聚点环境管护机制

加强宣传引导，发挥村民在人居环境管护工作中的主体作用，建立家庭环境卫生考核制度，明确考核内容、考核流程、评定标准等，"一户一档"设置考核台账，强化考核奖惩，提升村民参与意识，推动村民由"被动管理"转变为"主动参与"。加大奖励激励力度，由村社干部、群众代表等人员组成评定小组，采取集中评比、不定期抽查、邻里互评等多种方式对集聚点开展评比，并以"红黑榜"形式通过微信公众号、微信群等渠道进行公示，给予评比优胜家庭物质奖励的同时，通过颁发奖状，组织分享积分心得，以此增强积分高者荣誉感，激发村民主动性。

（三）探索村集体经济增收模式

西夏墅镇梅林村作为全区美丽乡村建设试点，拥有较好的乡村风貌，结合美丽乡村和特色田园村的创建，以休闲农业和乡村旅游为核心，围绕集聚点建设，打造"一点一景"，构建旅游线路，以美丽乡村建设助推现代化宜居农房建设。依托配套用房，在集聚点周边因地制宜发展特色服务产业，拓展村集体经济增收渠道的同时，进一步增强集聚点居民服务质量，为进一步增强集聚点集聚效应，提升集聚点居民生活幸福感和满意度，为后续集聚点建设打牢基础。

探索党建引领"三治带三合"治理新模式

中共常州市高新区党工委（新北区委）组织部

基层治理是国家治理的基石，事关党长期执政、国家长治久安和广大人民群众的切身利益。习近平总书记指出："要夯实社会治理基层基础，推动社会治理重心下移，构建党组织领导的共建共治共享的城乡基层治理格局。"[①]近年来，常州市新北区西夏墅镇东南村始终坚持党建引领，深入学习贯彻习近平总书记关于基层治理的重要论述和重要指示批示精神，以学习运用新时代"枫桥经验"为抓手，立足村域特色，强化党耀东南，坚持精微治理、柔性治理、开放治理"三治"并用，释放带动功能融合、资源整合、力量聚合"三合"效应。以小切口破解大难题，以破难点转为创亮点，以汇民意激发新活力，积极打造景美人和、宜居宜业新标杆，全面推进基层治理创新发展，为推动基层治理现代化发挥了重要作用。2023年，东南村获评全国乡村治理示范村。

一、实施背景

常州市新北区西夏墅镇东南村成立于2004年，由原午桥村和韩村合并而来，因位于西夏墅镇东南方向而得名，是常州美丽乡村的一张名片，先后荣获全国文明村、江苏省民主法治村、江苏省乡村振兴示范村、江

[①] 中共中央党史和文献研究院：《习近平关于城市工作论述摘编》，中央文献出版社2023年版，第159页。

苏稻米产业强村富民典型等荣誉称号。东南村是全镇唯一保持传统农业耕种的村庄，耕地面积3558亩，村域面积3.72平方千米，下辖17个自然村24个村民小组，户籍人口2625人，常住人口1751人，党员118名。东南村地处偏僻，成立之初，村内没有一条贯通全村的主道，村内的路都是泥石路，村集体全年只有13万元收入，另外还负债25万元，是西夏墅镇一个没资源、没产业、没特色的"三无"贫困村，关于邻里关系、土地承包、宅基地等方面的村内矛盾纠纷时有发生。

治国安邦，重在基层。村是基层治理的最基础单元，是化解矛盾、问题预防的源头防线，是村民生活交往、利益相关的基本场所，承载着每一位村民的安全感、获得感和幸福感。面对经济社会的飞速发展、城镇化的快速推进、村民对美好生活需要的日益增长，人口流动速度加快、村民构成更加复杂、村民需求更加多元化等问题增加了基层治理难度，传统治理模式难以适应。党的建设是贯穿基层治理的一根红线。如何在党建引领下把共建共治共享深度融合，最大限度地激活基层的活力，构建民主和谐、乡风文明、产业兴旺的基层治理有效模式，一直是东南村探索的一个重大课题。2023年12月25日，省委书记深入东南村田间地头、党群服务中心、稻米主题文化馆等地调研指导，勉励东南村要在绿色有机种植、特色产业发展、美丽乡村建设上探索更多经验做法，构建完善的群众评价监督系统，激发基层群众自治热情，带领老百姓把日子越过越红火。

二、主要做法

"三治带三合"助推基层治理模式的探索与实践，把网格优势发挥出来、组织力量汇聚起来、多元主体参与进来，全面发动各类资源做好服务群众和参与基层治理工作,推动党员干部真正深入一线,以党内带党外、以党员带群众、以村风促治理,筑牢基层治理现代化的坚实根基。

(一)强化精微治理,带动功能融合

把"党建+网格"作为推进基层治理的重要抓手,深入实施"精网微格"工程,打通基层治理新脉络,实现以"小网格"撬动"大治理"。一是科学划分微网格。坚持"明确边界、相互衔接、全域覆盖、不留空白"的网格划分总体原则,按照"横向抓覆盖,纵向抓延伸"的工作思路,考虑自然村、村民小组、常住户数量等因素,以60~100户为基础单位,建立综合网格3个、微网格9个,做到网格全域覆盖、不留空白。调整优化网格设置,将党建、综治、安监、市场监管、城管等服务内容纳入网格事项,实现网格化服务管理"多网合一"全覆盖。二是织密党建红网格。持续完善"镇党委-村党总支-网格党支部-微网格党小组-党员中心户"五级组织链条,推进"一网格一支部一阵地"建设,建立网格党支部2个,综合网格党支部覆盖率达100%,党支部书记均由网格长担任,建成网格党群直通站2个,组建6支志愿服务队伍,聚力打造党建引领、一格多能的"1+"红色网格,常态化为群众提供文体娱乐、理论宣讲等志愿服务,实现党群服务零距离。三是建强服务专网格。全面推行一线工作法,深入开展"民情直达、心牵万家"活动35次,将基础信息采集、社情民意收集等各项工作落实到网格,配强"网格长+专职网格员、党员兼职网格员、微网格联络员+网格志愿者"的"1+3+N"网格力量体系,开展网格员业务培训8次,保障常态化实现"人在格上走、事在格中办"。2023年以来,网格员累计发现上报处置安全隐患排查等网格事项196件。

(二)强化柔性治理,带动资源整合

紧扣以人为本,强化柔性治理理念,灵活运用软法规范,充分整合、运用柔性资源,打造软实力品格,提高柔性化治理、精细化服务水平。一是以文化人强根基。加强农村文化引领,依托党群服务中心、新时代文明实践站等阵地,常态化开展送戏下乡、电影放映、广场舞大赛等村民喜闻乐见的文化活动。融合稻米文化与乡村文化,精心打造东南有稻仓稻米文化馆,传播稻作知识,弘扬农耕文化。挖掘讲好"韩村十八只书箱""两棵老树"等传统乡土故事,营造浓厚的文化发展氛围,丰富群众的精神文化生活,以文育人赋能基层治理。二是以德润心添活力。充分发挥家庭家教家风的道德教化功能,深入开展"最美家庭"评选和道德银行积分制兑换活动,设立"东南道德讲堂",选树身边人兰红娟、汤留忠等先进典型,编制朗朗上口的村规民约"三字经",使村规民约深入人心,潜移默化形成"家风带村风、村风促治理"的良好局面。成立助学企业基金会,连续8年给村内51名大学新生发放助学金达65000元,在全村形成重教、崇学、善学的良好氛围。三是以法惠民强护航。全力推进"法律明白人"培育工程,培养涵盖老党员、老娘舅等五老人员在内的"法律明白人"20名,综合运用人民调解、民主协商、心理疏导等柔性化方式化解矛盾纠纷,村内近几年来无重大矛盾上交。选优配强村法律顾问,定期开展普法讲座、普法宣传教育等活动,为有需要的村民及时提供法律援助服务30余次,提升村民法治意识,做到"小事不出村、矛盾不上交、平安不出事"。

(三)强化开放治理,推动力量聚合

坚持以人民为中心的发展思想,以自治为基础,凝聚多方力量参与，强化多元主体协同合作，不断提升治理效能和村民生活品质。一是先锋力量赋能治理。充分发挥党员先锋模范作用，将全村118名党员划入8个党员示范岗、10个党员责任区，组建5支党员先锋队，定期摸底调研群众实际反映问题，及时解决杂物堆放等问题130余件，把关爱困难群体等10余项志愿服务送到群众家门口。在党员骨干的带动引领下，全村建成有机稻米良田示范区，生产的省名优产品"夏墅牌"大米通过绿色食品和有机产品认证，合作社全年收入达800多万元。二是自治力量协同治理。搭建用好"南事无忧""19:00议事厅""小板凳夜谈会"等议事平台，成立涵盖人大代表、党员代表、村民代表的村民议事组，构建"议事协商–事项执行–执行监督–落实反馈"的闭环工作机制，积极参与李家美丽乡村建设项目的筹划、设计、监督，释放村民自治活力，有效解决环境整治、产业发展等重点难点问题，形成"大事一起干，好坏大家判，事事有人管"的自治局面。三是社会力量融入治理。探索实施新就业群体积分制管理，凝聚党建结对共建单位、社会组织、新就业群体、乡贤等多元主体力量，积极融入基础设施建设、集体产业发展、矛盾纠纷化解等工作中，有效破解基层治理资源"要素不集约"难题，进一步提升基层治理成效。引进创业人才投身美丽乡村建设，推动青野东南民宿等农文旅项目投入运营，促进农文旅深度融合发展，为村级集体经济增收75万元。

三、成效

通过"三治"带动"三合"，有效强化了党建引领基层治理基层基础，以党建为圆心，不断扩大活动半径，提升自治能力，跑出了凝聚各方力量的"同心圆"。通过打通治理脉络，完善基层民主，践行人民至上理念，受到党员群众的普遍认可，越来越显示出勃勃生机。

（一）组织基础得到有效夯实

精准精细划分3个综合网格、9个微网格，综合网格实现全覆盖式建立党组织，健全了镇党委、村党总支、网格党支部、微网格党小组、党员中心户"五级贯通"的组织体系。选优配强队伍力量，建立党员联系户制度，建成2个网格党群直通站，开展"我为群众办实事"系列活动60余次，把党的组织和工作触角延伸到基层治理最前沿，畅通党群面对面沟通渠道，紧密了党群、干群关系，夯实了党的群众基础，充分发挥党在社会治理中的领导核心作用。

（二）治理能力得到稳步提升

围绕村内经济发展、环境卫生等重点难点工作，面对面听民声、议民事、解民忧，搭建3个多方议事平台，形成了每月1～2次固定议事日，不断拓宽村民和社会多元主体参与议事的路径，使其从被动接受管理变为主动参与，让基层社会治理的基础更加坚实。通过强化法治柔性化处理、培育乡风文明，塑造村民理性和平、亲善友爱的心态，促进了基层治理水平提升和乡风文明建设。2023年获得全国乡村治理示范村、常州市优秀新时代文明实践站、常州市小微水体优秀片区等荣誉。

（三）乡村振兴得到有力推进

自探索"三治带三合"治理模式以来，创新"村社合一"模式，在党员干部的带领下，仅用2个月时间就流转16个村民小组650户农户2000亩土地，提供"家门口"就业岗位150多个，平均每户每年增收3400元，村民致富增收能力得到有效提升。坚持因地制宜发展契合村民生产、生活、生态需求的休闲农业，不断延伸稻米"产业链"，深化农文旅融合，壮大了农村集体经济，有力推动产业带动经济"富"村，并成功创建"江苏省乡村振兴示范村"，在全面推进乡村振兴的路上更进了一步。

四、工作启示

如今的东南村已建设成为"村强民富、景美人和"的全国文明村和全国乡村治理示范村，关键在于党的坚强领导、党建作用有效发挥、资源力量全面整合、党员群众广泛发动。要充分将党建引领基层治理延伸至最末端，有效激活基层治理"神经末梢"，不断滋养"根系"向下扎实、促进"枝叶"向上生长，推进基层治理体系和治理能力现代化。

（一）要以政治引领为根本点，建强一以贯之组织体系

要始终坚持把加强党的领导、加强党的建设贯穿基层治理全过程、各方面，聚焦乡村工作千头万绪、群众需求日益增加等实际情况，针对基层治理痛点难点，擦亮党建品牌底色，建强用好党建阵地，密切组织与党员、党群关系，精准下沉党建资源力量，通过党组织全面引领、党员示范带头，推动党的政治优势、组织优势转化为基层治理优势，推动基层治理工作全面进步。

（二）要以强村富民为着力点，打造一展宏图特色产业

要始终树立产业是发展根基的理念，持续深挖本地资源优势，发展契合村民生产、特色明显、附加值高的主导产品和产业，延伸乡村产业链条，深化集体经济规模化、标准化、品牌化和市场化建设，把"一村一策""一村一品"作为推进乡村全面振兴的重要抓手，积极探索发展

更高质量的生态旅游、文化创意等新业态，壮大村级集体经济，提升村民生活品质。

（三）要以群众满意为落脚点，营造一呼百应善治生态

要始终把群众满意作为基层治理的落脚点，切实做到问计于民、问需于民、问效于民，充分发挥群众主体作用，打造议事平台，健全多方共同参与的联席会议制度、矛盾调解制度、应急处突制度体系，以人为本、汇聚民心，用心用情解决群众的急难愁盼问题，不断提升群众参与感、满意度、幸福感，打通基层治理的"最后一公里"，持续激发共治共享的内生动力。

以六种增收模式建设鱼米之乡

盐城市大丰区农业农村局

大丰区是农业大区，人均耕地面积全省最多，是全国粮食生产先进县、国家农产品质量安全县、国家有机产品认证示范创建区、国家畜牧业绿色发展示范县、全国休闲农业与乡村旅游示范县、全国第四批率先基本实现主要农作物生产全程机械化示范县。近年来，大丰区坚持以习近平新时代中国特色社会主义思想为指导，全面贯彻中央、省、市决策部署，守牢粮食安全、不发生规模性返贫底线，杂交水稻制种面积全省最多，手工经济、庭院经济等六种农民增收致富模式在全省推广，2023年度再获省乡村振兴战略实绩考核县级综合排名第一等次。

一、坚持提升供给能力，推进粮食安全生产丰产丰收

（一）实施政策稳粮工程

严格落实耕地保护和粮食安全党政同责，粮食生产"二十连丰"，粮食播种面积202.29万亩，同比增长0.04%；单产454.22公斤，同比增长0.27%；总产18.38亿斤，同比增长0.31%，实现面积、单产、总产"三增"。

（二）实施农田兴粮工程

严格落实制度，加强高标准农田建设监管，扎实做好专项审计和

双百日行动排查检查问题的整改。建成2023年度高标准农田建设12万亩。在永久基本农田上，累计建成高标准农田116.66万亩，覆盖率达85.45%。

（三）实施科技丰粮工程

以"金色农业智慧制种基地＋管理调度平台建设"为主体，形成"1+N"个智能化农业物联网创新应用基地。提升粮食生产全程机械化水平，水稻机插率达65%，排名全市第一，高效植保机械化能力达100%。2023年新增特色农业机械2893台（套），丰收大地蔬菜种苗研繁中心建成省农业生产全程机械化智能化示范基地。

二、大力实施六种模式，推进农民收入越来越多

（一）发挥典型效应促增收

区主要领导、分管领导结合大兴调查研究要求，走遍全区15个镇（区、街道）218个村，探索总结手工经济、庭院经济、辅房经济、特色经济、劳务经济、农旅经济六种行之有效、可复制、易操作的富民增收模式，在省委研究室《调查与研究》和省农业农村厅《农业农村调查与研究》上专题刊发，经验做法在全省推广。2023年新加入农户达3.1万户，人均净增收920元。

（二）培育"新农人"促增收

学习上海农场先进管理经验，推进区场培训基地建设，选派区镇两级农业科技专家65名，及时组织群众开展施肥、浇灌及病虫害防治等工

作。2023年培训新型职业农民8639人，培训数和完成率均居全市第一。全年新办农民专业合作社108家，新发展家庭农场32家，江苏百佳家庭农场2家。

（三）壮大村级实力促增收

鼓励引导村集体发展社会化服务组织、劳务公司等自营项目，增加收入。在全市率先实现"长者食堂"村村全覆盖，草庙镇圩东村获评第三批全国乡村治理示范村。

三、聚焦构建产业链条，推进现代乡村产业集群集聚

（一）在特色化引领上蓄力起势

琢磨"土特产"文章，构建东南片稻麦、中片特经、西片种业、北片农旅"四方发力"的产业布局。30万亩大蒜和3万亩大葱，全年产值突破30亿元。全年完成稻麦制繁种42.5万亩，杂交水稻制种7.5万亩，占全省的35.9%，全省最多。

（二）在项目化实施上突破成势

2023年实施省农业农村重大项目23个、完成投资14.6亿元。全年开工建设千万元以上农产品加工项目14个，其中新引进亿元以上农业产业化项目6个，118家规模企业农产品加工收入269亿元、全市第一。获评省级粮油果蔬产业链链主企业和骨干企业各1家、省级肉制品加工产业链骨干企业2家。

（三）在品牌化塑造上聚优扬势

深化农业接轨上海，与光明农发集团签订粮食种植面积达30万亩，与正阳禽业合作养殖规模达100万羽，建成长三角地区直采直供基地14个。2023年新增绿色食品50个，绿色优质农产品比重达86.82%，排名全市第一。丰收大地的小番茄获评首届长三角绿色优质农产品博览会"最受市民喜爱的有机食品"。

四、持续提升人居环境，推进农村居住风貌精美精致

（一）重抓户厕改造

坚持"建一个、成一个、群众满意一个"，2023年高质量完成10916座户厕改造和15个民生实事整村（居）推进任务。以厕所革命撬动农村人居环境改善提升，开展镇村全域生活垃圾分类的镇（区、街道）达11个，实现农村生活污水处理率达41.28%，新建农村生态河道101千米，建成省生态宜居美丽示范村7个。

（二）创新长效管护

聚焦"一部""四沿""五旁"等重点区域，深入"边边角角""后院角落"，推进"人居环境整治+"模式，实施"沟塘整治与以鱼养河、家前屋后与庭院种植、河坡整治与果树花草栽种、田容田貌与种植大户""四个结合"工程，在美化环境的同时促进富民增收。

（三）注重特色培植

依托大蒜、香葱等传统经济作物，推动南阳、丰华、大中、新丰等

镇（街道）的省级宜居宜业和美乡村片区建设，新建成省级特色田园乡村2个、累计达17个、全市最多，西团镇龙窑新型农村社区建成苏北首个近零能耗新型农村社区。大中街道和斗龙港村、三元村、新中村、圩东村入选省乡村振兴示范镇村名单。

当前，大丰区正深入落实习近平总书记关于"三农"工作的重要论述和重要讲话、重要指示精神，坚持不懈抓好"三农"工作，学习运用"千万工程"经验，实干争先、走在前列，打好乡村全面振兴漂亮仗，加快建设农业强、农村美、农民富的新时代鱼米之乡。

从一朵荷花的美丽生金到产业强镇

中共金湖县委宣传部、金湖县社科联

世界荷花看中国，中国荷花看金湖。不久前，第24届金湖荷花节隆重开幕，着力书写着荷文化与县域发展交相辉映、文化节庆与富民强县相得益彰的崭新篇章。对金湖而言，荷藕产业和荷花节已然成为促进产业融合、推动生态富民、惠及广大群众的重要平台；集聚高端资源、撬动文旅消费、提升城市形象的重要支点；弘扬特色文化、激扬干群斗志、推动高质量发展的重要窗口。

发展壮大荷藕产业、打造荷旅游品牌，拥有40多年荷藕种植历史和2.6万亩荷藕种植面积的塔集镇是金湖的主阵地、主战场。近年来，塔集镇借助"中国·金湖荷花节"的品牌效应，加强与南京都市圈旅游批发商合作，打响尧风荷韵、清凉一夏的旅游线路品牌，真正让旅游热起来。下一步，塔集镇将围绕"产业美、生态美、乡村美、生活美、形象美"五美塔集发展定位，扛牢责任，勇挑大梁，让"美与幸福"在塔集联袂绽放，让"诗与远方"为塔集锦上添花。

一、荷美：湖滩沼泽华丽蝶变，聚焦产业兴旅富民

如今的塔集镇"美丽生金"，谁也不承想，这一切始于一片滩涂沼泽。横桥村位于塔集镇东南部，紧邻高邮湖，是典型的苏北水乡。1993

年，当地政府决定进行"水面开发"，经过几年发展，建成融生态农业与生态旅游于一体的万亩荷花荡。如今的荷花荡国家AAAA级旅游景区，是国家水利风景区和全国知名的赏荷目的地，更以一朵花点亮一座城，助力金湖实现了从旅游洼地到国家级全域旅游示范区的精彩蝶变。高邮湖畔的美丽荷荡，正奏响属于它的华美乐章。

塔集镇以创建全国乡村旅游重点镇、全国荷藕产业强镇为总抓手，大力传承尧帝文化，着重打造荷藕产业，用心完善公共服务，走出了一条"生态越美丽、旅游越兴旺、生活越富裕"的农旅融合高质量发展之路。荷花荡景区以"荷"文化为主题，打造集农业观光、休闲度假、科普教育、健康疗养于一体的综合性旅游景点，并创意推出夜游、演艺活动，创成全国科普教育基地、江苏省职工（劳模）疗休养基地，"赏荷季纳凉游"获农业农村部2023中国美丽乡村休闲旅游行精品景点线路推介，吸引更多游客前来欣赏"接天莲叶无穷碧，映日荷花别样红"的好风光。

在此基础上，塔集镇不断发力，先后打造了尧想国文旅区国家AAAA级旅游景区，高桥、横桥、金桥3个省级乡村旅游重点村，黄庄、金湖县(高邮)抗日民主政府旧址2个红色教育基地，拥有三禾度假酒店、太明荷博园、藕遇民宿等一批高品质的餐宿配套服务设施，生动绘就"镇在景中、人在画中"的现实图景。

近年来，塔集镇不断延伸荷产业链条，荷藕种植、藕虾套养已经成为促进农民增收的好门路，解锁乡村振兴的金钥匙。为进一步扎实推进全国荷藕产业强镇创建，塔集整合全镇22家荷藕种植大户，成立产业发展联盟，与省农科院、南京农业大学等科研院所和高校建立常态化的合作机制。此外，大力发展荷花花艺、推进水果莲种植，培育专精特的县域龙头荷藕精加工企业，让荷藕产品远销各地。在塔集镇荷韵小镇商业街,"荷你一起全球购"荷主题文创美学空间总能吸引游客驻足,主题空间通过开发与整合全球荷元素文化创意产品,带动塔集镇一产(荷种植)、二产(荷深加工)、三产(文化+旅游+服务)蓬勃发展,向着建设"全球荷产品聚集地"可持续发展的目标迈出坚实步伐。

二、合美:党建引领文化浸润,创新机制多元共治

在塔集镇,荷文化不断延伸,浸润在基层治理的方方面面。面对基层群众多层次、差异化、个性化的新需求、新期待,塔集镇以"合"为核,多元共治聚合力,统筹强化协同联动,帮百姓忙、解百姓忧,科学整合党建引领、矛盾排查、社会保障、综合治理、应急管理、社会救助等各项工作,以自治为本、法治为纲、德治为根,找到最大"公约数",绘就最大"同心圆",为县域高质量发展提供坚强保障。

塔集镇围绕做实做新,坚持把党建工作作为服务群众、推动基层工作的重中之重。先后成立荷花荡、尧想国2个旅游景区党支部,打造"荷心向党"主题观光车和"党建融荷"服务驿站,将党建宣传与水幕电影结合定时展播;尧想国景区党支部打造《少年尧帝》,获评水韵江苏网红旅游演艺。充分发挥党员旅游人才引领带动作用,探索出"支部+大户+基地"荷产业发展模式,切实提高了景区经济效益。以书记项目为抓手,摸排出莲湘舞、秧歌、塔集挂面、塔集制香等各类非遗人才,有力推动传统文化的保护、传承和发扬。

近年来,塔集镇积极落实市县网格化社会治理创新机制,全面实施"精网微格"工程,建立4个社区支部网格,实现全镇20个村网格员全覆盖,努力绘就一幅"微治理"的幸福"蓝图"。

充分利用"有事好商量—'码'上议""新时代文明实践所(站)"等

平台载体，融合"小网格""红马甲"及党员先锋、人大代表、政协委员、乡贤能人等各方力量，把基层治理从"独角戏"变为多方共奏"大合唱"。

为进一步推进美丽水乡荷韵之美，塔集镇立足实际、创新举措，积极开展洁化、绿化、美化专项整治行动，持续聚焦乡村"一老一小"，不断完善道路交通、医疗卫生、教育养老、集镇管网等公共服务设施，让一方水土幸福一方人，创成省级文明示范镇；高桥村、金桥村、陆河村被评为省级农村人居环境整治示范村，幸福塔集呈现全域宜居宜游新气象。

坚持系统思维，助推经济发展。塔集镇现有78家规上企业，其中工业企业46家、高新技术企业19家、国家级专精特新"小巨人"企业2家、省级专精特新"小巨人"企业9家。2023年全年实现地方公共财政预算收入完成20062万元，同比增长8.24%；规上工业总产值55.02亿元，同比增长15.23%；规上开票销售52.1亿元，同比增长12.35%，荣获金湖县一季度重特大项目攻坚优胜单位流动红旗。

三、和美：弘扬"四敢"开拓新局，融合发展阔步前行

建设新时代和美乡镇，塔集"软""硬"兼施，干部敢为、地方敢闯、企业敢干、群众敢首创，通过公共环境提档升级、基础设施不断完善、全域旅游深度融合及和美乡风的塑造、文明新风的浸润、书香村居的建设，让塔集既有"面子"，又得"里子"。

全镇紧紧围绕"工业产值超百亿 美丽生金当先锋"的发展目标，大力实施"工业突破、农业升级、旅游生金、文明示范、村级发展、党建引领"六大战略。成立4支专职招商突击队，主攻上海、苏州、南京、深圳等经济高地，成功推动10个亿元项目签约落地，协议引资额85亿

元，其中10亿元以上项目1个、50亿元以上项目1个。建立三套班子重点企业定期走访机制，确保第一时间掌握第一手招商信息。运用经济网格化平台，建立"机关在编人员+村干部"走访格局，将全镇1513家经营主体划分为55个网格，96名网格员按季度走访服务企业。

按照"全域景区、旅游生活"发展理念，塔集镇盘活集镇闲置资产、存量土地，启动编制集镇改造综合提升方案，明确农村厕所革命、生活污水治理、垃圾分类、村容村貌提升及特色亮点村庄建设五大板块具体工作任务，强化旅游景点运营管理，以点带面，形成"集镇+乡村+景区"互相促进、全面提升的融合效应，进一步助力金湖县创建全国文明城市。

紧盯危化品、特种设备、粉尘涉爆、消防等13个重点行业领域，扎实开展安全生产百日攻坚行动，确保"三年大灶"圆满收官；完成闵桥、陆河工业集中区的消防设施改造升级，全面完成安全生产专项整治三年行动目标任务，巩固提升"厂中厂"整治成效，有效提升本镇安全水平，确保实现全年"双零"目标。

切实营造"向上、向善、向美"的"五美"塔集文明新风尚，积极打造新时代文明实践所、综管站、文化站、网络站、融媒站"一所四站"文化阵地，搭建"美丽塔集"品牌，弘扬社会新风。进一步完善全镇志愿服务体系，组建塔集镇志愿服务联盟，开展多样性志愿服务项目。

进入新发展阶段，在高质量发展的道路上，对塔集而言，"美"不仅仅是"诗和远方"，更承载着"责任和质量"。塔集镇要沿着绿色发展道路，聚焦产业美，让美更有活力；放大生态美，让美更有价值；塑造乡村美，让美更有韵味；推动生活美，让美更有质感；树立形象美，让美更有内涵；推动乡村振兴美丽画卷在塔集展现现实模样，让"最美塔集"在碧波万顷的高邮湖旁"美丽生金"。

洪泽湖生态经济廊道的致富之路

刘训杰 政协淮安市委员会第九届农业和农村委员会

淮安市第八届委员会第二次全体会议明确的"153"发展战略中鲜明提出"打造独具江淮水韵魅力、人与自然和谐共生的现代化生态样板"。2024年初，市政府工作报告中强调"探索农业地、生态地、景观地功能合一，塑造自然和谐的城乡风貌"。为深入贯彻落实市委、市政府决策部署，进一步探索实现工作目标要求的路径办法，经市委同意，市政协将"建设洪泽湖生态经济廊道、促进乡村振兴"列入年度议政性常委会会议课题。2024年3月以来，课题组赴淮阴区、洪泽区、盱眙县等地实地调研并召开座谈会，听取意见建议，赴无锡、湖州等地学习考察环太湖区域建设经验，形成调研报告。

课题组认为，建设洪泽湖生态经济廊道是践行"把周总理的家乡建设好，很有象征意义"嘱托的现实需求；是践行"两山"理论，为聚焦打造"绿色高地、枢纽新城"、全面建设长三角北部现代化中心城市注入绿色动能的迫切需要；是策应淮河生态经济带和大运河文化带国家战略，打造大运河百里画廊的重要支撑；是发展生态经济，做强现代产业，彰显大湖魅力，促进乡村振兴和农民群众增收致富的实际行动。

一、建设洪泽湖生态经济廊道的现实基础

洪泽湖沿岸及周边地区具有优越的自然生态环境、丰富的历史文化

元素和传统的农业生产基础，特别是随着环洪泽湖公路全线贯通，建设洪泽湖生态经济廊道时机成熟、条件具备、正当其时。

（一）生态资源禀赋独特

洪泽湖是全国第四大淡水湖，也是长江流域大型的内陆湖泊之一。洪泽湖湖面辽阔，正常水位时，水域面积1597平方千米，汛期可扩大到3500平方千米，因成湖于平原河网地区而造就的独特湿地生态系统使得洪泽湖时时不同景、四季景不同，既有着不逊于太湖的烟波浩渺之势，又有着不亚于西湖的淡妆浓抹之美。碧波万顷的湖面风光、景色旖旎的长岛浅滩、壮观唯美的悬湖落日、翠岭连绵的都梁山脉、如梦如幻的"湖市蜃楼"等都是大自然赋予洪泽湖独有的自然美景。特别是近年来，随着退圩还湖、生态修复、植树护林、住家船整治等工作推进，区域生态环境得到了显著改善，断面水质全部达标，8条主要入湖河道全部达到Ⅲ类，优Ⅲ类比例达到100%，洪泽湖及周边物种扩大到1080种，水清岸绿、鱼跃烟波、水鸟翔飞的生态美丽画卷徐徐展开。

（二）自然资源较为丰富

洪泽湖素有"日出斗金"的美誉。既有充沛的水资源，也有建材石料、石油、天然气、芒硝、凹凸棒土等矿产资源；湖区岸坡低缓，湖底浅平，水草丰盛，有利于鱼类繁殖生长，共有70多种鱼类繁衍生息，其中经济价值较高的有20多种；地处暖温带和北亚热带过渡区域，气候温和湿润、水源充足、地形平坦，为传统农业生产提供了优越自然条件，稻麦种植、虾蟹养殖等特色产业发展基础良好，拥有淮安大米、盱眙龙虾、洪泽湖大闸蟹等一批地标性农产品。

（三）历史文化底蕴深厚

洪泽湖始于史前，发于春秋，发展于秦汉，繁荣于唐宋，鼎盛于明清，是淮河文化的发源地之一。青莲岗遗址、下草湾生物化石宝库等奠定史前文化格局；项羽、韩信、朱元璋、林则徐等古代帝王将相、文臣武将留下了众多名胜古迹；"中国庞贝"古泗州城沉睡湖底；周桥大塘、洪泽湖大堤等古代治水遗迹，三河闸、入江水道、苏北灌溉总渠和南水北调等近现代泄洪灌溉工程，见证和记录了湖区人民与水患斗争的历史，特别是2014年，洪泽湖大堤周桥大塘作为中国大运河项目的一部分，成功入选世界文化遗产名录，为淮安实现世界文化遗产零的突破作出了重大贡献；新四军军部旧址及刘少奇、陈毅、彭雪枫等老一辈革命家在此战斗留下了宝贵的红色资源。

（四）基础条件基本具备

据蒋坝水位站多年测量，洪泽湖历史最高水位为1931年江淮大水达到16.25米，淮河入海水道一期建成后测量最高水位为15.48米，在建淮河入海水道二期工程完工后，洪泽湖的防洪标准将从100年一遇提高到300年一遇，一旦发生百年一遇洪水，最高洪水位14.71米，比现状降低0.77米，可确保大部路段高程在17米的环洪泽湖公路安全；环洪泽湖公路全线建成通车后，将有效串联盱眙第一山、明祖陵、环洪泽湖古堰、蒋坝河工风情小镇、方特东方欲晓、老子山、高家堰文化旅游区等文旅项目，并辐射白马湖生态旅游景区、大云山汉墓、韩信故里等周边文旅资源。

（五）重大战略工程叠加

从国家级层面看，淮河生态经济带、大运河文化带等国家战略在洪泽湖区域交汇，融入长三角区域一体化发展战略的交通瓶颈打通；从省级层面看，江淮生态经济区覆盖洪泽湖及周边区域，淮安全域纳入南京都市圈发展规划；从市级层面看，乡村振兴"三级先导"工程和大运河百里画廊在环湖沿线叠加。重大战略叠加必然蕴含巨大战略红利，当前淮安市正处在全面建设长三角北部现代化中心城市的新征程上，启动洪泽湖生态经济廊道建设并主动融入重大战略规划，将在理念、创新、载体、开放、人才等方面共享红利，有利于将资源优势转化为发展胜势，促进形成集聚格局，提升城市竞争力、辐射力和带动力，为打造中心城市提供强有力的支撑。

二、建设洪泽湖生态经济廊道面临的困难

（一）多头管辖格局制约发展

早在2013年，湖州市就启动南太湖滨湖区域一体化建设，历经2年多调研论证，市政府于2015年批复发展规划，2018年上升到省级层面规划。规划围绕65千米滨湖岸线，从区域价值、目标策略、整体控制、发展引导、实施保障五个方面系统性明确了区域范围、发展定位和具体路径，通过10年接力建设，建成了践行全国生态文明示范的先行地区，打响了"美丽中国看湖州"的城市品牌。洪泽湖有着不逊于太湖的自然生态资源和地理区位优势，但因分属淮安、宿迁两市，在市内又由淮阴区、洪泽区、盱眙县各自管辖，长期以来管理主体多元、层次不一，且缺乏区域性顶层设计和专项规划引领，各行政主体各自为战，分头发展，导致形成资源闲置、粗放开发、重复建设、无序竞争、贫穷落后等不良格局，严重制约区域高质量发展。

（二）传统粗放产业模式尚未改变

洪泽湖周边仍以传统稻麦种植和水产养殖为主，由于缺乏引导和管理，大多还停留在农户自发分散的传统粗放种养模式，规模化、标准化、现代化、智能化的种养格局尚未形成，导致生态效益、经济效益和社会效益都不明显；农业产业链条延伸不足，长期处在行业下游，"原"字头产品和粗加工低端产品居多，深层次加工的高端终端产品少，缺少经营规模较大、加工层次较高、带动能力较强、利益联结较紧的精深加工龙头企业支撑，一大批地标性农副产品没有实现预期的经济价值，联农带农效应有限；环湖区域国家级或省级农业产业园区的引领作用发挥不够，产业吸聚和集成打造缺乏系统谋划，低效闲置空心化现象比较突出。

（三）沿路文旅业态近乎空白

湖州市作为"两山"理论发源地，充分发掘生态产品价值实现渠道，大力引进社会资本投资，并鼓励村集体、村民入股发展全域一体化泛景区，环太湖公路沿线文旅及衍生产业蓬勃发展，2022年实现村均集体经济收入350.81万元，85%的行政村年经营性收入80万元以上。淮安市环洪泽湖区域文旅产业起步较晚，尽管近年来打造了方特东方欲晓、白马湖生态旅游景区、铁山寺国家森林公园等节点型的重大文旅项目，但缺乏沿环洪泽湖公路打造全域一体泛景区化的建设思路，沿线只有较低层次的零散农家乐、儿童乐园、采摘观光园等，缺少支撑性文旅项目布局，沉浸式、体验式的文旅项目近乎空白，乡容村貌散乱脏。与湖州集群化、联动式、多业态融合的发展模式相比，不论是规模体量、区域联动还是景区质量、游客体验上都有较大差距，难以吸聚游客，留住游客，更难以带动沿线集体经济和农民收入提升。

（四）建设空间不足亟待解决

按照2018年印发的《江苏省国家级生态保护红线规划》，淮阴区、洪泽区、盱眙县环湖沿岸划入洪泽湖东部湿地省级自然保护区生态红线范围的共计540平方千米，划入洪泽湖重要湿地生态红线范围的共计915.23平方千米，此外还有饮用水水源保护区、水产种质资源保护区核心区等31.67平方千米，均为原则上禁止开发区域；滨湖区域还有基本农田112.94万亩，一般农田91.75万亩，3个县（区）濒湖区域可用建设用地仅44.82万亩，工业用地更仅有1.39万亩，建设生态经济廊道面临空间不足的问题。

（五）公共基础设施还有短板

环湖周边地区大部分景点、景区之间没有快捷通道，有的要绕很远的路才能到达，没有规范统一的标识；环湖公路及沿途景观建设标准相较环太湖公路标准偏低，串联沿线村庄特别是规划发展类村庄的交通微循环还未打通，衔接路网还需补齐；现有道路还需改造提升，特别是盱眙境内存在着道路不畅、循环路少、等级较低、路况较差等情况；环湖沿线农村基础设施往村覆盖、往户延伸还存在薄弱环节，给排水、厕所改造、生活垃圾集中分类处理、污水处理、雨污分流等方面，与太湖沿线相比还有较大差距。

（六）生态环境保护压力较大

受上游来水水质和洪泽湖周边农业面源污染及部分入湖河道水质超标等影响，湖体水质长期处于富营养化状态，据2019年至2022年连续4年监测数据显示，除2019年富营养化指数53%低于目标值，其余年份均高于目标值；洪泽湖自禁捕禁采以来，大量鱼类繁殖导致水草种类和数量明显减少，银鱼等部分生存期短的鱼种死亡后导致水质恶化，且每年有约300万吨沙沉淀在湖底，逐年淤积对生态安全、防洪安全和洪泽湖库容量等都有不利影响。

三、推进洪泽湖生态经济廊道建设的意见建议

课题组建议，围绕市委"攀高比强、跨越赶超"新要求，对标环太湖区域建设，大力发扬"四敢"精神，以后发先至的奋进姿态和弯道超车的勇气决心，尽快启动洪泽湖生态经济廊道建设，力争将环湖公路沿线打造成绿色生态廊道、滨湖旅游廊道、产业富民廊道，建成淮安践行"两山"理论的示范区、现代化高端产业集聚区、人和自然和谐共生的生态区、美丽淮安看廊道的乡村振兴样板区，使之成为淮安发展的重要增长极。

（一）加强市级统筹，绘就区域发展蓝图

一是成立市级领导小组。借鉴湖州市推进南太湖滨湖区域一体化规划经验，突破行政主体约束，强化跨部门跨地区协作，成立淮安市洪泽湖生态经济廊道建设领导小组，成员由市委、市政府有关单位部门组成，如市两办、组织、宣传、纪检、发改、水利、资规、住建、生态、文旅、农业农村、文旅集团等，建立市级层面的领导管理体制，明确一位市领导主抓日常工作，统筹规划、建设、考核、协调等工作，将洪泽湖生态经济廊道建设工作项目化、责任化、目标化，分解到有关县区、市直部门和单位，强化考核，强势推进。二是明确建设运作主体。建议由市属国资平台负责统筹洪泽湖生态经济廊道建设的具体实施，在市领导小组

领导下开展工作，整合政策、项目、资本、人才等资源，严格按照规划方案实施项目建设，遵照市委、市政府的工作要求，统筹谋划，系统管理，扎实推进各项工作，防止和避免环湖县、区，甚至镇村相互推诿、各自为战和低端重复建设。三是高起点编制专项规划。学习湖州市南太湖滨湖区域一体化规划做法，以环洪泽湖3个县（区）14个镇街为基础，适当向洪泽区、淮阴区、盱眙县的洪泽湖周边乡镇延伸辐射，统筹各农业、工业园区土地特别是建设用地资源，科学合理划定洪泽湖生态经济廊道区域范围；主动衔接省洪泽湖保护规划和市百里画廊建设、乡村振兴"三级先导"工程等规划，从区域定位、空间布局、功能片区、产业培育、生态保护等多方面编制专项规划，一次规划、分步实施，以此引领未来几年甚至几十年的环湖片区高质量发展。四是强化区域联动协同。先期推动淮安、宿迁两市环洪泽湖道路按建设标准闭环贯通；建设水环境综合治理信息共享平台，实现两市对洪泽湖水质水文、污染源等实时共享，推动全流域系统治理、整体治理和协同治理；逐步就专项规划融合、产业发展培育等达成共识，并会同宿迁加强向上对接，共同推动洪泽湖生态经济廊道发展规划上升为省级乃至国家级层面规划，争取更多有利政策和项目资金。

（二）围绕"三地"合一，促进业态多元融合

落实2023年初淮安市政府工作报告中"探索农业地、生态地、景观地功能合一，塑造自然和谐的城乡风貌"要求，按照环洪泽湖公路沿线全域一体泛景区化建设思路，构建基于传统农业和文旅业的多业态融合格局，力争做到一步一景、步移景换。

一方面，打造高效景观生态农业。一是深入推进公共空间治理，推动分散土地参与流转，形成集中连片的规模化种植格局，分阶段成片区

稳步推进高标准农田建设，确保环湖区域率先将永久基本农田全部建成高标准农田。二是按照绿色无公害生态农产品安全认证要求，建立健全绿色有机生态农业生产标准、公开产品信息及质量可追溯机制，形成从农田到餐桌全过程农产品质量安全保障体系，同时强化绿色农业知识培训普及，全面提高农业从业者绿色素质，力争环湖区域绿色有机优质农产品占比达100%，切实打响区域品牌。三是借鉴兴化市特种养殖和产业"全链条"发展模式，用集成化、工业化思维抓农业产业，突出"补链、强链、延链、造链"，激活现有园区闲置资源，探索"双园飞地"模式，解决环湖区域建设空间不足问题，并按产业图谱引进农副产品加工销售链主企业，打造全链条集成的农业综合体。四是在形成规模化种植格局基础上，按照景观农业发展思路，强化政策金融扶持，推动沿线小散弱经营主体整合资源做大做强、做精做优，大力发展农业生产体验、农耕文化传承、农家土居生活、自然风光观赏，打造"智慧+体验"现代采摘农业、"共享农田"、中小学生研学基地等丰富产业形态，促进传统产业提档升级。

另一方面，发展特色文旅业态。坚持以文溯旅，以旅彰文，促进农文旅融合，因地制宜打好自然风光、历史文化、人文景观和民俗风情等"特色牌"，打造成长三角北部地区综合性滨湖文旅休闲度假区。一是按照"一湖一路多节点"模式，以湖为核、以路为媒，以文为魂，规划特色文旅线路，推动洪泽湖渔鼓舞、淮剧、淮扬菜烹饪技艺等非遗进景区，视情开设环洪泽湖公路公共交通，将方特、古堰、蒋坝古镇、老子山温泉度假村、白马湖生态旅游景区等现有重点文旅资源串珠成链。同时，将乡村土地空间治理形成的建设用地指标向重特大项目倾斜集聚，依据总体规划在环湖公路沿线规划建设一批可以媲美湖州太湖古城、无锡拈花湾的休闲度假区、湖湾风景区、沿湖风光带等。二是拓展与相关高校、大中专院校合作，沿线设立艺术生采风实习基地，借助专业力量，逐步推进环湖沿线规划保留类村庄全面升级，促进自然和人文景观融为一体，沿线建筑和小品与自然地理、人文环境相协调，提升公路沿线景观品质。三是深入发掘历史文化元素的旅游价值，借鉴湖州市太湖古城建设经验，引进社会资本，高起点规划，有计划分步骤启动开发建设古泗州城。四是探索社会资本、村集体和农户闲置资源入股的"三方合作"模式，在环湖公路沿线发展湖面观光、水上运动、垂钓捕捞、生态康养、特色民宿、盐浴旅游等多种业态，借鉴无锡拈花湾特色场景打造做法，通过数字赋能、科技加持促进文旅场景迭代升级。

（三）攻坚污染防治，厚植亮丽生态底色

一是严控农业面源污染。大力推广有机肥替代、物理防治与生物防治、测土配方施肥等绿色生产方式，尽快开展"水稻+N"典型农田退水监测试点工作，对影响较大的重点国省考断面汇水区范围内的农田，配套建设排灌和退水生态化改造工程，逐步健全农田退水监测体系，确保洪泽湖富营养化指数稳定达标。二是试点生态开采捕捞。试点由市级平台公司主管的集体生态捕捞和生态采沙，维护水域生态平衡，重构湖泊草型生态系统，恢复湖泊水体自净功能，促进渔业采沙业与生态保护相融合。三是探索多元治理模式。借鉴苏州、无锡治理太湖经验，探索"出让合同+修复协议""出让合同+生态条件"等方式，引导社会资本参与生态保护修复和生态产品生产，改变由政府单一投入模式。

（四）完善基础设施，优化公共服务供给

一是推进环湖道路主体建设。加强科学统筹，整合各类资源，在保

质保量前提下，加快建设进度，2023年底前实现了环洪泽湖公路170.87千米全线贯通；学习环太湖公路建设先进理念与经验做法，在实现道路基本贯通的基础上，积极谋划沿线配套工程，推进沿线景观绿化、服务驿站、标志标识、周边路网等设施建设，提升公共交通服务功能。二是完善沿线乡村衔接路网。通过新建、"白改黑"、改造提升现有道路及衔接周边路网等，优化完善洪泽湖生态经济廊道区域内农村公路网络，打通环湖公路与沿湖纵深区域的交通微循环，补齐湖区农村交通运输基础设施短板，形成全域开放、县域畅达、乡村覆盖的立体式现代综合交通网络，有效提升交通运输通达能力和互联互通水平。三是补齐公共配套设施短板。修订提高农村公路水电网等基础设施建设标准，制订行业基础设施提档升级行动方案，促进农村基础设施水平向城镇看齐；探索县乡村三级一体的农村基础设施管护机制，将农路、桥梁、绿化等公共基础设施项目纳入专职管护范围，落实到沿线镇村，提高农村基础设施完备度；聚焦环洪泽湖生态经济廊道智慧管理，统筹城乡基础设施建设，引入云计算、大数据、物联网、人工智能等先进技术，通过数字化、智能化实现场景数据信息互联互通和治理服务有机统一，构建全域覆盖、普惠共享、城乡一体的基础设施服务网络。

后　记

　　党的二十大报告对全面建成社会主义现代化强国作出"两步走"战略安排，实现这一宏伟目标最艰巨的任务依然在农村、最大的短板也在农村。江苏省在全面推进乡村振兴上走在全国前列，有许多经验值得总结，有许多探索可以在全国做示范。东南大学作为"985"高校，东南大学中国特色社会主义发展研究院作为江苏省重点智库，有责任、有使命对江苏的农业农村现代化生动实践进行理论总结和提炼，为全国的农业农村现代化进程提供智力支持。

　　为此，我们在2023年9月确立了《全面推进乡村振兴的江苏实践》重大智库课题。课题立项后，课题组于2023年10月8日组织召开了课题开题会暨学术研讨会，并于2023年10月、2024年6月进行了两次调研，依次到无锡、泰州、徐州、淮安、盐城、连云港、南京的江宁、常州、苏州9个市调研，分别听取无锡及其锡山区、新吴区、泰州及其姜堰区、徐州及其睢宁县、铜山区、淮安金湖县、盐城大丰区、连云港赣榆区、南京江宁区、常州新北区、苏州张家港市、昆山市的情况介绍，并且分别到了28个村、17家农业公司开展实地调研。课题组各位老师、专家、领导同志，以习近平新时代中国特色社会主义思想为指导，紧密结合江苏及部分外省地区农业农村现代化实践，坚持问题导向，进行深入研究和积极研讨交流，已经形成了部分研究成果，这本报告集是东南大学重大智库课题《全面推进乡村振兴的江苏实践》研究成果的集中展示。

　　第十四届全国政协常委、经济委员会副主任，国务院发展研究中心

后　记

原党组书记、课题组顾问马建堂，第十四届全国政协委员，中国农业科学院原党组书记、课题组顾问张合成，江苏省人大常委会原副主任、课题组顾问丁解民，东南大学中国特色社会主义发展研究院理事长、东南大学原党委书记郭广银等领导和专家给予许多指导，东南大学中国特色社会主义发展研究院、社会科学处、马克思主义学院、经管学院等单位的领导和相关老师给予了积极支持并付出了巨大努力。特别是一批校外领导和专家学者克服教学任务重、研究任务多、工作压力大等困难，积极参加课题研究，最终形成了很有分量的课题成果。

　　实现中国农业农村现代化是一项长期的战略任务，需要从理论和实践上作持续深入研究。江苏作为走在前、做示范的中国式现代化建设的先行区，承担着率先基本实现农业农村现代化的光荣使命，以江苏为样本研究全面推进乡村振兴意义大、要求高。这本报告集的宏观视野、学术深度、咨政价值还都是初步的，仍需要广大理论工作者和实践部门持续深入研究与探索。我们将始终践行"止于至善"的东南大学校训，砥砺前行，为探寻中国特色的农业农村现代化发展道路、全面推进我国乡村振兴事业作出更大的努力。课题组在此也十分感谢中央党校出版集团国家行政学院出版社在时间紧任务重的情况下，加班加点编辑出版本报告集，对出版社编辑们的艰苦付出表示衷心感谢。

东南大学"全面推进乡村振兴的江苏实践"课题组

2025年2月